高等职业教育早期教育专业系列教材

U0653212

0—3岁 婴幼儿
奥尔夫音乐教育

主　编　董硕灵
副主编　王　露　李　晶
　　　　肖　瑶　赖莎莉

南京大学出版社

前言
Foreword

我国《中长期教育改革和发展规划纲要（2010—2020 年）》明确指出要重视 0—3 岁儿童教育。《上海市 0—3 岁婴幼儿教养方案》及《福建省 0—3 岁儿童早期教育指南（试行）》提出，要尊重 0—3 岁婴幼儿的身心发展规律，顺应儿童天性，把握儿童每个阶段的发展特点及发展水平，并充分利用日常生活与各类游戏的学习情景与学习媒介，开发 0—3 岁婴幼儿的潜能，促进其和谐发展。

奥尔夫音乐教育在世界上极具影响力，是世界著名的三大音乐教育体系之一。奥尔夫音乐教学法历经多年的发展，已成为 21 世纪全球范围内流传最广、影响最深的一种儿童音乐教育体系。0—3 岁婴幼儿奥尔夫音乐教育立足于帮助 0—3 岁婴幼儿在感知与运动、认知与语言、情感与社会性等方面得到全面发展。它通过音乐这个媒介，选择适合各年段儿童特点的学习方法与学习内容，营造轻松愉快的奥尔夫亲子音乐游戏环境，培养儿童对音乐的喜欢与感知能力，并提高儿童的专注力、主动性、表现力与创造力等。

为推动早期教育事业发展，为早教专业在校学生、早教工作岗位一线教师及婴幼儿家长与社区儿童教育工作者提供更多的 0—3 岁婴幼儿奥尔夫音乐训练方法及内容，我们编写了《0—3 岁婴幼儿奥尔夫音乐教育》这本教材。

本教材在编写过程中重点突出以下特点：

1. 结构合理，内容完整

本教材依据培养早教教师"指导家长育儿的现实要求"，遵循 0—3 岁婴幼儿各年龄段发展特点,在章节内容安排和栏目结构设置上尽量做到内容完整、深入浅出、结构统一、方便使用。本教材每个章节前的"学习目标"能帮助教材使用者明确学习目的,每一节内容前的"案例导入"能帮助教材使用者带着案例问题来对具体内容进行学习,并针对0—1岁、1—2岁、2—3岁不同年龄段奥尔夫音乐教育版块学习相应的"训练方法"与"训练内容",最后在"家庭音乐训练"版块与"思考与实践"版块中对所学知识技能进行拓展与运用。

2. 理实一体,通俗易懂

本教材着眼于传播奥尔夫音乐教育的理念与科学的早期教育理念,将理念与实践相结合,努力做到语言通俗易懂、阐述清晰透彻、案例完整具体。

3. 课例丰富,新颖实用

本教材为满足早教专业学生、早教教师、广大家长的需求,提供了丰富的活动案例。每个活动案例都有详细的活动目标、活动价值、活动具体过程及活动指导与延伸等。且课例所选内容紧跟时代潮流,贴近儿童生活,符合儿童年龄特点,深受儿童和家长的喜欢。

由于编者水平有限,本书中难免存在疏漏与不妥之处,恳请读者批评指正,也希望能得到更多同行专家的指教!

编 者

2020 年 7 月

目录
Contents

第一章
0—3岁婴幼儿奥尔夫音乐教育概述

音乐是一门富有表现力和感染力的艺术,它虽然很抽象,却能拓展儿童的视野,丰富儿童的情感并促进儿童的身心健康发展。0—3岁是儿童发展的重要阶段,在此阶段及时对儿童进行音乐教育启蒙,对儿童的一生具有积极的影响。

奥尔夫音乐教育源于德国著名音乐教育家卡尔·奥尔夫。奥尔夫音乐教育在世界上极具影响力,是世界著名的三大音乐教育体系之一。奥尔夫音乐教学法历经多年的发展,已成为21世纪全球范围内流传最广、影响最深的一种音乐教育体系,也是中国当代音乐教育中在相当大范围内被接受的一种外国音乐教育。

0—3岁婴幼儿奥尔夫音乐教育不同于其他年龄段的奥尔夫音乐教育,该年龄段的儿童处于生长发育的特殊阶段。0—1岁的儿童主要是通过感官在感知世界,奥尔夫音乐教育能为他们带来丰富多彩的感知;1—2岁的儿童开始缓慢尝试着在大人的指引下探索世界,奥尔夫音乐教育能为他们提供探索的机会与模仿的内容;2—3岁的儿童思维更加活跃,开始有了自己的想法,在奥尔夫音乐教育中常常表现出令人惊喜的创造力。总的来说,针对0—3岁婴幼儿开展的奥尔夫音乐教育是一个为儿童提供从感知—模仿—创造的过程,这个过程往往会给儿童带来意想不到的收获。

学习目标

1. 了解奥尔夫音乐教育的基本理念,以及奥尔夫音乐教育在我国的传播,为今后设计与实施0—3岁婴幼儿奥尔夫音乐活动找到准确的目标方向。

2. 了解0—3岁婴幼儿奥尔夫音乐教育的意义,以及0—3岁婴幼儿发展特点,能根据婴幼儿实际情况选择奥尔夫音乐活动的内容。

第一节　奥尔夫音乐教育的基本理念

案例导入

　　3 岁的小宝和一些小伙伴们正在早教中心与老师玩自我介绍的游戏。老师要求宝贝们用"× ×| × ×|"或"× ×| × × ×|"的节奏来介绍自己。例如"我 是 小宝"或"我 是 小 葡 萄"。宝宝们在自我介绍的同时，家长们边拍手边给宝宝们打节奏，大家玩得开心极了！

　　将节奏练习融入生活和游戏中，是奥尔夫音乐教育提倡的教学方法。奥尔夫音乐教学法风靡全世界，受到各年龄段音乐学习者的推崇。那么，你对奥尔夫了解多少？他的一生中进行了哪些音乐活动？

一、关于卡尔·奥尔夫

　　卡尔·奥尔夫(Karl Orff,1895—1982)，德国著名作曲家、音乐教育家。卡尔·奥尔夫出生于慕尼黑一个有艺术素养的军人世家，受家庭环境的影响，从小便对音乐和戏剧产生了浓厚的兴趣，这为他成为一个伟大的音乐剧大师奠定了基础。

(一) 奥尔夫儿童时期的音乐爱好

　　幼儿时期的奥尔夫便被各种音乐所吸引。自幼喜欢坐在妈妈的脚边听妈妈弹琴，稍大一些就开始自己在琴上玩"大声和小声"的游戏，并伴以歌唱、儿歌或故事。

　　奥尔夫 4 岁时在一个节日庆典上看到提线木偶戏，就被这种表演形式深深吸引了，并开始了即兴表演，他的父母还为此给他搭了一个小戏台。5 岁时奥尔夫在妈妈的指导下正式学习钢琴，但他最喜欢的不是模仿，而是不断地尝试和探索各种可能的发声，并在妈妈的指导下识谱、弹琴，甚至可以和妈妈一起视奏简单的四手联弹曲。到 6 岁开始上学时，他便乐于把生活中的事物用儿歌或故事的形式表现出来。他的祖父还将他"乱编"的故事整理成了《卡尔·奥尔夫 100 个故事》。

　　奥尔夫 8 岁时第一次进音乐厅听莫扎特、贝多芬的作品音乐会。会后，他兴奋至极，有如得了兴奋症一般。从那以后，他经常和妈妈一起在钢琴上四手联弹贝多芬的交响乐曲,到10岁时,他组织了一个小的表演团体。在团体中,奥尔夫既要唱、说,还要指挥布景、安排人物角色;既要打用彩色玻璃纸营造效果的灯光,还要指挥别人的表演。可以说集导演、舞台、美工、演员、伴奏、作家、指挥于一身。

11岁时,奥尔夫上了中学。他如饥似渴地阅读古典名著及当代文学作品,还参加了学校的合唱团和乐队等,使自己的音乐素养和识谱能力不断提高。

14岁时,奥尔夫第一次接触到大型歌剧《漂泊的荷兰人》。这部瓦格纳的歌剧令他着迷的程度很难用笔墨形容。可以说,这部"总体艺术作品"的创作观念对他之后形成的"整体艺术"教育观念产生了重要的影响。

(二) 奥尔夫青年时期的音乐思想

奥尔夫17岁那年考进了慕尼黑音乐学院。学习期间,他曾在短时间内写下50多首歌曲及管风琴小品,在音乐创作上逐步形成某种取向,那就是非常重视音乐与文学在音乐创作中的关系。同时,他被歌剧院指导教师克劳斯引荐为歌剧院的指导老师,有机会和许多大明星、大作家共事,并深受这些艺术大师们的人性思潮的影响。此时,他"整体的艺术"的思想已经基本形成。奥尔夫教育体系从形式上讲,可以说是语言、诗句、音乐、动作及其相应的教育和表演行为方式的结合。

1924年,奥尔夫和达尔克罗兹的学生杜罗西·京特在慕尼黑创办了一所集体操、音乐、舞蹈为一体的"京特学校",由京特主持校务并负责所有理论课程,奥尔夫负责所有的音乐课程。在此,奥尔夫着手践行着他的音乐教育理论。

在奥尔夫的音乐教育中,"即兴创作"成为教与学的中心。强调使用身体的不同姿势和动作来促使学生体验、感受节奏的内在关系,增强内心体验与外在运动的协调感,这就是奥尔夫所谓的"人体乐器"或"声势"。为了支持这样的教学活动,奥尔夫建立起一种适合的乐器配置,并在音乐与舞蹈相结合的教育上,做了许多创造性和实践性的工作,引起了巨大的轰动。

(三) 奥尔夫壮年时期的音乐创作

1944年,京特学校由于政治压力而倒闭。虽然如此,奥尔夫的音乐教育改革思想却并未泯灭。他在京特学校的研究与尝试为他日后倡导的语言、音乐和动作为一体的整体教学观念奠定了基础。

奥尔夫在脱离教育领域之后,便重新回到了创作中以发挥他的创作才能。1935—1942年,奥尔夫共创作了三部成熟且有影响力的舞台作品,包括《卡尔米纳·布拉纳》和两部根据格林童话改编的童话歌剧《月亮》和《聪明的女人》。1948—1949年,奥尔夫完成的《安提戈涅》在奥地利萨尔斯堡音乐节首演。该作品尝试了音乐剧最原始的形态,在配器上以 4 架钢琴、59 种打击乐器与人声结合。这部作品与《暴君俄狄浦斯王》《普罗米修斯》被称为奥尔夫的中心作品。

总之,从欧洲音乐戏剧的发展来看,继 18 世纪德国格鲁克进行的歌剧改革、19 世纪末瓦格纳以乐剧对歌剧的革新之后,奥尔夫以其舞台音乐戏剧作品对 20 世纪音乐戏剧的发展起到了非同凡响的作用。

(四)奥尔夫中老年时期的音乐贡献

1948 年,奥尔夫在好友的帮助下重返教育领域,为电台创作了一个系列儿童音乐广播节目。这次工作的主要特点是,强调作为儿童的音乐教育,最根本的出发点就是从孩子出发,适应孩子的特点。他创编的节目获得了很大的成功。

1949 年秋天,凯特曼到莫扎特音乐学院开设和规划奥尔夫儿童音乐训练课程,由凯特曼任教,开始了一个儿童班的试验。这是第一次不同于电台的、按奥尔夫的理想进行的全面教学。很快,《学校儿童音乐教材》便成为音乐教师综合素质训练课程内容的一部分。

1953 年,莫扎特音乐学院开始为音乐教师提供这类课程的教学,同年也为有兴趣的校内外学生开课,并开始招收外国学生。此后,奥尔夫教育体系通过表演和会议等,被介绍到世界各国。

20 世纪 50 年代以来,奥尔夫的音乐教育事业在各个方面都获得了很大的发展。1950—1961 年,奥尔夫被聘为慕尼黑音乐学院作曲系教授。1962 年,奥尔夫和凯特曼到加拿大、日本等国进行示范教学及讲演,在这些国家掀起了奥尔夫热潮。1963 年,奥尔夫研究所在萨尔茨堡成立,它隶属于莫扎特音乐学院,并作为该院的一所专门的研究与培训机构,成为世界上所有研究奥尔夫音乐教学法的一个交流中心和平台。这些都为其事业的进一步发展奠定了良好的基础。

1970 年,奥尔夫研究所开始扩建,有了自己的图书馆、舞蹈教室、演播厅和剧场等。1973 年,奥尔夫研究所开设音乐治疗课程。从 1975 年开始,每 5 年召开一次"奥尔夫教学研究会";1975—1981 年,奥尔夫编写了 8 册《卡尔·奥尔夫及其著作》。

1982 年 3 月 9 日,卡尔·奥尔夫与世长辞。

二、奥尔夫音乐教育的主要思想

(一)提倡音乐教育多元化

国外音乐教育早在 20 世纪 50 年代就以多元文化观为主题进行发展。所谓多元化音乐教育,指的是尊重各民族的音乐,重视世界音乐的教育。奥尔夫音乐教育体系也正是遵循了国际音乐教育发展的方向,以奥尔夫的家乡——南德拜耶地区的童谣、言语、民歌和舞蹈为基本教材,把语言、动作、音乐和表情紧密地结合在一起去进行教学,并提出每个不同的民族和地区都理应这样做。这既体现了真正的民族传统,又体现了洲际文化的渗透和交融,有助于发扬音乐教育的民族性,同时也有助于杜绝狭隘的民族主义、沙文主义,以促进音乐教育的国际性、洲际性、世界性和人类性。

　　对我们来说,在研究奥尔夫音乐教育体系时重要的不在于去探讨他本身的民族意义和世界意义,而在于探讨他对我们中国音乐教育在促进自己的民族性和增进世界性方面可能起到哪些作用,即怎样通过学习奥尔夫体系,帮助我们更好、更快地创民族之新、立民族之异,以及认识世界并走向世界。中国民族众多、地域广阔、方言繁多,并且民间音乐极其丰富多彩,民族民间乐器也多种多样。我们不仅应当编出以汉族童谣、民歌为基本素材的音乐教材,而且还应当结合每一个民族地区和方言编出各自不同的、特殊的音乐教育。

　　奥尔夫曾经说过,有些国家已正确地认识到,音乐教育不仅仅是一种教育体系,更是一种教学原理。把语言、动作、音乐和表情紧密地结合在一起去进行教学,会使他们重新发现自己国家的音乐和语言传统,并使之对他们的教育起有益的作用。这些话提醒我们在中国必须这样去理解、引进和使用奥尔夫音乐教育体系:更主要的不在于仅仅从事外国音乐教育的研究,而在于重新发现我们自己,发扬我们自己的音乐、语言和文化的优秀传统及其力量,使奥尔夫教育思想和方法进一步本土化,同时,不断进行学习、研究与创造,迎接多元化的音乐世纪。

(二) 尊重以儿童为本的理念

　　奥尔夫认为,"教育应该顺应儿童本性","儿童是音乐活动的源头,一切音乐活动均产生于儿童的内在需要","我追求的是通过要学生自己奏乐,即通过即兴演奏并设计自己的音乐,以达到学习的主动性"。奥尔夫的这种从儿童出发,尊重儿童的主体性,鼓励儿童积极地自我表现和努力创造的理念是值得我们借鉴的。

　　首先,树立现代科学的儿童观与教育观。"儿童是人,他具有生存权,具有人的尊严以及其他一切基本人权;儿童是一个全方位不断发展的人,他具有满足生存和发展需要的权利",儿童具有身心发展的潜能,教育的任务就是促进这些潜能的充分发展并使儿童获得全面的、和谐的发展。其次,研究和了解儿童,面向每个儿童,使其得到全面和谐的发展,应该是实施儿童音乐教育的一个最基本的原则。要贯彻这一原则,研究和了解儿童的特点和需要是必不可少的。因此,我们必须研究和了解儿童身体和认知发展、情感形成、社会化过程、个性养成,以及学习发生的条件等。这样可以帮助我们理解儿童在艺术活动过程中的行为表现及其原因,了解儿童发展的个体差异,提出对他们适宜的期望与要求,使教学目的更趋合理,内容更适合他们的需要,避免在教学过程中的一些过激做法。

(三)重视兴趣的激发与创造力的培养

奥尔夫音乐教育体系的主要着眼点不在于理性地传授音乐知识和技能,而在于自然地、直接地诉诸感性,在感性的直接带动下,在奏乐的具体过程中,学会知识,掌握技能。因此,奥尔夫教育体系始终强调儿童主动参与音乐活动。

正如一切原始形态的艺术活动都带有自发性、创造性一样,奥尔夫倡导的原始性音乐教育的一个基本点就是创造。奥尔夫明确指出,"让孩子自己去寻找,自己去创造音乐,是最重要的。"他还认为,"音乐创造有简单与复杂之分,但从创造的本质意义上说,儿童的音乐创造和音乐大师的创造具有同等意义、同等价值。"在教学中,教师仅仅向儿童提供一些原始性的材料,并站在儿童的角度来主持展开音乐教学活动,儿童则主要是在范例和教师启发引导下进行集体创作的音乐学习。通过儿童在即兴基础上所进行的综合性创造过程,来培养和发展儿童的创造力。

(四)强调音乐教育的原始性

奥尔夫认为,原始的音乐是接近土壤的、自然的、机体的、能为每个人学会和体验的,并适合于儿童。奥尔夫编写的音乐教材采用了最原本的、最朴实的音乐素材,如:节奏运用最简易的、不断反复的固定节奏型,旋律用最易唱的五声音阶,乐器使用的也是元素性的乐器——奥尔夫乐器。他用这些最基本的音乐表现要素来表达儿童最原本的思想和情感。他还认为,对于处在个体发展还是初级阶段的儿童来说,获得全面的、完整的综合性审美体验是十分重要的。从艺术的本原来看,音乐、舞蹈、语言与生活本来就是连在一起不可分割的,儿童音乐教学活动不能只局限于音乐范围内,音乐教育应结合生活中的一切元素,如倾听感受风雨声、模仿小动物等。奥尔夫认为这些生活中原始的元素与歌、舞、乐三位一体的综合教学才能让儿童获得全面、丰富、综合的审美体验与艺术创造的机会。

三、奥尔夫音乐教育的内容

奥尔夫音乐教育体系的课程内容非常丰富,包括朗诵、游戏、律动、奏乐、歌唱、表演、舞蹈等,主要可以概括为以下三个方面。

（一）嗓音训练

嗓音训练包括节奏朗诵和歌唱活动。其中,节奏朗诵活动的内容可根据儿童的年龄段选择不同的难度,包括童谣、游戏儿歌、谜语、谚语、词汇,以及无意义的单音或多音节等,这被奥尔夫称作最接近儿童音乐天性的教学内容之一。

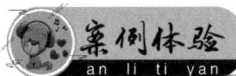

案例体验 an li ti yan

歌唱游戏《两只小象》

常 瑞 词
汪 玲 曲

$1 = F \frac{3}{4}$

```
(1 3  3 1  5 1 | 1 3  3 1  5 1 | 1 5  5 1  5 3 | 1 5  1  - )|

 1 3  5 1 | 3 3  3  0 | 1 5  5 6 | 2 2  2  0 |
两只 小象  哟啰啰,   河边 走呀  哟啰啰,
就像 一对  哟啰啰,   好朋 友呀  哟啰啰,

 3 1  3  1 | 6 6  6  0 | 2 5  2  3.2 | 1 1  1  0 ‖
扬起 鼻子 哟啰啰,   勾一 勾呀   哟啰啰。
见面 握握 手 哟啰啰, 见面 握握 手  哟啰啰。
```

1. 活动目标

（1）指导儿童学习用自然、欢快的声音演唱,并能积极、投入地扮演小象进行演唱。

（2）指导儿童根据教师的体态暗示,理解记忆歌词。

（3）指导儿童创编各种身体接触的方法和同伴结伴表演唱。

（4）指导儿童体验与同伴共同演唱、律动和游戏的快乐。

2. 活动价值

该活动适合3岁左右的儿童。这种有趣而富有假想的情景十分符合儿童的身心发展特点。活动中幼儿通过努力探索与同伴勾手的方法,将他们原有的经验迁移,从而更好地发展幼儿的创造性和社会性。

3. 活动过程

（1）表演唱《来了一群小鸭子》

教师:"小鸭子,我们一起去洗澡吧。"

教师身体前倾,膝盖弯曲靠近幼儿,扮演鸭妈妈,带幼儿表演,并及时整理、总结创编的洗澡动作。

(2)学习新歌《两只小象》

① 认识歌曲中的角色"两只小象"。

教师单膝跪下,身体前倾,从身上的大口袋中分别"变出"两只小象的图片。

② 根据情境表演创编歌词。

教师目光注视"小象",边操作教具,边讲解、提问,同时根据幼儿的回答组织成歌词内容。

教师:"两只小象河边走,咦!它们在干什么?""扬起鼻子勾一勾。""它们勾鼻子的样子就像一对好朋友见面……""就像一对好朋友,见面握握手,握握手。"

③ 教师边操作教具边清唱歌曲,引导幼儿整体感知歌曲旋律。

④ 初步跟唱歌曲。

教师:"小象在玩什么游戏?""我们一起来唱小象勾鼻子的歌吧。"

⑤ 创编表演动作。

启发幼儿用两只手扮成"小象",并探索在"扬起鼻子勾一勾"处勾手的方法,边玩手指游戏,边唱歌曲。此时,教师应及时用目光交流、空间接近、身体触摸等方法来肯定、赞赏幼儿的新编动作。

教师:"我的两只小象来了,你的小象呢?""你的小象是怎么勾鼻子的?"

⑥ 鼓励幼儿与教师合作表演。

教师:"我的两只小象还想和你们的小象来勾鼻子呢!"

⑦ 扮演大象,边唱边结伴游戏。

教师:"我的这头大象也想玩了,我的大象朋友,请你们到河边找个朋友站站好!""刚才是两只小象河边走,现在是……""想一想,两只大象是怎么互相勾鼻子的?"

在教师的手势暗示下,幼儿自然地将歌曲中的"小象"替换成"大象"。

⑧ 启发幼儿创编不同的身体接触方法,并在老师帮助下,学习用替换歌词的方法进行表演唱。如"两只大象……就像一对好朋友,见面顶顶头,顶顶头。"

(3)扮演大象听音乐结伴自由地做洗澡动作

教师贴近一"大象"闻"异味",并说:"我好像闻到一些异味!快快带朋友到河里洗洗澡。"

4. 活动指导

(1)要在宽松、自然的游戏氛围中,让幼儿积极地参与表演唱,主动与老师、同伴交流。教师要及时鼓励,激发幼儿创编动作的积极性。

(2)注意采用填空式的提问方法,有助于幼儿的主动思考。

（二）动作训练

动作训练包括律动、舞蹈、戏剧表演、指挥和声势活动。其中，声势活动是一种用儿童的身体作乐器进行节奏训练的既简单又有趣的活动。虽然其中有些并不是一般音乐教学的内容，但是奥尔夫认为它们都是儿童音乐教学内容中不可缺少的部分，它们的加入能给音乐学习带来意想不到的促进作用。

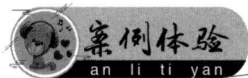

案例体验
an li ti yan

律动游戏《小手爬》

1 = C　2/4

1	1 2	3	3 4	5	5 6	5	-	5	5 6
爬	呀	爬	呀	爬	呀	爬，		一	爬

7	7 6	1	1	1	0	1	1 7	6	6 5
爬	到	头	顶	上。		爬	呀	爬	呀

4	4 3	2	-	7	7 6	5	6 5 4	3 2	1	-
爬	呀	爬，		一	爬	爬	到	小 脚	上。	

1. 活动目标

（1）指导儿童熟悉歌曲旋律，能根据歌词合拍地做小手"爬"的动作，感受、表现旋律的上行、下行。

（2）指导儿童在老师的引导下，能创编出其他的上行、下行的动作方式，创造出其他的行动主体及其他的行动起点和终点。

（3）指导儿童感受创造、表演游戏带来的快乐。

2. 活动价值

3岁左右的儿童能跟随简单的节奏做动作，且随乐合拍地做上肢的简单动作是该年龄段幼儿所要达成的目标。用生动有趣的小手做"爬"的动作过程来感受、表现乐句的开始和结束，有助于帮助幼儿感知音乐的结构。从创编律动的三个环节来看，教师是按照类别来启发幼儿的:创编上行、下行的方式;创编身体的不同部位;创编不同的动作主体和行动的起点、终点。

3. 活动过程

(1)学唱歌曲

教幼儿学唱歌曲,并学会像老师那样一拍一拍地边唱边拍手。

(2)学习律动

教幼儿双手从双脚脚背开始,一拍一拍地贴着腿、身体、脸部往上"爬",一直"爬"到头顶上,正好唱完第一大句。接着,双手从头顶开始,一拍一拍向下"爬",第二大句唱完最后一个字时,正好"爬"到双脚的脚背上。

(3)创编律动

① 引导幼儿学习和创编其他的上行和下行的动作。例如,除了"爬"以外,你的小手还会用其他的方法上上下下吗?(如手交叉轮流上下移动、两手同时跳、两食指点……)引导幼儿创编出小手的不同动作,并按照音乐边唱边一拍一拍用新编的动作贴着身体上行和下行。

② 当幼儿熟悉动作后,可让幼儿想一想向上"爬",除了"爬"到头顶上,还可以"爬"到哪些地方?(如眼睛、头发等)向下"爬",除了"爬"到小脚上,还可以"爬"到哪些地方?(如盖、小腿等)做动作前,先说好上面"爬"到哪儿,下面"爬"到哪儿,然后边听音乐边做动作。

③ 引导幼儿想象自己是一只猴子、一只壁虎等,想想会在哪里爬?向上爬到什么地方,向下爬到什么地方?然后按照前面的要求边唱新歌词边一拍一拍按节拍做相应的动作表演。

4. 活动指导

(1)小手"爬"到身体的其他部位,要求幼儿能根据乐句的长短,有意识地控制"爬"的速度,使得在乐句的最后一个音正好能爬到相应的身体部位。

(2)要求幼儿在做动作前,先说好"爬"的起点和终点,可使幼儿对自己的动作创编有一个清晰的目的。

(三)乐器训练

乐器训练即乐器演奏活动。奥尔夫主张运用各种乐器及能发出声音的物体等,使儿童能够容易地通过奏乐,对音乐世界进行全面探索,从而得到全面享受。

案例体验

an li ti yan

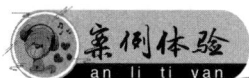

打击乐演奏《大狼吃甜稀饭》

1. 活动目标

（1）指导儿童感受快、中、慢的节奏，并将其与生活情境结合起来。

（2）指导儿童探索铃鼓的不同演奏方法。

（3）指导儿童体验运用奥尔夫打击乐器进行演奏的乐趣。

2. 活动价值

本活动采用的铃鼓属于小型的打击乐器，在音乐活动中应用范围很广，简单易学又受儿童的欢迎。儿童在对铃鼓的探索与演奏中，能发展其创造力、想象力，以及动手操作能力。

3. 活动过程

（1）欣赏故事

教师讲故事，故事内容如下：大狼到奶奶家去，奶奶烧了一锅好吃的甜稀饭。奶奶给大狼了一碗。大狼端起稀饭，哗啦、哗啦、哗啦很快就喝完了。哇！好烫好烫！

大狼上幼儿园，熊猫老师也很会做甜稀饭。熊猫老师烧好后，也装了一碗给大狼。大狼望着稀饭，怕烫，用勺子轻轻沾了一点点，放在嘴里，吧吧吧，吃了半天，又沾了一点，吧吧吧，半天也没有吃完。熊猫老师批评了他，大狼哭了。

大狼回到家，妈妈也很会烧甜稀饭。妈妈烧好后，给大狼了一碗，大狼不敢吃。妈妈说："你用勺子一口一口吃，就不烫了。"大狼舀一勺，吃一口，又舀一勺，又吃一口，一会儿真的把甜稀饭都吃完了。大狼笑了！

（2）探索声音

① 听教师讲述故事，教师在讲到大狼三次吃稀饭的不同速度时，重点强调。

第一次：吃得很快，哗啦，哗啦，哗啦。

第二次：吃得太慢了，沾了一点，吃了半天。

第三次：吃得不快也不慢，舀一勺，吃一口。

② 听教师再次讲述故事，当听到大狼三次不同的表情时，幼儿做出相应的表情并发出不同的声音。

（3）创编节奏

教师引导："大狼第一次是怎样吃稀饭的，做个动作给大家看看，结果怎样？"幼儿在教师的鼓励下,边思考老师的提问,边努力做出快、慢、中速的动作,进一步感受 3 种不同的节奏。

(4)学习演奏

在教师的鼓励下探索乐器演奏方法,用中速、快速、慢速 3 种方法演奏。

① 教师暗示:"今天,我也为大家准备了小碗,我们一起来玩这个游戏,小碗在哪儿呀,找一找?"幼儿将铃鼓鼓面向下,双手拿好,做端碗状。

② 听老师讲述故事,在听到喝稀饭时,大家一起探索表演。

第一次:快速,双手拿铃鼓,快速摇动。

第二次:慢速,左手端住铃鼓,右手食指沾鼓边一下,再放在嘴边动三下。

第三次:中速,左手端住铃鼓,右手敲鼓边一下,轻拍嘴唇一下,重复动作。

4. 活动指导

(1)创编节奏环节,可以加入幼儿创编出的表情和声音。

(2)学习演奏时,教师可以加入即兴创编的环节,让儿童创编演奏方法表现 3 种不同的节奏。

(3)教师还可以安排其他乐器一起加入演奏,让儿童探索合作。

以上三类课程内容是互相融合的,奥尔夫认为,这种集语言、舞蹈、音乐为一体的综合性课程,不仅符合人类生活的原始性、原本性,也符合儿童学习音乐的天然性。其中,奥尔夫认为节奏是音乐的生命,是最基本且最重要的学习内容。

四、奥尔夫音乐教育的特点

1. 元素性

所谓元素性,就是最原本、最朴实的音乐素材。音乐元素包括声音的强弱、速度的快慢、旋律的高低、音色的特征、调性的变化等。奥尔夫从最简单的音乐元素入手进行音乐启蒙教育,例如采用最简易的、不断反复的固定节奏型,采用最易唱的五声音阶旋律,调式中采用最常用的大、小调等。他用这些最基本的音乐表现要素来表达人类最原本的思想情感。他认为,表现得越具有本原性、单纯性,效果就越直接、越强烈。

奥尔夫在音乐教学方法上所采取的模式都是从一个音乐要素出发,再不断加入新的元素和表现手段,从而使儿童循序渐进地进入系统的音乐训练。

2. 综合性

原始人类在表达感情时是通过各种声调的呼叫加上肢体动作,这是人类表达感情最简单、直接的一种方式,也是音乐、语言、舞蹈的统一体的雏形。音乐的原始形态,就是这样的综合体。

奥尔夫音乐教学从人的音乐天性出发,从音乐最起码、最简单的元素出发,但一切又都讲究高度完美的艺术性与综合性。音乐在儿童身上表现出来的自然形态是动作、舞蹈、语言,三者密不可分。例如在嗓音活动中,声音与动作是相辅相成的,儿童在高兴时会情不自禁地边唱边跳,若在这其中再适当地加入一些简单的乐器,如手摇铃,儿童高兴的情绪会更加高涨与丰富。

3. 参与性

奥尔夫认为,音乐教育的首要任务不是为了培养音乐家,而是使大多数儿童愿意参加音乐活动,并成为有一定音乐欣赏水平的音乐爱好者,从而在音乐中享受到无穷的乐趣。在奥尔夫音乐教育课堂上,每一个孩子都是参与者。他主张在轻松、愉悦、民主的氛围中,以及在教师和儿童之间平等的对话和交流中,共同建构人人都乐于参与的音乐教学活动。

4. 即兴性

奥尔夫认为"从模仿开始到自由创造"是儿童个性自然发展的规律,因此,奥尔夫音乐教育法非常强调教学的即兴性,即从模仿到创造的过程。儿童在音乐中以观察、模仿的方式进行音乐的学习,并以思考、创新的方式进行音乐的表演与创造。最终的表演与创造绝不是由教师的个人意志强加给儿童去完成的,而是建立在儿童之前的观察与思考之上的。在个性的充分发挥的基础之上,儿童的聪明才智和创造能力在这个过程中也能够获得极大的发展。

第二节 奥尔夫音乐教育思想在我国的传播

案例导入

青青老师正在给宝宝们开展奥尔夫音乐游戏《chocolate》。经典奥尔夫游戏《chocolate》原内容为:

Choco　　Choco La La　|　Choco　　Choco Te Te
Choco　La　Choco Te　|　Chocolate

青青老师将原内容改编成：

冰糖冰糖葫葫|冰糖冰糖芦芦

冰糖葫 冰糖芦|冰糖葫芦

改编后的游戏富有中国特色，更受宝宝和家长的喜欢了！奥尔夫音乐在我国已有 30 年的发展，如何将奥尔夫音乐教育与中国本土文化相融合，是所有奥尔夫音乐教育者一直在思考与完善的话题。

奥尔夫音乐教育体系以其先进的教育理念和教育方法风靡世界许多国家。我国引入奥尔夫音乐教育理念虽然只有 30 年，但是已经被全国中、小、幼、早期教育等相关教师所接受，呈现出蓬勃发展的盛况。

奥尔夫"原本性"音乐教育观念是最适合儿童的音乐教育。那么，这种教育观念对于中国的音乐教育产生了怎样的影响？在应用时有哪些原则和方法呢？

一、奥尔夫音乐教育在我国的发展

（一）第一个十年：1980—1989 年

1980 年，我国著名音乐学教授、时任上海音乐学院研究所所长的廖乃雄先生首次在奥尔夫家中拜访了卡尔·奥尔夫。1981 年，廖乃雄回国后开始讲学，并著文介绍奥尔夫音乐教育，为中国培养了陈培蕃、孙幼莉、曹冰洁、郁文武、牛晓牧、吴国本、张福元等首批奥尔夫教师，并先后在我国南京、杭州、扬州、广州、西安、哈尔滨、大庆、郑州等地讲学、培训，大大推动了在改革开放初期的学校音乐教育事业的复兴和改革。

1985 年，在廖乃雄的努力和积极组织下，在奥尔夫基金会的大力支持下，我国首次邀请联邦德国西柏林奥尔夫教师施耐特夫人来华讲学、培训，先后在广州、南京、上海办班，历时三个多月，培训学员数百人。

1986 年，中国函授音乐学院成立。该院首开奥尔夫音乐教学法课程，音乐教育主任李妲娜编写了关于奥尔夫音乐教育的教材。

1988 年 8 月，在奥尔夫基金会资助下，由中国音乐家协会音乐教育委员会与首都师大音乐系联合主办首期奥尔夫师资培训班，特邀奥尔夫学院教师讲学。全国共计400 余人参加学习。这次培训由于重点师范院校及音乐学院教法课教师参加，为教法课教学注入新观念和教法，推动了音乐教育理论的建设和教育改革。

1988 年 9 月，中国音乐家协会音乐教育委员会李妲娜带领中国音乐教育考察团一行十人(分两批),赴联邦德国西柏林考察。

1989年春,中国学者应邀赴萨尔茨堡奥尔夫音乐学院学习、考察两周。

1989年6月2日,经中国音乐家协会批准,中国奥尔夫学会筹备组成立。

(二)第二个十年:1990—1999年

1991年6月,国内唯一公开发行的《音乐周报》出了一期奥尔夫音乐教育专刊。

1991年8月9日,第二期奥尔夫师资培训班在京举行。奥尔夫学院教师再次来华讲学,共培训包括台湾地区学员在内的700余人。两岸教师的教学观摩展示出奥尔夫音乐教育正在中华文化的本土上生根发芽。培训期间,中国奥尔夫学会发展了第一批共410名会员,并成立了中国奥尔夫学会的领导机构,由李妲娜任小组组长,组员有曹理、郁文武、郑莉、许卓雅、吴国本、李燕诒等。

1993年,根据民政部关于社团组织的新规定,中国奥尔夫学会正式更名为"中国音乐家协会奥尔夫专业委员会"(简称"中国奥尔夫专业委员会"),学会是中国音乐家协会下属学术社团组织,会员1 260人。

1995年6月,由中国音乐家协会派出中国音乐教育小组赴奥地利萨尔茨堡参加纪念奥尔夫诞辰100周年国际研讨会。研讨会以"本土文化、外来文化、共同之处"为主题,以"团结、友谊、向上"为宗旨,对奥尔夫音乐教育体系在各国实现本土化起到了很大的作用。

20世纪90年代中期,随着电视教学的兴起,中央广播电视大学在首批师范教育课程中开设了包括奥尔夫音乐教育在内的音乐教学法课程。此后,随着国际上早期教育和脑科学的发展,带来了早期音乐教育兴起,蒙台梭利热传进大陆。由于蒙台梭利教育缺少音乐动作、创造性这一领域的内容,因而蒙氏教学被要求必须加入奥尔夫音乐教育内容。借此风潮,奥尔夫教学法又掀起了一股新的发展热潮。中国奥尔夫专业委员会曾先后与崇文三幼、万花筒等幼儿教育机构合作进行师资培训,并与东方爱婴、小橡树等幼教机构合作建立了"奥尔夫舞蹈音乐教室"。

从1996年起,中国奥尔夫专业委员会举办的一年期培训班,在中央音乐学院大力支持下不间断进行至今,为我国音乐教育界特别是幼教界培养了近千名奥尔夫音乐教学法师资。

1997年,上海音乐学院音乐教育系成立,聘请廖乃雄为顾问和客座教授,同时还与萨尔茨堡莫扎特音乐学院结为友好学校,互派教师讲学、进修,进一步推动了奥尔夫音乐教育在中国的传播。

1999年秋,中央音乐学院继续教育部正式开设"奥尔夫教学法"这门课程,此课程持续6年成为学院最受欢迎的课程之一。

（三）第三个十年：2000—2009 年

2000 年，奥尔夫专业委员会主办的大陆第一个奥尔夫音乐教育网（www.chinaorff.com）建立。

2001 年 8 月 20 日，奥尔夫专业委员会和清华大学艺术中心联合办班，邀请美国奥尔夫协会主席来华讲学。此后，以奥尔夫教育为主的"综合艺术素质活动与创造课"被列为清华大学教改精品课程，在广大学生中引起了强烈反响。

2002 年 6 月，中央音乐学院"奥尔夫音乐教育研究中心"成立。在随后的两年间，研究中心与奥尔夫基金会、奥尔夫学院等联合主办了三期"奥尔夫音乐教育师资培训班"，令来自全国的旁听学员受益匪浅，使我国的培训师资水平有了较大提高，一批生力军迅速崛起。

2005 年暑期，由奥尔夫专业委员会主办，德国索诺乐器公司（功学社）代言人沃尔夫冈·史密斯先生第一次来北京讲学。此后，史密斯先生经常来中国讲学、培训师资，成了中国奥尔夫同行的老朋友；功学社也与委员会建立了长期良好的合作关系，共同为推动奥尔夫教育做出了贡献。

2006—2008 年，多名奥尔夫音乐教育专家应中国奥尔夫专业委员会之邀来中国讲学。2008 年 8 月，中国奥尔夫专业委员会骨干教师曹利、陈蓉、何璐获全额奖学金赴美国参加旧金山学校的奥尔夫师资培训，促进了中外奥尔夫音乐教育交流与学习。

2008 年，陈淑宣老师的《奥尔夫音乐亲子教学》一书（附 VCD）由北京天天文化艺术有限公司正式出版，推动了我国 0—3 岁幼儿早期音乐教育的课程研究，给一线教师的教学实践提供了参考。此后，各地的奥尔夫音乐教育培训班迅速开展，培训的对象也由音乐教师拓展为幼儿、各年龄段的音乐专业学生及音乐爱好者。

2010 年，一些奥尔夫音乐教学的教材、DVD 出版，课例视频逐渐被放到网上。

2011 年，中国奥尔夫专业委员会培训师资达 3 000 余人，并逐渐形成了一支培训的骨干队伍和丰富的培训课程，为奥尔夫音乐教育体系在中国的推广和实践做出了突出贡献。

2012 年 4 月，中国奥尔夫学会代表团观摩加拿大奥尔夫专家教学展示，参观了加拿大奥尔夫学会。同年，发放首批《奥尔夫音乐教育教师资格证书》。

2013 年，中国音乐家协会奥尔夫专业委员会特教中心网站（www.musictherapy.cn）开放。中国学者一些研习奥尔夫音乐教育的论文在国外的院报、会刊发表。

2013 年 10 月，中国音乐家协会奥尔夫专业委员会"奥尔夫音乐舞蹈教室 NO.3"和特教中心特殊教育基地正式挂牌。

2014 年 8 月，中国各大主流媒体网站在新闻中争相报道中国奥尔夫专业委员会北京暑期教师资格证书课程班的消息。

今天,奥尔夫音乐教学法已经成为中国最受欢迎的教学方式,在中国大地上不断发展。

二、奥尔夫音乐对我国音乐教育的影响及启示

随着我国的改革开放和奥尔夫音乐教学法的迅速发展,我国的音乐教育在理论和实践方面已经发生了很多变化。

(一) 对我国音乐教育思想的影响

音乐教育是美育的重要途径之一,它的最终目的在于通过音乐使人感受和表现真、善、美,陶冶人的情操,并促进人的全面发展。我国传统音乐文化中,处处体现着音乐教育这个目的。例如,蔡元培先生在五育并举的教育理想中大力提倡美育;刘承华教授在对比中西方音乐传统文化之后,也认为中国传统音乐更注重"自娱",即重内心体验、情味、自我愉悦和自我修养等。

然而,20世纪中叶,我国音乐教育慢慢开始大量学习苏联的"红色歌曲"和创编本国"红色音乐",音乐文化内容和政治紧密联系了起来。自20世纪80年代奥尔夫音乐教育思想传入后,我国音乐教育思想观念在短短几年内发生了巨大转变,具体表现为:

第一,音乐教育的内容不再完全以歌唱教学为主,而强调内容的丰富性、多样性。

第二,音乐教育的目的不再以知识和技能为中心,而强调在重视培养音乐兴趣的基础上,知识与技能并重。

第三,音乐教育中教师中心地位开始弱化,学生的主体地位逐步提升。

第四,音乐教育逐渐将歌唱、动作、语言等融为一体,趣味性、综合性显著增强。

(二) 对我国音乐课堂教学的启示

在奥尔夫音乐教育思想等国外音乐教育理念的影响下,我国20世纪80年代前后颁布了一系列关于指导学校音乐教育实践的法律法规,对小学音乐教育给予了重视,规定小学每个年级都应该开设音乐课。

奥尔夫音乐教育对中国音乐教育实践的影响主要体现在学前音乐教育上,《幼儿园教育指导纲要(试行)》和《3—6岁儿童学习与发展指南》均强调幼儿园音乐教育的游戏性,强调对音乐兴趣的培养,强调创造性地对音乐进行感受、欣赏、表达和创作,强调音乐和人、生活密不可分,强调音乐教育内容的丰富性。

1. 教学形式更加丰富

奥尔夫教学法丰富性、综合性等特点,容易使音乐课堂变得生动活泼,并取得良好的教学效果。课堂上教师不仅教学生唱歌、识谱,而且教学生演奏乐器,在教学生演唱、演奏的同时还结合自由朗通、即兴舞蹈、趣味游戏等艺术实践活动,并引领学生在实践中全身心地投入,欣赏、表演、创作、交流与评价。

2. 教学内容伸缩性大

奥尔夫教学法具有很大的伸缩性和自由施展的空间。在具体的教学实践中,教学内容不需要实时更新,教师可以根据教学对象和教学条件等不同,制订不同的教学目标,并对教学过程进行填充和删减,使课程适合不同年龄层和不同起点的人。

3. 重视学生能力培养

奥尔夫音乐教育主张使学生的表现力、想象力、创造性思维得到充分发挥。音乐课堂上,通过丰富多彩的音乐欣赏、生动活泼的表现活动和灵活即兴的创编活动,激活学生的表现欲望和创造冲动,让学生在主动参与中展现他们的良好个性和创造才能,从而增强他们的自信,培养他们的艺术表现力、想象力和创造性思维能力。

(1)观察力和模仿力的培养

在奥尔夫音乐课堂上,尤其提倡从游戏入手,教学起始点都采用律动帮助孩子体验音乐,教师在课堂上极少涉及语言,主张运用语言以外的表达方式,如嗓音展示、乐器演奏、肢体造型、图谱说明等与学生进行交流和沟通,十分重视学生对教师所提供范例的观察和模仿。

(2)创造力和记忆力的培养

教师在课堂上仅仅向学生提供一些原始性的材料(如最基本的音调、最基础的节奏和最原始的动作),站在学生的角度来主持开展音乐教学活动,学生则主要在范例和教师启发、引导下进行音乐学习和集体创作;学生常常即兴吟通韵文、即兴创编歌词和动作、即兴创造各种音响、即兴设计各种图形来记录自己的音乐,创造自己的"乐谱"或"舞谱",通过各种标记来加深对音乐的记忆,使记忆音乐的能力逐渐得到培养和锻炼。

三、我国借鉴奥尔夫音乐教学法的原则

我们在学习和借鉴奥尔夫音乐教育的过程中应该坚持本土化、本质性和量力性的原则,避免拿来主义。

（一）本土化原则

本土化原则是指在学习、借鉴奥尔夫音乐教育方法的过程中,要和中国的音乐教育文化、地域特征等结合起来,使其适应本土音乐教育发展的需要。这种本土化既包括音乐教育理念的本土化,又包括教育实践的融合和创新,具体来说包括:

（1）教育理念的本土化。在奥尔夫教育理念和本地区音乐教育理念之间找到平衡点。

（2）教材的本土化。将我国的民族文化与奥尔夫音乐教育结合起来。

（3）乐器的本土化。在没有条件购买奥尔夫乐器的情况下,可以就地取材,制作打击乐器。

（4）教学的本土化。不能完全照搬和模仿奥尔夫教学,而应考虑教育者和受教育者的自身情况。

（二）本质性原则

我国的奥尔夫音乐教育实践必须抓住奥尔夫音乐教育的本质特点,抓住其元素性、即兴性、整合性、参与性、多元性等特点,这就是学习借鉴奥尔夫音乐教育的本质性原则。在一线的音乐教育实践中,要多思考以下几个问题:

（1）有没有最大限度地从儿童的自然本性出发。

（2）有没有最大限度地实现音乐、语言、动作等的融合。

（3）有没有最大限度地让每个孩子成为音乐学习的主人。

（4）有没有既注重本族文化的传播,又注重外来文化的借鉴。

（5）有没有既重视孩子对音乐的感性经验的积累,又让孩子最大限度地充满幻想、想象和创造性。

（三）量力性原则

任何事物的发生和发展都必须有一个过程,不可能一蹴而就,我国学习和借鉴奥尔夫音乐教育也是一样。在实践中,各地的音乐老师要根据自己对奥尔夫音乐教育理念的理解,结合当地的音乐教育硬件设施情况,以及学生的具体能力水平等,尽自己的最大努力去实施。

四、我国借鉴奥尔夫音乐教学法的方法

随着奥尔夫音乐教育在我国的传播范围和影响越来越大,很多人对其产生了兴

趣并开始学习、研究。几十年来,我国的专家、学者们在学习、借鉴奥尔夫音乐教育观念的实践中,常用的方法主要有以下几种。

(一) 教育文献法

教育文献法是对文献进行查阅、分析、整理,从而探索教育问题和现象,揭示教育规律的一种研究方法。到目前为止,对于奥尔夫音乐教育的论文已经数以千计,各类书籍层出不穷。查阅、学习、整理和总结这些介绍奥尔夫音乐教育的优质文献,是学习和研究奥尔夫音乐教育最方便、最快捷的方法。

(二) 教育观察法

教育观察法是研究者在比较自然的条件下,通过感官和借助于一定的科学仪器,在一定时间、一定空间内进行的有目的、有计划的考察,并描述教育现象的方法。一般来说,依据不同标准,可以将教育观察法划分为自然观察和实验室观察、结构观察和非结构观察、参与观察和非参与观察等。对奥尔夫音乐教育实践的观察及在观察基础上的反思,是直观学习和研究奥尔夫音乐教育的重要方法。

(三) 教育经验总结法

教育经验总结法是指在奥尔夫音乐教育实践中,依据教育学、心理学理论,有目的地整理、抽取和提炼教育过程中所包含的教育教学规律的方法。一线的教师可以将自己开展奥尔夫音乐教学法的经验加以概括、归纳、提升,并用文字记录下来,这种方法也是学习和研究奥尔夫音乐教育的常用方法。

(四) 教育行动研究法

教育行动研究是指在自然、真实的教育环境中,教育实践工作者和科研人员按照一定的操作程序,综合运用多种研究方法与技术,以解决教育实际问题为首要目标的一种研究模式。它具有三个明显的特征:

(1) 以解决实际问题为研究目的;

(2) 以一线教师为研究主体,科研人员和教师紧密合作;

(3) 边研究边修改方案,使研究更符合实际。

显然,这种方法是进行奥尔夫音乐教育实践探索的重要方法。

第三节 0—3岁婴幼儿奥尔夫音乐教育的意义

案例导入

德国卡尔·威特很小就开始识字,4岁会阅读,8岁懂德、意、法、英、拉丁文和希腊文,9岁入莱比锡大学,14岁获博士学位,16岁任柏林大学法学教授。老卡尔认为他培养孩子的成功经验在于"耳朵是音乐的魔力",他说:"孩子一出生就可以听见声音,从上帝赐予我小卡尔的那天起,我就开始训练小卡尔的听觉,让他聆听各种悦耳的声音。跟其他孩子不同,我一直让小卡尔生活在有声音的环境中,而且可以毫不夸张地说,小卡尔是听着他母亲的歌声长大的。"

儿童的音乐活动是一种精神成长性的需要,是精神上满足的行为活动,是儿童成长的食粮。儿童音乐启蒙是丰富儿童生活活动的形式之一,是提高全民素质的基础。0—3岁婴幼儿奥尔夫音乐教育对发展儿童的智力,陶冶儿童情操,培养良好的道德品质,促进儿童动作发展,增强儿童的听力和记忆力,发展儿童的想象力和创造力,促进儿童健康、全面、和谐成长等均有重要的意义。

一、0—3岁婴幼儿奥尔夫音乐教育的价值

早期教育是教育的黄金阶段。意大利教育家蒙台梭利说过:"儿童出生后三年的发展在其程度上和重要性上超过儿童一生的任何阶段。"苏联教育家马卡连柯也说过:"教育基础主要是五岁以前奠定的,它占整个过程的90%。"中国有句老话更能说明早期教育的重要性,"一岁看大,三岁看老。"著名的文学家雨果曾提出:"开启人类智慧的宝库有三把钥匙,一把是数学,一把是文学,还有一把便是音符。"所以说音乐的魅力是无限的,美好的音乐在孩子的生活成长中有着十分重要的意义。

(一) 0—3岁婴幼儿音乐教育是开发右脑的有力手段

随着脑科学的研究发展,人们重新审视刚出生婴儿的各项能力,早教受到了家长们的重视。在美国哈佛大学一所医院妇产病房里,研究者对刚出生的125个新生婴

儿做了"什么声音对新生婴儿较敏感"的实验。这个实验就是让婴儿听各种不同的声音,看婴儿对声音的反应。其中有 123 个婴儿对母亲的声音非常敏感,对其他的声音反应迟钝。最有意思的是,几乎 100％的婴儿都对母亲的心跳声最为敏感。专家学者认为,可能是婴儿是在母亲腹中长大的,也就是听母亲心跳声成长的,所以婴儿对母亲的心跳声感觉最为亲切,也最为安全。以上实验说明了妈妈的声音和母爱对新生婴儿的成长尤为重要,所以婴儿音乐教育的启蒙与熏陶自然也从母亲的声音及美好的音响声中悄然开始。

音乐的感知是一种倾听活动,婴儿出生以后家长要经常选择合适的音乐播放给他们听,通过反复的倾听,婴儿将会产生一种特殊的不同凡响的情感体验,还能使心情愉悦、情绪稳定,同时提高听辨能力,促进记忆、想象、创造力的发展。音乐教育对于开发儿童的智力、促进儿童身心健康和谐发展有着极其重要的意义。音乐有着神奇的作用,孩子出生后聆听音乐,对孩子智力的开发、大脑的锻炼有潜移默化的效应,音乐能刺激孩子的大脑皮层,促进脑细胞的发育和脑功能的发展。众所周知,人的大脑两半球的功能是不相同的,有一定的分工,一般左脑被称为"语言脑",右脑被称为"音乐脑"。人脑虽然分两个半球,但它们并不是相互割裂的,整个大脑只有在两个半球共同协作活动中才能更好地发挥其整体功能。人们在研究中发现,人的右脑大部分时间是沉睡着的,右脑功能没有被充分利用和挖掘,这种现象在科学和社会的发展达到一定程度的时期将会被改变和重视,重新审视人的脑发展与人的潜能的关系,在教育方面人们考虑着应用音乐、美术等形式对儿童进行充分的训练,促进人的右脑功能的发展。

奥尔夫音乐教育对儿童大脑的健全发展有着十分重要的意义。儿童阶段是大脑发育最快的阶段,音乐活动是开发儿童右脑的重要手段之一,家长可充分利用听、看、唱、玩等游戏,全面地刺激儿童,让儿童用活泼欢快的身体反应来体验音乐中各种元素的变化,使儿童的右脑各部分处于积极的活动状态,增进儿童脑功能的发展。

(二) 0—3 岁婴幼儿音乐教育是审美感知的基础

音乐审美能力包括感受美、表现美和创造美的能力,音乐审美能力是在积累音乐审美经验的过程中逐渐形成的。人的审美阶段从感受、欣赏音乐美,到感情的参与,最后到理智的参与三个阶段。外在官能欣赏主要满足于悦耳,是比较简单肤浅的获得美的艺术享受;感情和理智的欣赏阶段是一种比较高级的欣赏阶段,此阶段必须积累一定的生活经验和知识基础。儿童时期我们更注重的是第一阶段的感受,只有积累第一阶段的简单肤浅的艺术感受,才能升华到第二、第三阶段,使人的审美情趣达到一种完美的境界。

美感必须是赏心悦目的。人的音乐美感属于一种社会意识，美好的音乐作品能带给人以快感，其中包含了生理快感的成分。审美趣味的扩展是以生活经验、知识结构和情感体验的增长为基础的，我们扩展审美趣味教育时不能脱离这个基础。儿童的音乐审美素养，必须从小开始积累，由浅到深，循序渐进，不断扩展儿童音乐趣味，开阔音乐视野。

儿童的审美活动基于快乐的体验和感受开始，家长应有目的、有计划地选择素材，有方法、有手段、有意识地点滴培养，使儿童在成长过程中有意无意地受到音乐美的影响和熏陶，促进儿童审美意识的初步形成和发展。

（三）0—3岁婴幼儿音乐教育是兴趣培养的渠道

兴趣是人认识事物和从事活动的巨大动力，人的兴趣是在需要的基础上，在活动中慢慢积累而发生发展起来的。爱因斯坦说过："兴趣是最好的老师。"他还说过："如果我在早年没有接受过音乐教育，那我无论在什么事情上都将一事无成。"所以，音乐在一个人的成长中占有不可忽略的地位。音乐是声音的艺术，是时间的艺术，是听觉的艺术，是借助声音这一物质材料反映客观世界和人的心灵的一门艺术。要学会欣赏音乐、表现音乐，首先必须对声音敏感，能敏锐地感知大自然以及人类和社会环境中各种丰富的声音，具备这一种敏感，音乐就会变得亲切且容易接近了。0—3岁的婴幼儿奥尔夫音乐教育，目的在于从小培养儿童对音乐活动抱有积极态度，通过游戏培养对音乐各要素的敏感性，能主动积极地参与感受，并使这种兴趣得以现固、保留，以至成为终生的一种需要。

音乐是一门特殊的艺术表现形式，是构成人类灿烂文化的一个重要组成部分。热爱音乐是每个孩子的天性，家长应注重创设良好的音乐氛围和环境，让孩子每天都接触音乐、倾听音乐。其实音乐就在每个人的周围环境中，无论是自然界，还是社会生活中都充满了各种音响，家长可以尽情地带领儿童在大自然中发现、探索、学习、游戏，在游戏中感受生活，观察周围的人、事以及大自然中的一切，养成儿童从小对各种事物的兴趣爱好，同时让儿童在音乐活动中充分发挥想象力、创造力，达到愉悦身心、发展智力的效果。

二、0—3岁婴幼儿奥尔夫音乐教育的作用

音乐是一种特有的艺术形象，0—3岁婴幼儿在奥尔夫音乐活动中，不仅可以增强敏捷的听力，还可以提高记忆力、想象力、创造力，并促进语言、动作等方面的发展。家长必须从儿童出生起就有意地将音乐融入儿童的一日生活之中，对稳定儿童的情

绪,开发儿童的智力、促进儿童健康成长均有重大的意义。

(一) 促进0—3岁婴幼儿感知觉能力的发展

婴儿从出生第一天起,其眼、耳、鼻、舌等各种感官,即处于与周围环境事物的交互作用之中。随着年龄的增长,各种感官得以更主动地接触和认识客观世界,这就大大扩展了他们的视野和活动范围,发展了各种感知能力和记忆、思维等高级认知能力。音乐是一门听觉艺术,儿童的听觉在3岁之前是敏感的,若没有及时去开发,这种能力就会如细胞脱落一样地消失。新生儿出生时因中耳鼓室未充气及有羊水残留,听力较差,但对强声可有瞬目、震颤等反应;3—7天后听力相当好,对声音可有呼吸节律减慢等反应;1个月时能分辨"吧"和"啪"的声音;3个月出现头转向声源(定向反应);6个月时能区别父母声音,唤其名有应答表示;8个月时开始区别语言的意义;10个月时能两眼迅速看向声源;1岁时能听懂自己名字;2岁时能区别不同高低的声音,听懂简单句子;3岁后更可精细地区别不同声音;4岁听觉发育逐渐完善。紧紧抓住儿童各时期的能力特点,通过有效的音乐活动,大量倾听音乐,培养儿童察觉、辨别和表达音乐的能力,包括对音色、节奏、旋律、力度或音质的敏感,使儿童在听觉、触觉、运动觉等感知觉方面有很好的提高和发展。

(二) 促进0—3岁婴幼儿动作能力的发展

美好的音乐,能激发人的激情,唤醒人的灵魂。0—3岁婴幼儿无论是被动还是主动的音乐活动都能使他们整个身心兴奋起来,呼吸加快,手舞足蹈,从而促使婴儿大小动作快速地发展起来,因此音乐和孩子们的动作有着紧密的联系。

许多研究材料证明:儿童对音乐最先感知的是力度、拍率、速度,也最先形成有关它们的概念,随后再去感知旋律的高低及节奏,最后是曲式。在生活实践中,我们看到儿童很早就能感知节拍,会合着音乐拍手、走步,并能随着音乐的快慢而改变动作的速度。家长要有意设计游戏活动,让儿童在音乐伴奏下用动作来表现音乐内容,这种方法是有效促进儿童身体动作能力提高的重要途径之一。最初家长可以鼓励或手把手地帮助儿童听着音乐合拍地做动作,进而鼓励儿童主动地用动作反映音乐。一般来说,1周岁的儿童就会随广播中的音乐节拍晃动身体或手臂,特别是听到节奏非常鲜明的音乐时,儿童更会如此表现。在2周岁时,他们会对节奏鲜明的音乐做出主动的动作反应,可他们是用适合自己身体晃动的速度而不是照音乐的速度来做动作的。由于他们年龄小,他们动作的节奏和速度常比年龄大的儿童或成年人来得快。所以,家长要想让2岁儿童的动作和音乐合拍,就得让音乐的速度适应他们的动作速度。家长可引导 2—3 岁的儿童听着音乐,自始至终地重复一个动作,如拍手、踏脚、拍鼓、转手等,能帮助儿童更快感觉音乐的拍子和动作的关系。

父母应主动为孩子安排合适的音乐活动环境,特别是通过各种各样的音乐游戏活动,增添儿童对活动的兴趣,培养儿童参与活动的热情,促进儿童动作更快、更好地发展。

(三)促进 0—3 岁婴幼儿语言能力的发展

科学家认为,儿童学习语言并不是一字一句地模仿学习而成的,而是存在"语言爆发期"现象。0—6 岁是儿童语言发展最为重要的时期,如果没有抓住这个时期,儿童的语言学习将会是事倍功半的效果。人的思维是用语言进行的,思维的发展是和语言的发展紧密联系的。在婴儿出生以后,母亲的歌声、唠叨声、自由自语的声音深深印在婴儿的脑海里,儿童通过反复倾听、感受,模仿开口发音,学习理解记忆简单的词语和象声词,从而进行正确应用。在儿童歌曲中有着丰富的歌词内容,音乐教育能够充分引导儿童唱歌词、说歌词、记忆歌词,积累丰富的词汇,从而发展儿童的语言,并促进儿童思维的发展,提高他们的语言表达能力。可见,音乐是促进语言发展的动力,而语言的发展,必然会促进儿童思维中逻辑抽象成分的增长。

(四)促进 0—3 岁婴幼儿情感与社会性的发展

儿童的社会性发展是指儿童在与社会环境相互作用中,掌握社会行为规范、价值观念、社会行为技能,以适应社会生活,成为独立社会成员的发展过程。它包括儿童的社会性情绪、社会性依恋、自我意识、与人交往的发展等。

依恋是指婴儿与主要抚养者(通常是母亲)间的最初的社会性联结,也是情感社会化的重要标志,它对婴儿整个心理发展具有重大作用。婴儿是否同母亲形成依恋及其依恋程度如何,直接影响着婴儿情绪情感、社会性行为、性格特征和对人交往的基本态度的形成。新生婴儿需要成人的爱抚和亲切的语言的安慰,母亲亲切的关爱给儿童带来诸多的安全感,使之更多地体验母爱,健康儿童与家长之间经常进行亲子音乐游戏活动,一是可以通过身体肌肤的接触(如碰脸、碰头、碰手等各种游戏),增进亲子间的亲密关系;二是儿童参加亲子活动,可以与其他儿童相互接触,适应环境,同时感受同伴之间一起活动的快乐;三是家长从小给儿童提供温馨、舒适、相互交往活动的机会,可以有效促进儿童的社会化发展。

三、0—3岁婴幼儿奥尔夫音乐教育的原则

(一) 基本原则

1. 顺应原则

尊重0—3岁儿童的身心发展规律,顺应儿童的天性,把握每个阶段的发展特点和水平,关注儿童获得经验的机会和发展潜能,创设适宜的环境,促进每个儿童在原有基础上全面和谐发展。

2. 关爱原则

重视儿童的情感关怀,强调以亲为先,以情为主,赋予亲情和关爱,尊重儿童的意愿,创设宽松、温馨的家庭式氛围,满足儿童成长的需求。

3. 生活原则

在教育实践中,要从日常生活中选择儿童感兴趣的、富有价值的教育内容,将教育贯穿在一日生活之中,丰富儿童的认识和经验。

4. 活动原则

提供安全、可操作、能满足儿童发展需要的活动材料,开展丰富多样的、符合儿童发展阶段特点的游戏活动,让儿童在快乐的游戏中,开启潜能,推进发展。

5. 融合原则

0—3岁儿童的身心健康是发展的基础,应把儿童的健康、安全和养育工作放在首位。保育与教育工作应紧密结合,做到以保为主,保中有教,保教合一。教育内容要有机联系,相互渗透,注重综合性。

6. 差异原则

重视0—3岁儿童在生长与发育、动作、语言、认知、情感与社会性等方面的发展差异,关注多元智能,提倡更多地实施个别化的教育,促进每个儿童富有个性地发展。

(二) 具体原则

1. 整体性原则

整体性原则是指在0—3岁婴幼儿奥尔夫音乐教育活动中,不仅要关注音乐信息,而且不可忽略其他非音乐方面的、对于儿童长远发展极为有利的信息。人的生命是物质、精神、文化的整体,关注人的生命整体,促进人的整体性发展是所有教育活动

中最为重要的原则之一。音乐启蒙实践不可一叶障目，只看见音乐而忽略其他对儿童有益的方面。例如儿歌《一分钱》就呈现了一种拾金不昧的美好品德，歌词中虽然没有直接说出"拾金不昧"这个词，但是通过儿童淳朴、愉悦的歌唱，便会自然而然地明白应该拾金不昧，即使捡到的只是一分钱。通过歌唱他们还会知道捡到钱以后应该交给警察，而不是其他人。又如，大部分歌曲中都有对于儿童来说非常优美的词语，他们通过唱歌自然可以接触到这些对他们来说有价值的词汇。通过仔细听儿童唱歌，成人还可以知道他们哪些字的发音不正确，进而采取适宜的方式给予纠正。显然，这些都有助于儿童语言的发展。另外，儿童在玩打击乐器的过程中，其动作也自然而然得到发展。

我们不得不再次重申，音乐启蒙教育是儿童教育内容之一而非唯一，只有在儿童音乐启蒙活动中强调整体性原则，充分挖掘体、智、德、美多方面的有益经验，才可能使音乐启蒙活动的价值得到最大限度的发挥。值得注意的是，这里的整体是有机结合，而非机械拼凑。

2. 游戏性原则

游戏性原则是指0—3岁婴幼儿奥尔夫音乐教育要在"玩"中进行，他们的音乐活动具有游戏的特征。1989年11月20日，联合国大会一致通过的《儿童权利公约》规定："缔约国确认儿童有权休息和闲暇，从事与儿童年龄相适宜的游戏或娱乐活动，以及自由参加文化生活和艺术活动。"这一公约确定了儿童不仅有发展权、受教育权，而且还有游戏的权利。1998年8月在丹麦哥本哈根举行的世界儿童教育大会的主题就是"保护儿童游戏的权利"。美国心理学家组曼关于游戏特征的"三内说"认为："游戏是种内部控制（自主）、内部真实（自己觉得是真实的）、内部动机引发的行为。"同时，游戏也具有反映社会生活、伴随愉悦情绪等多种特征。两千多年前的西方著名哲学家柏拉图就认为游戏是儿童学习的重要方式，他在著作中记载了追逐等多种类型的游戏。同样，在两千多年前的中国，孟母因为孟子玩杀猪、哭丧等游戏而搬家。回顾童年生活，我们也不难发现儿时的游戏是我们最为珍贵的回忆。在游戏中，我们尽情欢呼，尽情奔跑，自主思考，主动与同伴交往，像科学家一样仔细地观察大自然和人们的社会生活……至此，我们可以说游戏是儿童本能的行为，是人生幸福童年的保证，是儿童发展的主要方式。当下，世界范围内，普遍认为游戏是学前教育、早期教育的基本原则之一，是学前教育、早期教育的重要手段和方法，同时也是儿童最为喜爱的学习方式。

0—3岁婴幼儿音乐教育作为早期教育的一个部分，也必须遵循这个基本原则，让儿童在游戏中快乐地感受、欣赏、表达、创造音乐。0—3岁婴幼儿奥尔夫音乐活动必须从教育目标、教育内容、教育实施、教育评价等多个方面考虑使音乐活动更具备游戏性的特征。例如,对于儿童来说,在歌曲内容的选择上,那些节奏感强、有情节、有趣味、诙谐、幽默的音乐可能比世界著名钢琴曲更能吸引儿童,歌曲《一只哈巴狗》远比《致爱丽丝》更为适合他们。

3. 熏陶性原则

熏陶性原则是指在奥尔夫音乐活动中,成人应尽量借助一定的素材或创设一定的环境,给儿童潜移默化的音乐影响,而非将0—3岁奥尔夫音乐活动变为"高结构化"的上课。儿童的心理发展特点决定了他们的学习往往没有明确的目的性和计划性,而是在其主动与环境相互作用的过程中潜移默化发生的,例如通过玩音乐主动操《五官操》,小朋友们不仅对四二拍有了最初的感受,还将五官的词语和自己的五官对应起来,建立了语义联系,从而认识了五官。

对0—3岁婴幼儿音乐教育来说,要重视环境的熏陶作用,应该通过为儿童创造良好的音乐环境并且发挥环境的熏陶作用来达成。这个年龄段的音乐教育要为儿童创设良好的音乐物质环境和音乐精神环境,如为儿童提供高质量的音响设备和适宜儿童使用的乐器(如串铃、碰铃等),适宜儿童且类型、风格多样的音乐作品,还可以在家里经常播放各种类型且内容健康的音乐,带儿童参加各种乐器的演奏会、著名歌唱家的演唱会、民族戏曲类音乐活动等,让儿童在不知不觉中打开音乐启蒙之门。音乐是声音的艺术,更是情感的艺术,声音是音乐的形式,而情感则是音乐的内容或本质,没有情感的声音往往苍白无力。音乐教育如果没有情感作为基础,只能算作是空洞的说教。因此,奥尔夫音乐活动中的情感熏陶必不可少,儿童音乐启蒙要挖掘声音背后的情感,让他们的音乐成为有源之水。例如,听《动物狂欢节》,可以引导儿童一起感受曲子的和谐、明朗、欢快;听《摇篮曲》则可以和他们一起感受温柔、细腻、绵绵的父爱和母爱。

4. 直观性原则

直观性原则是指0—3岁婴幼儿奥尔夫音乐教育活动要让儿童直接感知音乐作品。皮亚杰的认知发展阶段理论认为0—3岁的儿童认知水平主要处于感知运动阶段和前运算阶段,其思维以直觉行动性思维和具体形象性思维为主。直觉行动性思维的主要特点是个体思维依赖动作和感官,例如婴儿通过敲大鼓,获得了鼓、敲鼓、鼓声的经验,而我们几乎没有可能通过讲述让他们掌握这些经验。具体形象性思维的主要特点是个体的思维依赖于表象,即事物不在面前时,人们头脑中出现的关于事物的印象。从信息加工的角度来说,表象即当前不存在的事件或者物体的一种知识表征,这种表征具有显著的形象性。

从这个年龄段儿童的认知发展阶段和思维的主要方式来看,在0—3岁婴幼儿音乐教育过程中必须贯彻直观性原则,使教与学符合儿童的学习方式。因此,在早期奥尔夫音乐教育活动中,首先,要注意为儿童选择节奏简单、节奏感强,可以用动作表演且极具画面感的音乐素材。如适合3岁小朋友学习的歌曲《彩虹桥》的歌词是这样的:"滴滴答,滴滴答,雨停了;滴滴答,滴滴答,雨停了,天空架起桥。什么桥,什么桥,彩虹桥。"这个歌曲内容展示了一幅雨过天晴后,天空出现了彩虹,小朋友们很好奇地问彩虹是什么,成人告诉他们是彩虹桥的画面。这首歌曲不仅可以直接用形象的图画表现出来,而且还可以让儿童和家长进行角色扮演。其次,还要注意在音乐启蒙过程中,为儿童创设形象的环境,如一个早教中心在让儿童欣赏《雪绒花》这首歌曲时,做了非常充分的准备,如塑料花、白地毯、吹风机、装饰小树等,随后将儿童的注意力集中到欣赏歌曲上,让儿童置身于"真实"的冬季来感受这首歌曲,这种方式正体现了早期奥尔夫音乐教育的直观性原则。

5. 生活性原则

生活性原则是指要将奥尔夫音乐教育活动与儿童的日常生活和感性经验联系起来,使儿童在日常生活中"润物细无声"式地积累音乐素养。音乐家冼星海曾说:"音乐是人生最大的快乐,音乐是生活的一股清泉。"儿童的生活中处处都能找到音乐的影子,音乐是儿童生活不可或缺的部分。留心孩子生活的人,都会发现音乐在孩子生活中的重要性。在摇篮里的时候,他们便对妈妈哼的摇篮曲表示出极大偏好;看到喜爱的玩具,他们可能用自编自唱的轻快声调体现内心的兴奋;玩的时候,如果两个玩具偶然碰到一起发出让他们好奇的声音,他们则可能忘记玩,转而探索声音的秘密……所有艺术均来源于生活,并以不同的方式反映着生活。音乐自然也不例外,没有生活经验便难以产生对于生活的感悟,难以产生对于人、事、物的肺腑情感,自然也就丧失了音乐灵感赖以萌发的基础。

0—3岁婴幼儿奥尔夫音乐教育的生活性原则要求我们,在开展音乐活动时,要充分考虑活动的各个环节是否最大限度地贴近了儿童的生活,同时还要注意将音乐教育渗透于日常生活之中,例如早上起床时可以给儿童听一些轻柔、悦耳的音乐;玩耍的时候可以给他们听一些较为欢快的音乐;入睡的时候给他们听一些温柔、安静的音乐等。

6. 创造性原则

创造性原则是指在0—3岁婴幼儿奥尔夫音乐教育活动中,要注意启发儿童的想象力和创造力,给儿童自由想象的时间和空间,让儿童根据自己的生活感受和情感意识,以自己独到的方式接受和表达音乐。

为什么要坚持创造性原则呢？首先,创造力是音乐素养的重要元素。艺术是自由的,音乐亦是自由的。没有自由,音乐就荡然无存。因此,在0—3岁婴幼儿奥尔夫音乐教育活动中,要注意给儿童创造时间和空间,包容、欣赏他们个性化、创造性的体验,反对过于机械式、僵化式的灌输。其次,0—3岁是发展创造力的关键时期。我国传统教育中的"应试"成分极大地阻碍了青少年创造力的发展。十多年前,我们国家就提出了素质教育,而培养创造力就是素质教育的核心之一。创造力既是一种能力,又是一种复杂的心理过程,它在人的发展过程中起着至关重要的作用。目前的研究表明,学前期是儿童发展创造力的重要时期。再次,音乐启蒙活动中蕴含着各种各样培养儿童创造性的契机,如可以通过改变节奏、变换乐器发展儿童的创造力,可以通过改变歌唱技巧来培养儿童的创造力,可以在欣赏过程中表达不同体验来提升儿童的创造力,还可以通过改编歌词来培养儿童的创造力。

7. 适宜性原则

适宜性原则是指0—3岁婴幼儿奥尔夫音乐教育活动要以儿童的发展状况和水平为依据,使活动处于每个儿童的最近发展区内。活动内容过难会使儿童产生畏惧心理,打击儿童学习的自信心;活动内容过于简单则对儿童发展没有多少价值。从理论上讲,适宜性原则至少囊括年龄适宜、个体适宜和文化适宜三个方面。年龄适宜是指音乐启蒙要适宜于各个年龄段儿童发展过程中的共性特征,例如2—3岁的儿童集中注意力的时间只有5分钟左右,如果我们要求他们专注地花20分钟欣赏一首美妙的乐曲就不适宜了;再如2—3岁的儿童小肌肉发展不够成熟,如果让他们这个年龄就开始学习钢琴,就显得不合时宜。个体适宜是指音乐启蒙要注意到每个儿童在发展过程中的差异性,因材施教。世界上没有两片相同的叶子,同理,每个儿童发展的速度、兴趣、需要,甚至学习方式等都不同于他人。让一个非常喜欢音乐的儿童,在家长的逼迫下花大量的时间学习美术,或许就不适宜了,因为兴趣是最好的老师,孔子也说"知之者不如好之者,好之者不如乐之者"。在奥尔夫音乐教育活动中要注意在和儿童的互动中观察每个儿童的发展水平和特点,真正使"教的大纲"转化为儿童"学的大纲"。文化差异是指每个儿童在生活环境、语言、思维方式、衣着外表和行为等方面都存在一定的差异,0—3岁婴幼儿奥尔夫音乐教育要对这种差异给予充分的尊重。

(三) 其他原则

1. 创设舒适的奥尔夫音乐教育环境

活动开展者要为儿童创设安全、卫生的物质环境,活动环境应温度适宜、空气流通、光线明亮,并给儿童提供足够宽敞的活动空间及安全的活动材料。活动开展者还要创设宽松的、充满亲情的心理环境,满足儿童的各类情感需要,以关爱、接纳、尊重的态度与儿童积极主动地交往,耐心倾听,态度亲切,动作轻柔,并通过适当的身体接触满足儿童的情感需求。

2. 选择合适的音乐素材及活动内容

曲调优美的音乐能陶冶儿童的情操,形象有趣的律动能培养儿童的运动发展,神奇多样的乐器能激发儿童的创造性。由于各年龄段儿童在语言、动作、认知、情感与社会性以及基本音乐能力的发展上各有不同,因此,为儿童选择奥尔夫音乐活动的音乐素材及活动内容时要充分考虑到儿童的年龄特点,选择儿童易于接受、可以理解、喜欢参加、能够完成并最终促进其全面发展的音乐素材及内容。

3. 提供丰富的活动材料

儿童喜欢拿着丝巾跟随音乐进行舞蹈,喜欢在歌唱时用简单的乐器进行伴奏。以安全为前提,选择大小、颜色、形状、材质各不相同的教学辅助材料能激发儿童的学习兴趣,满足儿童探索的欲望,并提高活动效果。各种奥尔夫乐器的加入还能让儿童在音色感知、节奏掌握、表现创造等方面逐步提高。

第四节　0—3岁婴幼儿发展特点

案例导入

东东五个多月了,妈妈发现东东只要听见优美的音乐,就会兴奋得手舞足蹈! 这预示着儿童节奏敏感期已经来临。儿童的节奏敏感期持续的时间有长有短,妈妈应抓住儿童的这个敏感期,积极发展儿童对音乐节奏的感知能力。

儿童在不同年龄段,他们的认知发展、动作发展、语言发展、情感与社会性发展,以及音乐感知能力发展各有不同。只有充分了解婴幼儿在每个阶段的发展特点,并及时对他们进行训练,才能有效、准确地对他们的各方面予以帮助。

奥尔夫音乐教育的基本理念之一是要顺应儿童发展的本性,面对0—3岁婴幼儿的奥尔夫音乐教育活动更要贯彻这一基本原则。因此,在开展活动之前首先要研究和了解儿童的身心发展特点,包括动作发展、语言发展、认知发展、情感与社会性发展,以及基本的音乐能力发展等。了解儿童的身心发展特点不仅能帮助我们在奥尔夫音乐教育活动前做好满足 0—3 岁婴幼儿特点的活动准备,也能在活动中对儿童和家长提出适宜、合理的期望与要求,更能理解儿童在活动过程中的各种行为表现及其原因,并最终通过奥尔夫音乐教育促进 0—3 岁婴幼儿的全方位发展。

一、0—3 岁婴幼儿动作能力发展趋势

1. 首尾发展趋势

即动作发育是按从头部到尾端,从上肢到下肢的顺序发展。婴儿动作的发展,先从上部动作开始,然后到下部动作。婴儿先学会抬头,然后学会俯撑、翻身、坐和爬,最后学会站和行走。也就是离头部最近的部位的动作先发展,靠足部近的动作后发展。这种趋势也表现在一些动作本身的发展上,如婴儿学爬行,先是学会借助于手臂爬行,然后逐渐运用大腿、膝盖和手进行手膝爬行,最后才是手足爬行,这就是首尾规律。

2. 近远发展趋势

即动作发育是按从身体中心向四肢远端的顺序发展。婴儿动作的发展先从头部和躯干的动作开始,然后按从双臂到手部、从腿部到足部的动作发展,也就是先发展靠近中央部分(头颈、躯干)的动作,然后发展边缘部分(臂、手、腿、足等)的动作。

3. 大小发展趋势

即先发展大肌肉粗大动作,再发展小肌肉精细动作。婴儿动作的发展,先是从活动幅度较大的粗大动作开始,然后才是发展比较精细的动作。大肌肉粗大动作是指抬头、坐、翻身、爬、走、跑、跳、平衡、踢等,即大肌肉群所组成的动作。小肌肉精细动作是指需要运用手指的动作,如吃饭、穿衣、画画、剪纸、玩积木、翻书、穿珠等动作。

4. 无有趋势

即由无意识的动作发展出有意识的探索动作。婴儿早期的动作多为无意识动作,无意识动作是指头脑事先没有计划的偶然动作。比如,2—3 个月的孩子,当手偶然碰到被子或别的东西时,他会去抚摸物体,这个抚摸不是事先计划好的有意识的动作,而是由刺激物引起的偶然动作。刚出生的婴儿不会主动抓握物体,此时抓握是纯粹的无意识动作。4—5 个月以后的孩子,动作有了简单的目的性和方向性,他们开

始主动伸手抓玩具或是把奶瓶的奶嘴送到自己的嘴里,这些动作表现出了事先的计划性、目的性,是有意识的动作。

5. 泛化集中趋势

即婴儿出生后的动作发展从泛化的全身性的动作向集中的专门化的动作发展。婴儿最初的动作是全身性的泛化动作,这种动作是笼统的、弥散性的、无规律的。例如,满月前的婴儿,在受到痛刺激以后,会边哭闹边全身活动;摸孩子的脸孩子全身都会反应。而后婴儿的动作逐渐分化,并向局部化、准确化和专门化的方向转变,体现出从整体到局部、泛化到集中的趋势。

二、0—3 岁婴幼儿语言能力发展趋势

儿童语言的发展是一个连续的、有秩序的、有规律的过程,是不断由量变到质变的过程。由于遗传、成熟、环境、教育、营养和健康等多种因素的相互作用,儿童语言发展各有其特征,但各国儿童语言发展顺序和发展特点却有着共同性。

第一,从语言能力发展来看,语言理解先于语言表达。

语言是双向的活动,其活动过程主要包括语言接受(含语言感知、语言理解)和语言表达两个过程。在儿童语言活动发生发展的过程中,两个过程不完全同步,语言接受先于语言表达。

第二,从语言表达形式发展来看,语言的发展经历了"非语言交际口语交际—书面语言—相互交叉递进"的三个阶段。

语言是人际交流的重要手段,在语言产生以前,0—1 岁儿童主要利用声音、身体姿势及动作来进行交流,属于非语言交流阶段(如点头表示"要",摇头表示"不");2—3 岁儿童主要以口语表达为主(听、说);4 岁以后儿童逐渐掌握书面语言(读、写)。

第三,从口语表达能力发展来看,经历了从情境性语言到连贯性语言的发展过程。

情境性语言表现为对话中常用不连贯的短句,时常辅以手势、动作和表情进行补充表达。听者必须结合具体情境才能理解情境性语言的意思。连贯性语言表现为句子完整,前后连贯,听者仅从语言活动本身就能理解说话者的意思,不需说话者的手势、表情做补充。

情境性语言和连贯性语言的主要区别在于是否直接依靠具体事物做支撑。3 岁前儿童只能进行对话,不会独白,所以,他们的语言主要是情境性语言表达。六七岁以后儿童能完整、连贯地讲话,连贯性语言迅速发展。

第四,语言形式发展过程经历了从仅有"有声语言"到出现"自言自语"再到出现"内部语言"的发展过程。

有声语言是指外部语言中的口头语言,即通过发音器官发出语音的语言,包括对话和独白(自言自语)两种形式。3岁前儿童的语言主要是有声语言中的对话,4岁左右儿童自言自语出现(自言自语是由外部语言向内部语言转化的一种过渡形态),4岁以后儿童开始产生内部语言(内部语言是一种无声的、对自己讲的语言),它与抽象思维和有计划的行为有密切联系。3岁以前的儿童还没有内部语言。

三、0—3岁婴幼儿认知能力发展趋势

认知能力经历了一个由简单到复杂、由局部到整体、由片面到全面逐步发展的过程,其发展趋势主要表现在以下几个方面。

1. 由近及远地发展

儿童先认识在时间、空间上与自身较为接近的事物,然后再逐步扩展到认识时空与自身距离较远的事物。例如,儿童先认识一日之内的早、午、晚时序,然后再扩展到认识今天、明天、昨天的时序,进而认识一个星期以内的时序及一年内的四季时序。从理解一天内的早、午、晚到一年的四季,儿童经历了从近距离时空概念到远距离时空概念的认知过程。

2. 由此及彼地发展

儿童认知发展由自我中心到去自我中心。在儿童的图画中较为明显地表现出这种认知的趋势:当浏览不同年龄阶段的儿童画作品时,我们从"完全看不出画与外界的任何联系"到"逐渐看出外物一些片段的象征性符号"到"能看见外物的全貌",再到"看见画中能非常写实地反映事物"的过程中,不难发现儿童画呈现出"画我所想"到"画我所见"的发展轨迹。"去自我"过程使儿童认知逐渐由局部到整体、由片面到比较全面的发展。

3. 由表及里地发展

儿童最初只认识事物的表面现象,以后随着年龄的增长,才认识事物的本质属性。例如,当让儿童判断上下排列间隔不一样,但数量一样的棋子时,往往将其判断为数量不一样,这说明儿童不能排除事物空间排列位置的知觉干扰。但随着认知的发展,儿童逐渐能够排除知觉的干扰,从本质上把握物体的数量关系。

4. 由浅入深地发展

儿童认识事物不是一蹴而就的,而要经历多种水平或阶段。皮亚杰经过数十

年的研究,认为儿童认知经历了从感知运算阶段到前运算阶段,到具体运算阶段再到形式运算阶段,由浅入深交互地发展的过程。每个阶段都是上一个阶段的深入,下一个阶段的基础。在感知运算阶段,婴儿的思维活动只是反映知觉所不能揭露的,而利用实际行动改变客体形态后能够揭露的东西。由于须依靠直接感知和实际行动进行,思维的内容仅限于感官所能及的具体事物,因此,所反映材料的组织程度较低,不够灵活。但随着认知的发展,思维开始在头脑内部进行,其内容逐渐间接化、深刻化,儿童开始能够客观地反映事物的关系和联系,认知范围也日益扩大和深入。

四、0—3岁婴幼儿情感与社会性能力发展趋势

0—3岁婴幼儿个体情感与社会性的发展表现在以下几个方面。

第一,社会性的发展是一个逐步区分人类与非人类、自我与非我的过程。

儿童出生后不久,逐渐表现出社会认知的萌芽。新生儿对人脸的偏爱反映了儿童最早对人类与非人类的区分;婴儿约4个月能对经常照顾自己的亲人和陌生人做出不同的反应,6个月能进一步对特定抚养者形成依恋,说明婴儿能将不同的个体区别开;9—10个月婴儿出现自我认知,他们首先认识的是自己的身体特征,如认识自己身体的各部位、身体的面部特征等,随后婴儿逐渐认识到自己的性格、情绪、行为意图等内部心理过程和特征。这表明婴儿能把自己看作一个不同于其他人的个体,能和认识其他人一样认识自己。

第二,儿童对情绪情感、行为意图及社会规则的认识表现出由表及里的发展过程。

刚开始的时候,婴儿只能识别情绪的外在表现,还不能识别自己以及别人情绪产生的内在原因。例如,出生10个星期的婴儿对母亲高兴、生气、伤心的面部表情,虽能做出相应的表情给予回应,但此时还不能意识到自己尚在经历的情绪状态和他人情绪产生的内在动机。1岁前的婴儿没有同情感,1岁后逐渐对他人的情感敏感,如看到妈妈在哭泣,他有可能将自己的玩具递给妈妈以示安慰。2岁后可以采用情绪语言描述别人和自身的情绪体验,如3岁的儿童回家后跟爸爸说:"今天我有6个生气。"随着情绪概念的形成以及对情绪的理解,2.5—3岁的儿童开始理解对于同一种情绪反应,不同的人有不同的原因,并试图寻找情绪背后的内在动机。所以,儿童对情绪情感和行为意图的识别是由表及里发展的。

第三,社会性的发展表现在从不能调控自己的情绪行为,发展到在他人的指令下控制自己的情绪行为,再发展到能够主动控制自己的情绪行为,最后发展到能安慰他

人的情绪与影响他人行为的过程。

1岁后婴儿就很少哭了,说明1岁后婴儿的神经激活和抑制过程开始变得稳定,具有了控制自己情绪强度的初步能力,但此时必须通过父母帮助其减少痛苦或提供舒适感才能调节情绪。随着经验的增多,婴儿逐渐学会了从各个不同的角度来看待压力源,当看到引发负面情绪的原因是可控的,其情绪自我控制的能力会大大增强,对某些可控制的情绪,3岁的儿童会使用逃避策略。

在总结个体社会化的发展趋势时,弗洛伊德提出了"本我""自我""超我"三个概念,他认为"本我""自我""超我"的发展呈现了个体社会化发展的历程。"本我"是完全无意识的,按快乐原则活动;"自我"服务于"本我",促使"本我"根据现实在适当时机满足本能的需要;当儿童开始掌握社会行为标准时,又发展出"超我","超我"代表道德力量,当"自我"试图找到一种可以接受的办法去满足"本我"的本能冲动时,"超我"则阻止它们在任何时候得到满足。弗洛伊德认为超我形成的过程就是儿童社会化的过程。

五、0—3岁婴幼儿音乐能力发展趋势

1. 音色感知能力发展

有研究表明:儿童对于声音的反应,在胎儿期就开始了,在妊娠的第三个月,多数胎儿对外界的声音刺激就能有所感觉,他们通常用动作和改变内部呼吸的方法对声音刺激做出反应。胎儿在母腹里就已经能感受并习惯了母亲心率的声音,有科学家用微型集声器从孕妇的子宫里记录下各种声音,在胎儿出生后哭闹不止的时候播放给他们听,新生儿不一会儿就入睡了,而其他音色的声音却很难达到同样的效果。这就说明3个月的胎儿已经具备了听觉,并且对声音的音色具有初步的感知能力和记忆能力。此外,有研究还表明出生后2—3天的新生儿就能对不同的音色建立起条件反射。

1—3个月婴儿对音色感知能力进一步发展,随着所接触声音的增多和听觉系统的发展,他们能将人的嗓音和其他声音区分开来,还能区分音色有显著差异的声音,并对其形成再认。例如,这个年龄段的婴儿逐渐能够再认母亲的声音或者其他经常护理他的人的声音,哭闹时,只要听见他所熟悉的、亲近的人的声音,便能使婴儿心理得到安抚并停止哭闹。

4—6个月婴儿对各种各样的声音感兴趣,他们通过眼睛寻找声源,经常将头转向那些发出声音人或物,并试图用身体动作和微笑回报那些神奇的、自己喜欢

的声音。在这个阶段，他们喜欢用手击那些能发出令其愉悦的声音的玩具。婴儿会十分开心地一次又一次地重复发音动作，一遍又遍倾听自己发出的好听的声音。

7—9 个月的婴儿可以几乎像成人一样听音乐和关心各种声音。他们不仅能区分出音色具有细微差别的两个声音，而且不断地试图模仿各种声音，尽管这个时候的"唧呀学唱"以元音为主。例在成人对着儿唱歌的时候，婴儿可能也会跟着成人咿呀学唱（虽然"唱"的和成人完全不一样），或者伴随着动作和玩耍。

10—12 个月婴儿不仅喜欢模仿成人语言和发音，而且对生活中各种音色的声音感兴趣并试图去模仿，但是这个时期的婴儿模仿能力有限，他们虽然已经能对具有细微差异的声音做出区分，但几乎不能准确地模仿不同音色的声音。

1 岁多的儿童倾听、分辨音乐的能力进一步发展，他们能准确地分清声源，迅速分辨出音色具有细微差别的不同声音，区分出环境中的许多声音。同时，随着儿童年龄的增长，他们逐渐能较为准确地模仿、发出这些声音。比如，看见火车，就可能对火车鸣笛感兴趣，进而拖长自己的声音模仿；看见小羊羔，也很喜欢模仿小羊羔咩咩的叫声；看见小狗会发出汪汪的叫声，他们对这些"神奇"的声音一遍遍模仿，经常乐此不疲。

随着儿童运动能力的增强和生活范围的拓宽，儿童对声音的好奇心和辨认能力一并增长。他们不仅对周围环境中不同音色的声音感兴趣，而且还会爱上某些特别的音乐或音色，例如广告中的某些片段会使他们着迷。2 岁是大部分儿童出现"轮廓歌"（只是一个唱歌的大体构架，近似唱歌）的时期，这个阶段多让他们听一些或者学唱一些以二度音程和小三度音程为主、多种音色的简单儿歌也是非常不错的选择。

2.5—3 岁的儿童逐渐对音乐游戏发生兴趣，他们不仅喜欢而且能自主玩些简单的、集体性质的音乐游戏，相比之下，2.5 岁以前的儿童玩音乐游戏一般则以亲子音乐游戏为主。此外，这个阶段的儿童已经逐渐能够正确使用一些简单的乐器，如沙锤、小鼓、串铃等，因此，这个阶段可以根据歌曲性质的不同，选用适当的乐器通过敲打的方式来演奏简单的乐曲或歌曲。

2. 节奏感知能力发展

新生儿最熟悉的就是母亲的心跳节奏，国外曾有人做过实验：当婴儿哭闹时，一组由母亲把宝宝抱在怀里，用手轻轻地拍他们；另一组由母亲把宝宝抱在怀里，让他们倾听母亲的心跳，结果发现后一组宝宝比前一组宝宝更容易安静下来，原因是母亲的心跳声让新生儿倍感亲切并产生安全感。新生儿在出生几个小时内就能感觉到某些声音的不同,并且会对不同音调的声音产生不同的反应,并以眨眼、动嘴、转头和哭闹等行为表现出自己的喜好。令人惊奇的是在距离新生儿耳朵旁10—15米处轻轻摇动有声音的玩具,他会向发出声音的方向转动眼睛或头。

1—3个月的婴儿有时会自言自语发出"咿、啊啊"的语音,这就是婴儿最初的无规律的语言节奏。绑在婴儿手上、脚上的铃铛会不时地发出声响,婴儿会无意识地没有节奏或有节奏地自由晃动铃铛。

4—6个月时的婴儿会关注倾听周围发出的声响,如在阳台悬挂风铃,婴儿会专心倾听风铃发出有节奏的声音;对听到的声音有准确的定向能力,能主动寻找声源;父母可以用嘴、牙齿、舌头配合发出不同的有节奏的音响,让婴儿观察;他们已经会有意舞弄带声响的玩具,使其发出无固定节奏的声音。

7—9个月婴儿开始模仿发声,会连续发出"ma-ma-ma""ba-ba-ba"等没有实际意义的音节节奏,会玩弄敲击玩具使其发出声响,但此时还处于无意节奏状态,是一种本能的喜欢和游戏阶段。此阶段婴儿懂得关注自然界的音响,如车声、雷声、动物叫声,会突然转头观看或倾听,开始关注大自然中不同声音并寻找声源。

10—12个月婴儿经常模仿成人发音,如有意识地发出"爸爸""妈妈"等音;会用固定的音节称呼某些东西,有节奏地模仿动物叫声,如"汪汪""叽叽""咩咩"等;开始关注成人的表情,模仿说话,模仿语言节奏和动作节奏。

1—1.5岁的儿童懂得单音句,能熟练发出有节奏的"叠音",如"笛笛""笛—笛—""喵喵喵"等音。开始懂得听口令"一、二、三",在成人帮助下会用手模仿拍出× ×|× ×||和× × ×|× × ×||的节奏型。此时儿童开始学会分辨声音,认识自然界、动物、生活中的各种声音;懂得模仿成人拍出二分音符和四分音符,学会按节奏背儿歌,学会听着口令"一、二、三"进行双脚跳。

1.5—2岁的儿童好奇并注意母亲说话的音调,懂得感受附点音符并进行模仿拍手;学会使用简单的打击乐器并按一定的规律打出节奏来,懂得了分辨声音;会模仿大自然和生活中各种各样的声音,如模仿汽车的声音;会模仿成人简单的不同节奏型并用拍手、拍腿等动作进行表现。

2—2.5岁的儿童懂得猜声音,将大自然中不同的声音用不同的节奏再现出来,如风吹"呼呼—",小狗"汪汪"、雷声"轰隆—";能使用不同的乐器,并按一定的节奏敲打,同时也会主动倾听音乐并配合乐器一边跟唱歌曲一边敲打节奏,并能听口令等待做动作;懂得自己敲敲打打自己喜欢的乐器,喜欢跟随音乐有节奏地摆动身体,懂得听口令等待,喜欢与伙伴一起玩游戏。

2.5—3岁的儿童学会有节奏地大声朗读儿歌,喜欢倾听音乐,能较快速地按音乐的节奏拍手或扭动身体,大胆表达自己的感受,比较主动参与到伙伴游戏之中;学会敲奏多种乐器,愿意主动参与音乐活动,能根据音乐速度快速或慢速拍打节奏,并舞动身体,自主性强,不愿意受外人的干预,自得其乐。总之2—3岁的儿童在模仿节奏中,从被动感受练习过渡到主动选择及主动参与活动之中,此时家长必须有意识创设环境,让儿童充分自由发挥,为他们节奏的感受提供平台,并及时鼓励表扬肯定,为儿童的节奏感知发展创造更多的机会,促进其发展。

3. 音乐力度感知能力发展

胎儿期就有了触觉,新生儿触觉感官最灵敏,全身皮肤具有灵敏的触觉,新生儿对不同的温度、湿度、物体的质地和疼痛有触觉感受的能力,也就是有冷、热、疼痛等触觉感受能力。他们对音乐的强弱也会敏感,如音响大声时会皱起眉头,表示不开心等。婴儿就是依靠触觉或其他感知觉的协同活动来认识世界的。

1—3个月婴儿全身皮肤都有灵敏的触觉,当身体不同部位受到刺激时就会做出不同的反应。婴儿最喜欢父母的拥抱,紧贴着父母的身体给婴儿带来安全感。当婴儿哭闹的时候,或让婴儿倾听胎教音乐,或父母轻轻依靠抚摸着婴儿,他们就会逐渐安静下来。

4—6个月的婴儿开始学习伸手抓握,他们具备了认识物品和寻找物品的能力,家长可以在婴儿的摇床或座椅前挂上质地不同的各种玩具,如塑料、棉线、木质等玩具,让婴儿抓握体验,发展婴儿对不同材质物品的感知能力及对手抓、握等力度的体验。

7—9个月的婴儿触觉发展已经遍及全身,会用身体各个部位去感受刺激、探索环境。他们喜欢扔东西,把一件件玩具扔到篮子里,喜欢敲悬垂物,拿起物体敲敲打打是婴儿成长过程中的一种探索行为,妈妈可以和婴儿经常玩敲打游戏,指导示范用不同的力度敲击各种物品。

10—12个月婴儿触觉定位越来越清晰,开始能分辨出所接触的不同材质。如果婴儿接触的是美好舒适的触觉刺激,他们的注意力比较容易集中。反之,如果婴儿接触到的是负面的触觉刺激,则会情绪不稳。父母要经常给婴儿轻柔的安抚,让婴儿产生安全感,稳定其情绪。

1—1.5岁的儿童开始会随音乐自由颤动身体或摆动手臂,在音乐的强弱变化过程中,他们表现出的身体晃动的力度有所不同。该阶段儿童对敲敲打打的事情产生了浓厚的兴趣,不管什么东西拿到手,都会去试着敲一敲、打一打,儿童在敲打的过程中能感受到力度的变化。

1.5—2岁的儿童开始学会唱简单的歌曲了,在模仿演唱过程中初步体会到歌词和旋律中力度表现的不同,在客人面前"人来疯",喜欢表演,能在音乐的伴随下自由舞蹈。

2岁时,儿童会对节奏鲜明的音乐做出主动的动作反应,他们是用适合自己身体晃动的力度和速度而不是按音乐的力度和速度来做动作的。由于年龄小,儿童动作的节奏和速度常常比年龄大的儿童或成年人来得快。所以,家长要想让2岁儿童动作和音乐合拍,就得选择节奏感强,适合儿童用动作进行表现的歌曲或乐曲。家长可引导2—3岁的儿童听音乐,多次重复一个动作,如拍手、踏脚、拍鼓、转手等,能帮助儿童更好地感知音乐的节拍和动作的力度关系。

2.5—3岁的儿童开始学会听着音乐轻轻地走和重重地走,学习双脚跳一跳,身体控制能力进一步提高,喜欢参加音乐活动,能模仿简单的动作,并用不同的力度进行表现,喜欢在众人面前表现自己。

4. 音乐速度感知能力发展

新生儿就有了视听定向,当距婴儿眼睛20—25厘米,将彩色能发出声响的玩具缓慢移动;婴儿的眼睛会随玩具左右移动;如果母亲与婴儿面对面,边喊婴儿的名字边移动脸的位置,婴儿会随母亲的脸和声音移动。

婴儿在第1个月里能感知声音的方位,寻找声源,能发出"咯咯"的笑声,对不同的声音能做出不同的回应。第3个月时能更快速地对声源位置做出反应。

4—6个月的婴儿对音乐声表现出明显的反应,有的儿童还能配合音乐节奏舞动四肢,6个月的婴儿,可以区分男人和女人、熟人和陌生人的声音,这表明此时已具有一定的音乐记忆了,对音乐速度、力度、音色有了初步的感受能力。

7—9个月的婴儿更加能干,他们的手部动作渐趋精细,手眼协调能力也基本具备,能将玩具很快地从一只手换到另一只手,来回玩个不停,小指头开始灵活,并且喜欢不厌其烦地用手里的玩具敲打桌面,此时可以引导婴儿以不同速度敲打,在婴儿小手有点灵活时可以引导婴儿玩撕纸游戏,教婴儿以不同速度撕纸、滚球、拍手、招手、握手等。

10—12个月婴儿的两只手活动自如,能拿起乐器敲打,使其发出声音,同时做不同的动作,婴儿能用双手左右移动握玩乐器或玩具,使其发出速度不同的声音。

1—1.5岁儿童能使用乐器敲敲打打,初步能用拍手动作和语言表现快与慢,会使用一定的辅助玩具与家人一起玩快慢的游戏。

1.5—2岁儿童独立性更强了,能与成人一起歌唱,安静地倾听音乐,会操作玩具或用乐器有节奏地按音乐的不同速度敲打演奏,能初步根据音乐的速度变化操作玩具匹配音乐,会根据音乐的速度变化做出不同的动作进行表现。

2—2.5岁儿童能理解快慢的概念了,能自主感受出音乐的快慢表现,并学会用动作表现出来,同时懂得用语言表达快慢,如"快快跑,慢慢走",还学会用动作的反应来表达快和慢,如模仿飞机飞得很快、马车走得很慢等,可以在图片中找出快慢表现的内容。

2.5—3岁儿童能理解音乐中快慢速度的不同,音乐游戏目的性、自主性更强,初步能按成人设计的规则进行快慢表现游戏,喜欢参与音乐活动,懂得操作乐器并随音乐的快慢速度进行有一定节奏的演奏活动。懂得理解儿歌的内容,并用相应的快慢速度进行朗读,也能用身体动作随不同速度的音乐进行表现活动。

0—3岁各月龄段婴幼儿发展能力指标

家庭音乐训练指导

1. 歌曲《叮铃铃》

叮铃铃

$1=\flat B \frac{3}{4}$

3 5 5 | 3 5 5 | 6. 5 6 | 5 — — | (6. 5 6 | 5 — —) |
叮 铃 铃, 叮 铃 铃, 叮 铃 叮 铃

1 3 3 | 1 3 3 | 5. 1 3 | 2 — — | (5. 1 3 | 2 — —) |
叮 铃 铃, 叮 铃 铃, 叮 铃 叮 铃

1 1 1 | 3 3 3 | 2 2 2 | 5 5 5: | 3. 1 2 | 1 — 0 ‖
叮 铃 铃, 叮 铃 铃, 叮 铃 铃 叮 铃 铃 叮 铃 叮 铃。

玩法一:该玩法适宜0—6个月的婴儿,时间:婴儿精力较为充沛时。妈妈或照顾宝宝的其他人,可以在宝宝旁边给宝宝唱这首歌,并注意表达这首歌的欢快之情,让宝宝感受妈妈的音色和铃铛的音色。

玩法二:该玩法适宜0—6个月的婴儿,时间:婴儿精力较为充沛时。妈妈可以选用颜色鲜艳或结构简单的铃铛,然后横抱婴儿,一边唱歌一边摇铃铛。

玩法三:该玩法适用于5—12个月的婴儿,时间:婴儿精力较为充沛。妈妈可以横抱着婴儿,然后将颜色鲜艳、结构简单、大小适宜的铃铛放在宝宝的手中,握着宝宝的手一起摇铃铛。还可以鼓励宝宝用自己的方式去抓和弄响铃铛。

2. 歌曲《摇荡鼓》

摇荡鼓

1=♭B 2/4

3̲ 5 | 5̲ | 3̲ 5 | 5̲ | 4 4 | 3̲ 2̲ | 1 | 2 |
咚 嗒 嗒 咚 嗒 嗒 咚 咚 嗒 嗒 咚 嗒，

3̲ 5 | 5̲ | 3̲ 5 | 5̲ | 4 4 | 3̲ 2̲ | 1 | 0 ‖
咚 嗒 嗒 咚 嗒 嗒 咚 咚 嗒 嗒 咚。

玩法一：该玩法适宜0—6个月婴儿,时间：婴儿精力较好时。横抱着宝宝,给宝宝唱这首歌,唱歌时注意模仿鼓声,速度可以由慢到快。

玩法二：该玩法适宜0—6个月婴儿,时间：吃奶后临睡前,婴儿精力较为充沛时。妈妈可以选用颜色鲜艳的拨浪鼓,然后横抱着婴儿或把婴儿放在摇篮里,一边唱歌一边摇拨浪鼓,在摇拨浪鼓的同时鼓励宝宝用眼睛跟踪。

玩法三：该玩法适用于6—12个月婴儿,时间：婴儿精力较为充沛时。妈妈可以横抱着宝宝,然后将颜色鲜艳、大小适宜的拨浪鼓放在宝宝手中,握着宝宝的手一起摇。还可以鼓励宝宝自己玩弄拨浪鼓,使拨浪鼓发出声音。

玩法四：以上歌曲中的拨浪鼓还可以换成其他的乐器或其他能发出声音的物体。

3. 歌曲《你在那里呀》

你在哪里呀

1=♭A 2/4

5 5 | 5 — | 3̲ 4̲ 5̲ 3̲ | 2 — | 5 5 | 5 — | 3̲ 4̲ 5̲ 3̲ | 1 — |
哎呀 呀 你 在 哪 里 呀? 哈 哈 哈, 我 在 这 里 呐。

玩法：该游戏适宜于6—12个月的婴儿,时间：婴儿入睡前。这首歌适合在和宝宝玩"捉迷藏"游戏时候给宝宝唱。首先把宝宝的注意力吸引过来,然后用一块小毛巾遮住妈妈或爸爸的脸,并唱第一句歌词,几秒钟以后把脸从小毛巾后露出来,再演唱第二句歌词,这样不仅可以使宝宝在生活中熟悉爸爸妈妈的音色,还可以加深亲子之间的感情,给亲子生活带来快乐。其实,这个游戏,除了爸爸妈妈,还可以由其他和孩子亲近的人来和宝宝玩,这样宝宝就可以接触更多人的音色,发现他们之间的区别了。

4. 歌曲《小鸡出壳》

小鸡出壳

1=D $\frac{2}{4}$ 有表情地

| 1 | 3 | 1 | 3 | 2 2 | 2 3 | 1 - | 1 1 | 1 3 | 2 - | 1 1 | 1 3 | 2 - |

小　鸡　小　鸡　出壳　就会　叫，　　叽叽　叽叽　叽，　　叽叽　叽叽　叽，

| 1 | 3 | 1 | 3 | 2 2 | 2 3 | 1 - | 1 1 | 1 3 | 2 - | 2 2 | 2 3 | 1 - |

小　鸡　小　鸡　出壳　就会　跳，　　嘣嘣　嘣嘣　嘣，　　嘣嘣　嘣嘣　嘣

玩法:该游戏适合13—18个月的儿童,游戏时间:儿童精神状态良好时,时长5分钟左右。唱这首歌时,妈妈可以先请宝宝蹲下,用一块丝巾把宝宝盖起来,当唱完歌后,让宝宝起立并用手把丝巾掀开,露出可爱的脸蛋。妈妈每次唱歌时要移动自己的身体,这样宝宝每次掀开丝巾都会有不同的发现,会很兴奋。要注意在唱歌的时候,妈妈可以模仿歌曲中出现的象声词,并鼓励和引导儿童模仿。此外,妈妈还可以在网上下载小鸡的动画,为儿童积累关于小鸡和小鸡叫声的直接经验,以便儿童更好地投入游戏。

5. 歌曲《动物叫》

动物叫

1=C $\frac{2}{4}$

| 1 3 4 | 5 | 5 | 1 3 4 | 6 | 6 | 5 4 | 3 2 | 1 - |

小　鸡　　叽叽,小　鸭　　呷呷　呷呷　呷呷　呷。

小　猫　　喵喵,小　羊　　咩咩　咩咩　咩咩　咩。

玩法一:该游戏适合10—12个月的婴儿,妈妈哼唱歌曲,唱到"叽叽""呷呷"时,引导婴儿学着妈妈唱"叽叽、呷呷"等,并根据动物的叫声强弱不同进行表现。

玩法二:妈妈哼唱歌曲,唱到"叽叽""呷呷"时,引导婴儿学着妈妈模仿小鸡、小鸭的动作,根据动物的叫声和动作的力度进行不同表现。

6. 歌曲《抓挠》

抓　挠

$1 = F$ $\frac{2}{4}$

| 3. 5　1 | 7. 6　5 | 3. 5　1　1 | 7. 6　5 | 5　5　1　1 |
抓　挠　挠，　抓　挠　挠，　宝　宝　抓　呀　抓　挠　挠，　抓　呀　抓　呀

| 1　2　3 | 5　1 | 3　2 | 1　— | 1　— ‖
抓　呀　抓，　宝　宝　乐　陶　陶，　　　　哈哈。

玩法一：该游戏适合1.5—2岁儿童，妈妈用抓挠的动作，边唱边带儿童一起表演，唱到"抓呀抓呀"时用较快的速度表现，唱到"哈哈"时用拍手表现或其他动作均可。

玩法二：妈妈示范引导儿童边跟唱边表演，唱到"抓呀抓呀"时快速表现，唱到"哈哈"时拍手。

思考与实践

1. 奥尔夫一生中进行了哪些音乐活动？他的"整体的艺术"的教育观念是如何形成的？

2. 奥尔夫音乐教育的特点和内容是什么？

3. 奥尔夫音乐教育的原本性理念，在应用时有哪些原则和方法？

4. 0—3岁婴幼儿奥尔夫音乐教育的作用是什么？

5. 0—3岁婴幼儿的音乐能力发展可以分为哪几个方面？

| 第二章 |
奥尔夫嗓音训练

奥尔夫音乐教育是一种"原本性"的音乐教育,而人的嗓音就是最原本的音乐元素之一。嗓音即人的嗓子发出的声音,包括说话、朗诵、歌唱的声音,也包括哭、笑、打喷嚏、打哈欠等声音。人的嗓音能进行各种音色、音量、节奏、速度等变化,嗓音在经过艺术训练后能反映丰富的客观世界中的具体事物,使人能够通过听觉来欣赏声音的美。

学习目标

1. 了解奥尔夫嗓音训练的内容与意义。
2. 了解0—3岁婴幼儿奥尔夫嗓音训练的方法。
3. 掌握0—3岁婴幼儿嗓音训练的设计方法及组织方法。

第一节 奥尔夫嗓音训练概述

案例导入

1岁半的乐乐与妈妈玩游戏,两人坐在床上,他们中间放着三只小动物玩具。小鸭、小猫和小狗。妈妈拿出小鸭,发出"嘎嘎、嘎嘎、嘎嘎"的声音,然后乐乐学着妈妈的样子,手里拿着小鸭"嘎嘎、嘎嘎、嘎嘎"地叫起来,妈妈表扬了乐乐真棒;妈妈又拿出小猫叫了声"喵",然后要求乐乐跟着叫一次;妈妈又拿出小狗问乐乐:"你知道小狗怎么叫吗?"乐乐"汪"了一声,妈妈说:"汪汪汪",请乐乐跟妈妈叫的一样,乐乐也拿起小狗说:"汪汪汪。"乐乐跟妈妈玩得很开心,心情特别好。动物的叫声和语言节奏也给乐乐留下了很深的印象。

一、奥尔夫嗓音训练的内容

奥尔夫嗓音训练的主要内容是节奏朗诵和歌唱。

(一) 节奏朗诵

节奏朗诵是一种艺术语言与音乐结合的艺术表演形式,可使儿童在欢快的情绪中加深对语言与节奏的感觉和理解。虽然节奏朗诵并没有歌曲那样清晰可辨的旋律,但也同样体现了音乐艺术的形式美特征。

儿童通过嗓音和语气的变化既表达了一系列富有韵律感、节奏感和结构感的词语,又感觉并体验到节拍、节奏、力度、速度、声调、句子结构等几乎全部的音乐要素。因此,节奏朗通和歌曲除了在有无旋律方面有所不同外,在其他方面都是相似的,也可以作为对儿童进行早期歌唱教育的特殊素材。例如,用儿童熟悉的人名、地名进行节奏朗诵活动,不仅能培养儿童的节奏感,使他们掌握各种不同的节拍和节奏,而且能增强活动的趣味性,有助于他们自主意识、成就感和自信心的提高。

此外,在组织节奏朗诵活动时,还可以根据朗诵的具体内容和形式配以简单有趣的身体动作,来增加节奏练习的效果和活动的趣味性。对于月龄较小还不会说话的幼儿,也可以由大人来进行节奏朗诵,培养幼儿对声音节奏、音色变化和音量大小的感知。

节奏朗诵的具体内容可以是字、词、句,也可以是儿歌、民谣、游戏语言,甚至还可以是一些用唇、齿、舌和气息振动发出的无意义的嗓音音节。

(二) 歌唱

歌唱是音乐教育的一种手段,也是人们表达情感的一种方式,尤其是孩子,歌唱可以使他们全身心地投入,可以培养他们的乐感和美感,丰富他们的音乐表现力,使他们终身保持对音乐的热忱。每个孩子都爱唱歌,当他高兴时,就会情不自禁地唱起歌来以表达轻松、愉悦的心情。

二、奥尔夫嗓音训练的意义

1. 形成良好的声音形象

无论是优美、清晰、流畅的语言训练,还是高亢、嘹亮或低沉、婉转的嗓音练习,都能帮助儿童逐步树立良好的声音形象,使儿童的声音更具表现力和感染力,进而在今后的学习上获得更大成功。

2. 培养听辨的意识和能力

在进行嗓音训练时,儿童不仅要注意倾听自己的嗓音,还要注意倾听家长、老师、同伴的嗓音,这有助于培养儿童的倾听能力以及对声音的感知能力。在嗓音训练中,儿童会尝试模仿家长、老师的声音,并努力使自己的嗓音与家长、老师、同伴相一致,因此,嗓音训练还有助于培养儿童善于分辨和交往合作的能力。

第二节 0—3岁婴幼儿奥尔夫嗓音训练

案例导入

欣欣妈妈有一次听了关于奥尔夫音乐启蒙教育的讲座,认识到喜欢音乐是儿童的天性,早期音乐启蒙教育对开发左右脑、促进儿童全面发展具有重要作用。可是专家说的早期音乐启蒙教育和自己理解的音乐启蒙教育大相径庭。按照自己原来的理解,音乐启蒙教育就应该是尽早教孩子唱歌,让孩子在很小的时候就学会很多歌曲,可是专家却说早期音乐启蒙教育不仅包括唱歌,还包括对音乐力度、速度、节奏、音色等的感知和表达能力。自从听了专家的讲座,她似乎对音乐启蒙教育有了全新的、科学的了解。可是她还是觉得无从下手,不知到底怎样在早期音乐启蒙教育中促进儿童对音乐力度、速度、节奏、音色等的感知、表达能力的发展。

一、0—1岁婴幼儿奥尔夫嗓音训练

(一) 0—1岁婴幼儿嗓音训练方法

0—1岁的婴儿语言发展比较缓慢,到1岁左右才能发出几个常用的、简单的词。因此,对于0—1岁的婴儿来说,**"倾听感受法"**是最好的奥尔夫嗓音训练方法。

一般来说,15—20周的胎儿就开始拥有听力了,胎儿在妈妈肚子里听得最多的是妈妈的声音,因此在出生后,婴儿听到妈妈的声音就会感到非常安定。倾听是一种有意识的听,倾听不仅需要注意力的参与,同时需要情感的参与,在0—1岁婴儿的嗓音训练启蒙中,倾听非常重要,因为倾听是音乐体验和学习的基础。0—1岁婴儿的各种生理器官处于尚未发育成熟阶段,因此家长选择的婴儿倾听的音乐内容形式尤为关键,只有选择婴幼儿喜欢倾听的内容才会起到良好的效果。为婴幼儿提供的倾听素材既可以是各类音乐,也可以是各种人声。但针对嗓音启蒙而言,可以多选择让婴幼儿倾听儿童歌曲和有节奏的朗诵。

在家庭活动中,家长在每次活动前都要对宝宝宣布"活动的开始",在活动后宣布"活动的结束",让每个小游戏或小活动都充满"仪式感",久而久之,宝宝会期待每次的游戏。

0—1岁婴幼儿集体奥尔夫音乐活动一般分为示范互动、亲子互动、亲子游戏等环节。首先教师要为宝宝和家长营造良好的活动氛围,并用有趣的游戏或玩具进行活动的导入。例如在4—6月龄亲子游戏《小手摆一摆》中,有趣的热身活动不仅能在游戏前让宝宝的肢体放松下来,同时还能让宝宝处于兴奋状态,在接下来的游戏中宝宝也会更加配合。其次,教师要对游戏进行清晰详细的示范,并在示范时向家长提出要特别注意的地方。例如在7—9月龄音乐游戏《骑木马》中,教师示范时就要提醒家长,带领宝宝做"下马"动作时要扶住宝宝轻轻落地,以免惊吓到宝宝。再次,在活动过程中要多设计一些亲子互动的环节,给家长和宝宝提供增进亲子感情的机会。例如,在10—12月龄儿童歌曲《吹泡泡》活动中,教师多次反复地演唱歌曲,并连续吹出泡泡,家长抱着宝宝去追赶泡泡或观察泡泡,并引导宝宝发出"泡泡"这两个音。在有趣的亲子互动与倾听中,宝宝也对歌曲的印象更加深刻。最后,活动结束与延伸时,教师要对相关家庭活动进行简单的延伸,并对宝宝和家长的表现给予肯定,让宝宝和家长对下一次的活动更加充满期待。

0—1岁婴幼儿的倾听训练要在宝宝睡眠较充足、饱腹及情绪高涨时进行,同时要注意播放的音乐或发出的人声音量不可过大,家长要时刻注意观察宝宝的表情,当宝宝出现不舒适或不愉快时应马上停止。

(二) 0—1岁婴幼儿嗓音训练案例

1. 0—3个月

案例视频

儿歌抚触操《健康好宝宝》

眉毛弯像月牙,宽宽额头学问大,

小脸蛋胖乎乎,宝宝爱笑不爱哭,

小耳朵像元宝,天天锻炼听力好,

大脑袋真聪明,长大要当博士后,

从肋下到肩上,呼吸顺畅又健康,

小肚子软绵绵,宝宝笑的甜又甜,

妈妈给你揉揉臂,宝宝长大有力气,

妈妈给你揉揉脚,宝宝会跳又会跑,

妈妈给你揉揉背,宝宝干啥都不累,

臀部髋部揉一揉,宝宝健康长肉肉。

活动目标:

1. 在妈妈温柔的声音及有节奏感的儿歌中,初步感知儿歌的韵律与节奏。
2. 促进身体发展,增进亲子互动。

活动价值:

0—3个月的宝宝喜欢听到熟悉看护者的声音,妈妈在给宝宝做抚触操时加入有节奏的儿歌朗读,能让宝宝在享受舒适按摩的同时感知妈妈美妙的声音,以及初步感受儿歌稳定的节奏。

活动过程:

(语言指导:亲爱的宝宝,我们现在一起来做抚触操啦!)

让宝宝平躺在软垫上或床上,妈妈一边轻声朗读儿歌,一边根据歌词内容轻柔对宝宝进行抚触按摩。

活动指导:

家长的朗诵速度不可过快,抚触动作与语音朗诵内容要保持一致。在活动过程中要时刻关注宝宝的表情,家长面带微笑的关注能让宝宝感觉更加高兴。

歌曲《摇篮曲》

克劳谛乌斯 作词
舒柏特   作曲

1=♭A 4/4

行板

pp

```
3  5  2·3  4  │  3  3  2 1 7 1  2  5  │  3  5  2·3  4
1.睡 吧, 睡   吧, 我 亲 爱  的    宝  贝, 妈的双妈的  手
2.睡 吧, 睡   吧, 我 亲 爱  的    宝  贝, 妈的手妈的  手臂
3.睡 吧, 睡   吧, 我 亲 爱  的    宝  贝, 妈 妈 爱    你,
```

```
3  3  2 3 4 2  1  0  │  2·2  3·2  1  │  5 45 4  3  2  5
轻 轻 摇  着   你。     摇 篮 摇   你   快  快 安 睡,
永 远 保  护   你。     世 上 一   切   美  好 的 祝 愿,
妈 妈 喜  欢   你。     一 束 百   合   一  束 玫 瑰,
```

```
3  5  2·3  4  │  3  3  2 3 4 2  1  0  ‖
安 睡在摇  篮 里, 温 暖 又  安   逸。
一 切 幸   福, 全 都 属  于   你!
等 你 醒   来, 妈 妈 都  给   你。
```

活动目标:

1. 感知妈妈优美舒缓的歌声。

2. 增进亲子感情。

活动价值:

3个月左右的宝宝会表现出对母亲的偏爱,喜欢听到妈妈的歌声。《摇篮曲》曲调平静、徐缓、优美,妈妈抱着宝宝随着歌曲节奏左右轻轻摇摆,能让宝宝在妈妈温柔的声音中感觉舒适、安宁。

活动过程:

(语言指导:宝贝,妈妈给你唱一首好听的歌曲吧!)

将宝宝环抱在怀中,一边演唱歌曲,一边左右摇摆身体,两拍一动,可以多重复几次。

活动指导:

演唱的声音尽量轻柔,身体摆动幅度不可过大,眼神要与宝宝进行交流,面带微笑。

2. 4—6个月

音乐游戏《小手摆一摆》

我伸出右手去,我收回右手来,

我伸出右手摆一摆,右手收回来。

我伸出左手去,我收回左手来,

我伸出左手摆一摆,左手收回来。

我伸出双手去,我收回双手来,

我伸出双手摆一摆,双手收回来。

活动目标:

1. 感知儿歌韵律与节奏。

2. 锻炼手臂大肌肉群发展。

3. 增进亲子互动。

活动价值:

4—6个月的宝宝已经能够靠坐了,且它们听到歌谣时会高兴得手舞足蹈。音乐游戏《小手摆一摆》童谣节奏明朗,重复性强,游戏动作简单、对称。宝宝在此游戏中不仅能初步感知童谣的稳定节奏,同时能锻炼手臂大肌肉群的发展,增进亲子之间的交流互动。

活动过程:

1. 亲子互动(热身)

(语言指导:宝贝,我们一起来做个热身操吧!)

让宝宝靠坐在家长大腿上,家长握住宝宝的双手手腕,轻柔地帮助宝宝进行双臂向前、向上、向下、向旁、交叉等几个动作的热身。

2. 示范互动

(语言指导:现在老师和小助手"小花"要来给大家示范一个有趣的游戏,宝宝和家长们仔细看哦!)

教师用仿真娃娃示范游戏《小手摆一摆》,并讲解动作要领。

第一段:根据歌词提示与童谣节奏,一边唱儿歌,一边握住宝宝的手腕关节,依次将宝宝的右手向前平举,再向体侧收回,接着由右旁向上举起,并上下摆动两次,最后收回体侧。

第二段:与第一段动作相同,方向相反。

第三段:双手同时重复上述动作。

3. 亲子游戏

(语言指导:宝贝们,我们现在和爸爸妈妈开始玩游戏啦!)

宝宝背靠家长,坐在家长大腿上。家长跟随老师的动作,反复带领宝宝进行游戏3~4次。

4. 活动结束与延伸

(语言指导:哇,宝宝的小手可真灵活!回家之后家长还可以尝试边唱儿歌,边握住宝宝的小手向不同的几个方向继续游戏哦!)

家长对宝宝进行表扬和鼓励。

活动指导:

活动过程中,家长要注意有节奏感地朗诵童谣,且速度不要太快。动作进行要轻柔、舒展,如果宝宝肌肉较紧张,不可强迫宝宝进行游戏。

音乐游戏《小鸟当当》

有一只小鸟名字叫当当,

当当落在头顶上我顶一顶,

当当落在肩膀上我扭一扭,

当当落在肚子上我揉一揉,

当当落在膝盖上我抖一抖,

当当落在小脚上我踩一踩,

当当落在嘴巴上我亲一亲,

Mua～mua～mua～!

活动目标:

1. 感知儿歌节奏与韵律。

2. 感知身体各部位。

3. 增进亲子互动。

活动价值:

4—6个月的宝宝喜欢听有节奏感的童谣,对亲切的语言会表现出愉快的情绪。音乐游戏《小鸟当当》歌词有趣,节奏稳定、俏皮,宝宝在游戏中不仅对语言与节奏能有初步的感知,同时还能在亲子互动中初步感知自己的身体部位。

活动过程:

1.亲子互动(情境导入)

(语言指导:宝贝,快看,小鸟"当当"来跟我们做游戏啦! 它要飞到宝宝的身上来了哦!)

让宝宝靠坐在家长大腿上,家长拿出小鸟玩偶,依次让小鸟玩偶轻轻触碰宝宝的头部、肩膀、肚子、膝盖、小脚、嘴边,使宝宝初步感知游戏童谣中歌词提及的身体部位。

2.示范互动

(语言指导:老师的小助手"小花"也想跟当当一起玩,我们看一看他们是怎么玩的!)

教师用仿真娃娃示范游戏《小鸟当当》,并讲解动作要领。

"有一只小鸟名字叫当当"——握住宝宝手腕关节,向两旁伸展宝宝双臂上下摆动,模仿鸟飞动作4次。

"当当落在头顶上我顶一顶"——先用宝宝双手触碰头部,"顶一顶"时轻拍头部3次。

"当当落在肩膀上我扭一扭"——先用宝宝双手触碰肩膀,"扭一扭"时轻拍肩膀3次。

"当当落在肚子上我揉一揉"——先用宝宝双手触碰肚子,"揉一揉"时轻揉肚子3圈。

"当当落在膝盖上我抖一抖"——先用宝宝双手触碰膝盖,"抖一抖"时轻拍膝盖3次。

"当当落在小脚上我跺一跺"——双手握住宝宝双脚踝关节,"跺一跺"时交替抖动双脚3次。

"当当落在嘴巴上我亲一亲"——握住宝宝腕关节,先用宝宝双手触碰嘴巴,"亲一亲"时轻碰嘴巴3次。

"Mua～mua～mua～!"——握住宝宝双手做"飞吻"动作3次。

3.亲子游戏

(语言指导:宝贝们,我们现在跟"当当"一起玩吧!)

家长握住宝宝的手腕关节,根据歌词内容,模仿教师的动作,先带着宝宝模仿小鸟飞的动作,然后握住宝宝的手,依次轻轻拍打宝宝的头部、肩膀、肚子、膝盖、小脚和嘴巴,各拍三次。

4.活动结束与延伸

(语言指导:今天我们和"当当"玩得真开心! 家长回家之后还可以将歌词内容换

成其他的一些身体部位跟宝宝继续游戏哦!)

家长表扬、鼓励宝宝。

活动指导:

活动中家长朗诵童谣的节奏要明朗,音量适宜,表情轻松愉快,同时注意抓握宝宝小手做动作时不要过于用力。

3. 7—9个月

音乐游戏《骑木马》

木马木马两人骑,

一边高来一边低,

马儿马儿跑得快,

我和宝宝笑嘻嘻。

活动目标:

1. 感知儿歌韵律与节奏。

2. 锻炼独坐能力。

3. 增进亲子互动。

活动价值:

7—9个月的宝宝已经能独坐自如,并听得懂自己的名字。《骑木马》这个音乐游戏歌词内容有趣,游戏动作节奏感强,且亲子互动愉悦。在此活动中,宝宝能感受儿歌韵律,并在亲子互动中加强锻炼独坐能力。

活动过程:

1. 示范互动(情境导入)

(语言指导:今天天气可真好,我和我的小助手"小花"宝宝要去骑马啦!先看一看我们是怎样骑的吧!)

教师将仿真娃娃放于大腿上,面对教师坐立。教师握住娃娃双手腕关节。

"木马木马两人骑"——握住宝宝双手腕关节,跟随儿歌节奏轻轻上下颤动膝盖。

"一边高来一边低"——将膝盖向上顶起再向下还原。

"马儿马儿跑得快"——继续跟随节奏颤动双膝。

"我和小花笑嘻嘻"——最后双手握住宝宝的腋下轻轻扶住宝宝,将双脚向两侧打开,让宝宝的臀部轻轻坐到地面上。

2. 亲子游戏

（1）亲子互动

（语言指导：我们先骑上马背，马儿要开始跑起来啦！一会儿我们要分别练习"上坡""下坡""下马"的动作。）

家长先轻轻上下颤动膝盖，让宝宝感受"骑马"的动作。然后将膝盖向上顶起，让宝宝顺势向上感受"上坡"的动作。接着将膝盖还原，感受"下坡"动作。最后双手握住宝宝的腋下轻轻扶住宝宝，将双脚向两侧打开，让宝宝的臀部轻轻坐到地面上，感受"下马"的动作。

（2）游戏

（语言指导：宝贝，我们现在要和爸爸妈妈正式开始玩骑马的游戏啦！）

家长跟随教师，边读儿歌，边与宝宝玩骑木马的游戏，可重复3—4次。

3. 游戏结束

（语言指导：哇，跟宝宝们一起骑马可真开心！回家后家长还可以带宝宝去玩一玩真正的木马玩具，并朗读儿歌哦！）

家长表扬、鼓励宝宝。

活动指导：

家长握住宝宝小手时不可过于用力，尽量让宝宝靠自己的力量坐稳。颤动双膝时幅度也不要过大，宝宝做"下马"动作时要扶住宝宝轻轻落地，不要惊吓到宝宝。最后一句可以将宝宝的名字加进儿歌中。

4. 10—12个月

儿童歌曲《吹泡泡》

1=G 4/4

$\underline{5} \ \underline{5} \ | \ \underline{1} \ \underline{1} \ \underline{1} \ \underline{\cdot 1} \ \overline{\underline{7} \ \underline{\cdot 1}} \ | \ 2 \ 0 \ 0 \ \underline{5} \ \underline{5} \ | \ \underline{2} \ \underline{\cdot 2} \ \underline{2} \ \underline{\cdot 2} \ \underline{2} \ \underline{\cdot 2} \ \underline{1} \ \underline{\cdot 2} \ | \ 3 \ 0 \ 0 \ |$

就让 我们大家一起吹泡泡， 泡 泡！ 就让 我们大家一起吹泡泡， 泡泡！

$\underline{5} \ \underline{5} \ | \ \underline{3} \ \underline{\cdot 3} \ \underline{3} \ \underline{\cdot 3} \ 3 \ \overline{\underline{2} \ \underline{\cdot 3}} \ | \ 4 \ \overline{\underline{3} \ \underline{\cdot 2}} \ 1 \ \overline{\underline{7} \ \underline{\cdot 1}} \ | \ 2 \ \underline{2} \ \underline{\cdot 1} \ \underline{7} \ \underline{\cdot 5} \ \underline{6} \ \underline{\cdot 7} \ | \ 1 \ 0 \ 0 \ |$

就让 我们大家一起 吹泡 泡，泡泡飞上天空飞得高又远，泡泡。

活动目标：

1. 感知歌曲旋律，初步学习"泡泡"的发音。

2. 探索泡泡是怎样"飞上天"的。

3. 增进亲子互动。

活动价值：

10—12个月的宝宝开始能说出几个简单的字词，如"爸爸""妈妈"，以及某些元音和辅音。并且，它们喜欢玩重复性的游戏，对生活中的事物充满兴趣。儿童歌曲《吹泡泡》歌词重复性强，曲调活泼，且歌词中的"泡泡"等词语适合让宝宝学习语言发音，宝宝能在亲子互动中感受音乐的旋律与初步的歌唱。

活动过程：

1. 示范互动

（1）活动导入

（语言指导：宝贝，今天我要跟有趣的小伙伴做游戏，快来看看它是谁吧！）

老师轻轻吹出泡泡，鼓励宝宝喊出"泡泡"两个字，家长引导宝宝观察泡泡飞上天空又掉落地下。

（2）初步感知歌曲

（语言指导：我们的泡泡要飞到每个小朋友身边啦，请宝贝们喊出它的名字哦。）

家长带着宝宝围圈坐好。教师一边示范演唱歌曲《吹泡泡》，一边按顺序依次在每个宝宝身边吹出泡泡，家长引导宝宝在歌曲的每一句最后说出"泡泡"这两个字。

2. 亲子互动

（语言指导：宝贝们，现在让我们跟着泡泡一起愉快地歌唱吧！）

家长带着宝宝站立起来，老师继续往空中吹出泡泡，并演唱歌曲《吹泡泡》，家长引导宝宝一起尝试演唱，尤其是鼓励宝宝喊出"泡泡"两个字。重复演唱3～4遍。

3. 活动结束与延伸

（语言指导：今天大家和泡泡玩得真开心！泡泡已经跟宝宝们成为好朋友了，家长回去后可以继续跟宝宝玩这个游戏，并演唱儿歌，帮助宝宝巩固发音哦！）

家长鼓励并表扬宝宝。

活动指导：

家长或老师演唱歌曲的速度要尽量缓慢，并且多次重复，给宝宝多一些时间熟悉歌曲，并尝试演唱歌曲。宝宝在演唱中只要求能说出"泡泡"两个字即可，不需要完整演唱歌曲。

二、1—2岁婴幼儿奥尔夫嗓音训练

（一）1—2岁婴幼儿嗓音训练方法

1—2岁的儿童语言发展很快,他们不仅能听懂一些简单的指令,还会说自己的名字以及一些日常用语,这个年龄段的儿童喜欢跟着大人说话、念儿歌,对于该年龄段的儿童可以采用**"模仿练习法"**进行奥尔夫嗓音训练。

模仿是指个体自觉或不自觉地重复他人的行为的过程,是社会学习的重要形式之一。尤其对儿童而言,其动作、语言、技能以及行为习惯、品质等的形成和发展都离不开模仿。1—2岁的儿童已经具备了嗓音模仿的能力,他们在倾听、观察后,对大人发出的朗诵声、歌声等进行模仿,再经过反复练习,能初步树立良好的声音形象,这一过程在促进语言、认知、运动发展的同时,能提高音乐节奏感。

1—2岁的儿童集体奥尔夫嗓音训练活动有示范互动、亲子互动、亲子游戏等环节,主要包括活动的导入、嗓音的示范、内容的理解与嗓音模仿、嗓音游戏等内容。在集体奥尔夫音乐活动中,教师首先要用丰富有趣的导入方法吸引宝宝和家长的注意力,提升他们对活动的兴趣与期待。例如在13—18月龄儿歌活动《碰碰身体》中,教师用和小猪玩偶玩游戏的方式导入活动,宝宝会表现出强烈的活动兴趣。又如在19—24月龄儿歌活动《兔子跳跳跳》中,教师设置了小兔子到班里来做客的情境,也能激发宝宝的活动兴趣。其次,教师要对游戏进行清晰详细的示范,教师的示范是宝宝模仿的源泉。教师在演唱歌曲时,应音量适中,音准准确,必要时还要根据歌曲内容修饰演唱的音色。例如13—18月龄儿歌朗诵《爱我你就抱抱我》活动中,儿歌歌词重复性多,且表达的是宝宝对父母的爱。教师的示范朗读就应当节奏明朗、表情高兴、音量稍大。再次,亲子互动的环节中要通过各种方式帮助家长引导宝宝进行反复地模仿和游戏。例如,在19—24月龄儿童歌曲《兔子跳跳跳》活动中,亲子互动环节设计了"找萝卜""喂兔子""看兔子"等情境游戏,在情境游戏中多次反复地提供让宝宝进行模仿的机会,为宝宝对歌曲更深刻的感知与演唱奠定了基础。最后,活动结束与延伸时,教师要对相关家庭活动进行简单的延伸,并对宝宝和家长的表现给予肯定,让宝宝和家长对下一次的活动更加充满期待。另外,教师要根据宝宝实际能力对儿歌或歌曲内容进行难度分解,将活动中需要宝宝重点掌握的字词拆分开来进行练习。例如儿歌《爱我你就抱抱我》中,先让宝宝掌握"亲亲""抱抱""陪陪"之类的简单叠词,再加入完整的句子中进行朗读。又如在儿童歌曲《小青蛙找家》中,只需要宝宝模仿演唱"呱""呱呱"和"呱呱呱",歌曲的其他部分由家长和老师演唱。在适宜的难度下,宝宝才能保持对活动的兴趣,也为今后完整的儿歌演唱奠定了基础。

总之,1—2岁宝宝的嗓音训练应多采用简单、重复的活动材料,材料内容也要根据宝宝的认知特点进行选择。活动进行时家长和老师要循序渐进,可以从单个的字词开始鼓励宝宝练习,多给宝宝提供开口练习的机会,不可操之过急,以免破坏宝宝的活动兴趣。

(二)1—2岁婴幼儿嗓音训练案例

案例视频

1. 13—18个月

> **儿歌《爱我你就抱抱我》**
>
> 爱我你就亲亲我,亲亲我,亲亲我!
> 爱我你就陪陪我,陪陪我,陪陪我!
> 爱我你就夸夸我,夸夸我,夸夸我!
> 爱我你就抱抱我,抱抱我,抱抱我!

活动目标:

1. 有节奏地朗读"亲亲我""陪陪我""夸夸我""抱抱我"。

2. 大胆表达对父母的爱,增进亲子感情。

活动价值:

13—18个月的宝宝开始能使用生活中常见的一些动词,且能听懂教养者发出的简单指令。音乐游戏《爱我你就抱抱我》的歌词简单,且重复性强,游戏动作有趣又易学。宝宝在游戏中能感受儿歌明朗的节奏,促进其语言的发展,并能在亲子互动中学会表达爱。

活动过程:

1. 示范互动:小熊要抱抱

(1)情境导入

(语言指导:宝贝们,今天小熊宝宝要来跟大家一起做游戏了!)

家长带着宝宝围圈坐下。教师出示小熊玩偶,模仿小熊的声音分别向宝宝们说出"亲亲我,亲亲我""陪陪我,陪陪我""夸夸我,夸夸我""抱抱我,抱抱我",家长引导宝宝做出相应动作。

(2)语言模仿

(语言指导:小熊宝宝得到了宝贝们的亲亲、陪陪、夸夸和抱抱,它感觉开心极了,现在它也要给我们的小宝贝们一个亲亲、陪陪、夸夸和抱抱。）

老师拿着小熊玩偶依次来到每个宝贝身边，询问宝宝想小熊亲亲、陪陪、夸夸还是抱抱，家长引导宝宝一起模仿刚才小熊的语言，如"亲亲我，亲亲我"。

2. 亲子游戏

（1）初步感知歌曲

（语言指导：宝贝们，小熊和大家玩得开心极了，现在它开心得唱起了歌，我们跟它一起唱吧！）

教师一边做律动，一边示范演唱儿歌《爱我你就抱抱我》2～3遍。

"爱我你就亲亲我，亲亲我，亲亲我"——拍手2次，然后伸出双手食指向脸颊轻触3次。

"爱我你就陪陪我，陪陪我，陪陪我"——拍手2次，然后双手交叉拍肩3次。

"爱我你就夸夸我，夸夸我，夸夸我"——拍手2次，然后双手伸出大拇指，手臂伸直向前摆动3次。

"爱我你就抱抱我，抱抱我，抱抱我"——拍手2次，然后家长与宝宝相互拥抱。

演唱过程中，家长要引导宝宝有节奏地唱出每一段的最后两句，如："亲亲我，亲亲我"，并做出相应动作。

（2）歌唱游戏

（语言指导：宝贝们，现在让我们与爸爸妈妈面对面坐好，我们也向爸爸妈妈表达出我们的爱吧！）

家长与宝宝面对面坐好，一起演唱儿歌，并尝试做出相应动作。重复演唱2～3遍。最后一遍时，在最后一句"爱我你就抱抱我"歌词前，老师引导家长站起来，将宝宝抱起"举高高"。

3. 活动结束与延伸

（语言指导：宝宝们和家长们玩得真开心！回家后家长可以带领宝宝将这首好听的儿歌唱给爷爷奶奶听，也表达对他们的爱哦！）

家长表扬、鼓励宝宝今天的活动表现。

活动指导：

活动中引导宝宝开口学唱儿歌要循序渐进，先从简单的字词开始模仿，如"亲亲""陪陪"，再到有节奏地重复句子，如"亲亲我，亲亲我"，最后再尝试完整地唱出一整句。如果宝宝无法完整地进行演唱也不可勉强，能说出其中的几个字词也是可以的。

音乐游戏《小青蛙找家》

王全仁
李嘉评 词曲

1=♭E 2/4

天真地

(5̲ 1̲ 5̲ 1̲ | 5̲ 1̲ 5̲ 1̲ | 3̲ 5̲ 2̲ 3̲ | 5̲ 5̲ 5̲ | 5̲ 1̲ 5̲ 1̲ 5̲ 1̲ 5̲ 1̲ |

3̲ 5̲ 2̲ 3̲ | 1̲ 1̲ 0) | 3̲ 5̲ 2̲ 3̲ | 5̲ 0 | 6̲ 5̲ 6̲ 3̲ | 5̲ 0 |
　　　　　　　　　　几 只 小 青　蛙,呱! 要呀要 回　家,呱!

X X | X X | X X | X X | X X X | X X X |
跳 跳, 呱 呱! 跳 跳, 呱 呱! 跳 跳 跳, 呱 呱 呱!

X X X | X X X | 2̲ 3̲ 5̲ 6̲ | 3̲ 2̲ 3̲ | 1 − | X 0 ‖
跳 跳 跳 呱 呱 呱! 小 青 蛙　 回 到 了 家。　　呱!

活动目标：

1. 能按节奏模仿"呱""跳跳,呱呱"和"跳跳跳,呱呱呱"这几句歌词。

2. 能投入情境游戏中,愿意帮小青蛙"找家"。

3. 增进亲子互动。

活动价值：

13—18个月的宝宝会模仿常见动物的叫声,并开始理解与遵从成人简单的规则,他们在成人的帮助下会模仿二分音符和四分音符。音乐游戏《小青蛙找家》的歌词内容有趣,节奏特点明显,能激发宝宝的活动兴趣。在游戏中能提高宝宝的语言发展及动作发展,还能增进亲子互动。

活动过程：

1. 示范互动

(1) 情境导入

(语言指导:宝贝们,今天有个小动物来到了我们的教室里,大家听一听这是谁的声音?)

家长带着宝宝围圈坐下。教师模仿小青蛙的声音。待宝宝们和家长们猜出答案时,出示小青蛙玩偶,引导家长和宝宝一起反复模仿小青蛙的声音"呱",并带入歌曲的前两句进行练习。

（2）初步感知歌曲

（语言指导：这只小青蛙遇到了一点麻烦，它迷路了，它需要邀请宝贝们跟它一起唱一首歌才能回到家，我们来听一听是它是怎样唱的吧！）

教师模仿小青蛙示范演唱歌曲《小青蛙找家》，家长引导宝宝仔细聆听与观察。歌曲演唱完毕后教师提问："小青蛙在歌曲中是怎样找到家的？"家长引导宝宝说出"跳跳，呱呱"与"跳跳跳，呱呱呱"这两个关键的节奏与字词，并带入歌曲进行反复练习。

2. 亲子游戏

（语言指导：宝贝们，现在大家站起来，像老师这样唱着歌，帮助小青蛙去找到它的家吧！）

家长带着宝宝来到游戏区，观看教师示范游戏。示范完毕后，宝宝和家长合作演唱歌曲，带入动作跟随地上的图标进行小青蛙找家的游戏。每次每组家庭可以带一只青蛙回家，游戏可重复3~4次。

3. 活动结束与延伸

（语言指导：所有的小青蛙们都在大家的帮助下找到了家，谢谢宝宝们和爸爸妈妈们！周末家长可以带宝宝们去野外寻找真正的小青蛙，并引导宝宝再次模仿小青蛙的声音。）

家长对宝宝的表现给予鼓励和肯定。

活动指导：

在《小青蛙找家》歌曲的演唱中，宝宝只需要演唱"呱""跳跳，呱呱"和"跳跳跳，呱呱呱"这几个词，其他的部分可由家长或教师演唱。

儿歌《碰碰身体》

$1 = {}^\flat E$ $\frac{4}{4}$

1	3	5	3	4	4	4	7	2	4	2	3	3	3
碰	碰	身	体	碰	碰	碰	拍	拍	小	手	拍	拍	拍，

1	3	5	3	4	4	6	6	5	4 5 4 2	2	2	5
摇	摇	屁	股	摇	摇	摇，	摸	摸	脚 丫	摸	摸	摸，

5	5	4	7	1	1	1
碰	碰	身	体	真	好	玩！

活动目标:

1. 能模仿唱出歌曲中"碰碰碰""拍拍拍""摇摇摇""摸摸摸"等歌词。

2. 能认识歌词中的身体部位。

3. 增进亲子交流与互动。

活动价值:

13—18个月的宝宝语言发展较迅速,他们开始能指认身体的一些部位了,且他们已经可以开始跟着大人演唱一些短小、简单、旋律重复的儿歌,但只是儿歌中的一句或一句中的某些简单歌词。儿歌《碰碰身体》歌词内容易于13—18个月的宝宝理解,且重复性多,能帮助宝宝进一步认识自己的身体。亲子歌曲演唱中加入的简单动作,不仅能提高宝宝的动作能力发展,还能让歌曲演唱更加有趣。

活动过程:

1. 示范互动:小猪的身体

(1) 游戏导入

(语言指导:宝贝们,今天可爱的小猪要来跟大家玩游戏。当老师说到哪个身体部位时,请宝宝们迅速指出小猪身上相应的这个身体部位哦!)

家长带着宝宝围圈坐下,教师分发小猪玩偶。教师依次说出身体、小手、屁股、脚丫等身体部位,家长引导宝宝在小猪玩偶身上进行指认。

(2) 初步感知歌曲

(语言指导:宝宝们真棒,都能找到小猪的这些身体部位,接下来游戏要加大难度啦,请宝宝们按老师说的要求再次指认小猪的身体部位。)

教师依次唱出每一句歌词内容,家长引导宝宝做出"碰碰碰""拍拍拍""摇摇摇""摸摸摸"等动作,并让宝宝尝试自己重复说出这几个字词。唱到最后一句时,教师示范跟小猪玩挠痒痒的游戏,家长引导宝宝进行模仿。

重复演唱2遍。

2. 亲子游戏

(1) 初步演唱

(语言指导:宝贝们刚才表现得真不错,接着我们要尝试着在自己身上找到这些部位了!)

家长带着宝宝站立起来,引导宝宝根据歌词内容依次做出碰碰身体、拍拍小手、摇摇屁股、摸摸脚丫的动作,并引导宝宝说出每一句歌词的最后三个字,如"碰碰碰"。最后一句歌词时家长与宝宝可以互相挠痒痒。

（2）亲子互动

（语言指导：现在请宝宝们和家长们一起来演唱这首有趣的歌曲吧！）

家长与宝宝合作演唱儿歌《碰碰身体》。每组家庭可单独表演1～2遍。

3. 活动结束与延伸

（语言指导：宝宝们今天已经认识到这么多身体部位了，回家后家长还可以用更多其他的身体部位和宝宝玩游戏哦！）

家长对宝宝的表现给予肯定和鼓励。

活动指导：

儿歌《碰碰身体》的演唱中，宝宝重点需要掌握的是"碰碰碰""拍拍拍""摇摇摇""摸摸摸"等字词的朗读，且不做演唱标准曲调的要求，重在培养宝宝开口演唱的兴趣。

2. 19—24个月

儿童歌曲《兔子跳跳跳》

活动目标：

1. 能演唱歌曲中"跳跳跳"等简单的歌词。

2. 能与家长进行找萝卜、喂萝卜、看兔子的游戏，并对小兔子更加喜欢。

活动价值：

19—24个月宝宝的喜欢跟着大人学说话、念儿歌，爱重复结尾的句子，他们开始能够演唱简单的"轮廓歌"。并且他们对常见的小动物有了基本的了解，喜欢玩与小动物相关的游戏。儿童歌曲《兔子跳跳跳》歌词内容俏皮有趣，重复性强，能激发宝宝的学习兴趣，在与家长和同伴合作演唱的过程中，还能初步培养宝宝的合作意识，并增强亲子之间的互动。

活动过程：

1. 示范互动：四只小兔子

（1）情境导入，感知歌曲第一句

（语言指导：宝贝们，今天有可爱的小动物来我们班里做客哦，大家看一看它是谁！）

家长带着宝宝围圈坐下，教师出示一只兔子玩偶，提问小朋友们："兔子是怎样走路的？"并及时反复示范演唱第一句歌词"一只兔子跳跳跳，请问萝卜要到哪里找"，家长引导宝宝初步模仿跟唱"跳跳跳"这几个字。

（2）感知歌曲第二、三、四句

（语言指导：这只小兔子还带来了它的小伙伴，我们一起看看现在有几只兔子了？）

教师分别出示第二、三、四只兔子玩偶，并分别多次示范演唱第二、三、四句歌词，家长继续引导宝宝模仿跟唱每一句中的"跳跳跳"。

2. 亲子游戏

（1）找萝卜

（语言指导：宝贝们，现在请大家站起来，我们一起跟着这些小兔子去玩找萝卜的游戏吧！）

家长带着宝宝站立起来，跟在教师身后排好队。教师带着大家一边演唱歌曲一边"开火车"去教室里寻找"萝卜"，每唱一遍找到一颗萝卜，可重复演唱3~4遍。家长引导宝宝尝试跟唱每一句中的前半句歌词，如"一只兔子跳跳跳""两只兔子跳跳跳"。

（2）喂兔子

（语言指导：哇！宝贝们真棒，我们已经为小兔子们找到这么多美味的萝卜了，那我们现在去给小兔子们喂萝卜吧！）

家长与宝宝来到小兔子玩偶处，给小兔子喂萝卜。每唱一遍歌曲可以给兔子喂一颗萝卜。尝试引导宝宝独立演唱每句歌词的前半句,家长演唱后半句。

（3）看兔子

（语言指导:小兔子们现在都吃得饱饱的了,它们也想跟宝宝们一起唱歌!）

教师播放歌曲音频,家长引导宝宝跟着音乐一起演唱1～2遍。

3. 活动结束与延伸

（语言指导:小兔子们今天既吃得开心也玩得开心! 它说谢谢宝宝们和爸爸妈妈们! 爸爸妈妈有时间可以带宝宝们去动物园观看真正的小兔子!）

家长对宝宝的表现给予肯定与鼓励。

活动指导:

在儿童歌曲《兔子跳跳跳》中,宝宝只需要能演唱出每一句的前半句歌词就可以了,且要从重复演唱单个字词开始,慢慢过渡到跟唱半句歌词,再到尝试独自演唱半句歌词。整个过程以家长与教师演唱为主,宝宝参与,合作演唱。循序渐进的学习能让宝宝对歌唱更有兴趣!

音乐游戏《大巨人与小矮人》

我变变变变,变变变变,变成大巨人!

我变变变变,变变变变,变成小矮人!

变大! 变小! 变大! 变小!

变到不见了。

活动目标:

1. 初步掌握根据儿歌内容控制声音的大小变化。

2. 能和家长玩简单的角色扮演游戏。

活动价值:

19—24 个月的宝宝喜欢探索周围的世界,对声音的反应也越来越强烈。音乐游戏《大巨人与小矮人》儿歌歌词重复有趣,且游戏中朗读儿歌的声音根据歌词内容有轻重变化,能激发宝宝的活动兴趣,并初步培养宝宝对声音的控制能力。亲子动作的加入更是在促进宝宝动作能力发展的同时增进了亲子互动。

活动过程:

1. 示范互动:会念咒语的老虎

（1）感知儿歌前两句

（语言指导:宝贝们,有一只神奇的老虎今天来到了我们班里做客! 当它念出咒语时,它就能变得大大的,也能变成小小的! 我们一起来看一看吧!)

家长带着宝宝围圈坐下,教师朗读儿歌前两句"我变变变变,变变变变,变成大巨人! 我变变变变,变变变变,变成小矮人",并分别出示大老虎和小老虎玩偶,演示老虎如何在念动咒语时变大又变小的。

(2) 模仿儿歌前两句

(语言指导:宝贝们念动咒语时老虎也会发生变化哦,大家一起试一试吧!)

教师用玩偶进行大、小老虎变化演示,家长引导宝宝一起读出儿歌的前两句,并注意声音大小的变化。重复3～4次。

(3) 感知并模仿儿歌后两句

(语言指导:还有一个咒语能让老虎的变化更加迅速哦,大家来听一听!)

教师示范朗读儿歌后两句"变大,变小,变大,变小,变到不见了",并交替用大、小老虎玩偶进行演示。重复2～3次。

家长引导宝宝模仿教师念动咒语。

2. 亲子游戏

(1) 完整表演

(语言指导:宝贝们现在都学会这个神奇的咒语了,现在让我们试着一边念动咒语一边变化自己的身体吧!)

家长带着宝宝站立起来。

教师演示游戏动作。"变大"动作为身体直立,双手握拳屈肘架于肩上;"变小"动作为身体蹲下,双手抱住双膝。前两句动作变化缓慢,后两句变化加速。最后一句"变到不见了"时,蹲下抱膝,并低下头来。

家长引导宝宝模仿教师的动作。重复2～3次。

(2) 亲子互动

(语言指导:宝贝们做得真棒! 现在请爸爸妈妈们和宝宝们来合作表演《大巨人和小矮人》吧!)

家长与宝宝分角色表演《大巨人和小矮人》。宝宝先扮演大巨人,家长扮演小矮人,之后交换角色再来一遍。

3. 活动结束与延伸

(语言指导:宝贝们和家长们表现得真棒! 我们现在都学会这个神奇的咒语了! 回家后家长还可以引导宝宝去发现生活中还要什么东西是可以变大变小的。)

家长对宝宝的表现给予表扬和鼓励。

活动指导:

《大巨人与小矮人》音乐游戏的歌词内容较简单,但在游戏中要引导宝宝尽量用声音大小的变化来朗读儿歌。教师与家长要营造足够神秘的情境,帮助宝宝在情境中运用、控制声音的大小。加入动作演示后,儿歌整体朗读的速度可以稍放慢一些,防止宝宝在站立与蹲下动作交替时,出现站不稳而摔倒的现象。

三、2—3 岁婴幼儿奥尔夫嗓音训练

(一) 2—3 岁婴幼儿嗓音训练方法

2—3 岁的儿童咿呀学语基本消失,25—30 个月时他们已经会说完整的短句和简单的复合句,30—36 个月时能记忆和演唱简单的儿歌。对于该年龄段的儿童可以采用**"声音表演法"**进行奥尔夫嗓音训练。

儿童的声音能有多种表现,如朗诵、歌唱、讲故事、角色游戏等。声音在朗诵中与节奏相结合,促进儿童节奏能力的培养;声音在歌唱中与旋律、节奏相结合,能促进儿童的音准发展;声音在讲故事和角色扮演游戏中与音色变化、音量大小相结合,初步培养儿童对声音的塑造能力。2—3 岁的儿童已开始有了自主意识,并且喜欢在人们面前表现自己,奥尔夫嗓音训练通过声音表演的方式能满足儿童的表演欲望。

2—3 岁儿童集体奥尔夫嗓音训练活动有示范互动、亲子互动、亲子游戏等环节,主要包括活动的导入、嗓音的示范、嗓音内容的理解与练习,以及嗓音游戏或表演等内容。在 2—3 岁儿童集体奥尔夫音乐活动中,丰富有趣的导入是必不可少的开场方法。相对前面几个月龄段来说,2—3 岁的宝宝在各方面能力的发展都有所提高,所以导入的方式也会更加丰富。例如在儿歌活动《身体音阶歌》中,教师采用游戏法作为活动导入,要求当老师说到哪个身体部位时,宝贝们就要迅速指出这个身体部位。这种需要一定认知和反应力的游戏就比较适合 2—3 岁的宝宝,同时宝宝在游戏中注意力也会迅速提高,该游戏还为接下来对歌词的理解打下了基础。又例如在儿歌律动《小花猫》中,教师采用故事法,给宝宝们讲述了一个有趣的故事,吸引了宝宝们的学习兴趣,也让宝宝对接下来儿歌的内容更加了解。其次,宝宝对儿歌或歌曲的学习是先从理解歌词大意再到歌曲演唱或儿歌朗诵的。因此,示范互动环节教师要先帮助宝宝理解歌词的意思,再完整地示范演唱活动中的儿歌或歌曲,或分句段进行示范演唱。但在引导宝宝进行歌曲学习时一定要分句段进行示范教学。2—3 岁的宝宝已经可以演唱简单的儿歌,但对音准的把握还不是很好,教师在分句示范教唱时一定要多次、反复地给宝宝开口学唱的机会,但注意不是机械式的反复跟唱。例如在童谣朗诵活动《大苹果》中,教师先用情境教学法帮助宝宝分句段理解歌词大意,然后分别用"苹果来了"的游戏法引导宝宝反复朗读歌词前两句,用"去洗手"这样的动作法帮

助宝宝反复朗读歌词后两句。第三,亲子互动的环节中设计多形式的亲子互动游戏或表演,以帮助宝宝在游戏与表演中巩固歌曲的学习,提升表演表现能力,并增进亲子互动。例如在儿歌活动《我爱我的小动物》中,教师通过游戏"随机抽取图片,家长引导宝宝唱出相应动物段落的歌词",让宝宝反复对歌曲进行练习,又用家庭表演的方式让宝宝和家长共同完成儿歌的表演。最后,活动的结束即活动的延伸,教师要对相关家庭活动继续进行简单指导,并对宝宝和家长的表现给予肯定,让宝宝和家长对下一次的活动更加充满期待。另外,教师要根据宝宝实际能力选择歌曲或对歌曲内容进行难度拆分,通过与家长对唱、接唱等形式降低宝宝的学习难度,同时又增进了亲子的互动。例如儿歌活动《王老先生有块地》中,动物叫声歌词"叽叽叽叽叽叽叽"的节奏宝宝无法掌握,就可以由家长扮演小动物演唱这一句,而宝宝扮演王老先生,只需要演唱固定重复的歌词"王老先生有块地,咿呀咿呀哟"。制定难度适宜的活动内容与目标,是奥尔夫活动顺利进行的必备条件之一。

因此,2—3岁儿童的嗓音训练内容在其认知能力范围内可以尽量多元化地进行选择,既可以是儿童歌曲,也可以是童谣、故事等。活动过程要循序渐进,活动中除了鼓励儿童用声音进行大胆模仿、表现以外,还要给儿童与家长提供亲子互动的机会,并引导儿童和其他小朋友进行交流合作。

(二)2—3岁婴幼儿嗓音训练案例

1. 25—30个月

案例视频

童谣《大苹果》

我是一个大苹果,
小朋友们都爱我,
请你先去洗洗手,
要是手脏别碰我!

活动目标:

1. 能有节奏地完整朗读儿歌,并配以简单的肢体动作。
2. 能明白讲卫生的重要性。
3. 能与家长合作表演。

活动价值:

25—30个月的宝宝咿呀学语基本消失,他们开始会说完整的短句和简单的复合句。童谣《大苹果》歌词内容简单有趣,且富有韵律感,深受宝宝和家长的喜欢。在童谣朗诵表演中,不仅可以提高宝宝的语言节奏感和肢体动作的协调性,还能对宝宝进行养成良好卫生习惯的教育。

活动过程:

1. 示范互动

(1) 感知并模仿儿歌前两句

(语言指导:亲爱的宝贝们,大家都喜欢吃什么水果呢? 今天老师带来了一个又好看又好吃的水果宝宝来跟大家做游戏,大家一起看看它是谁!)

家长带着宝宝围圈坐下,教师出示苹果道具,并示范朗读童谣《大苹果》的前两句。

(语言指导:宝贝们喜欢这个大苹果吗? 大家试着像老师一样,学着大苹果的声音读出儿歌,大苹果就会来到大家身边哦。)

教师反复示范朗读童谣前两句,家长引导宝宝跟读。跟读大约2~3次。

(2) 感知并模仿儿歌后两句

(语言指导:哇,宝贝们读得真好听! 可是大苹果还没有来到各位宝宝身边,我们听一听它又说了什么? 哦,原来它想让宝贝们先去洗个手呀!)

教师示范朗读童谣后两句,并带入洗手情境。家长与宝宝共同模仿洗手动作,并引导宝宝反复跟读童谣后两句歌词。

(3) 完整朗读儿歌

(语言指导:宝贝们现在都洗好手了,大苹果要来到宝宝们的身边啦! 请宝贝们一起朗读儿歌来迎接它吧!)

教师给每组家庭分发苹果,家长引导宝宝尝试完整朗诵儿歌2~3遍。

2. 亲子表演

(语言指导:宝贝们手上都有一个可爱的大苹果了,现在我们站起来,拿着大苹果一边朗诵儿歌,一边加上有趣的动作吧!)

家长带着宝宝站立起来围成圆圈,教师分句示范动作,家长引导宝宝进行模仿,然后完整表演1~2遍。

3. 活动结束与延伸

(语言指导:宝宝们和家长们表演得真棒,大苹果和大家玩得真开心! 大家都是爱卫生的乖宝宝! 回家后家长还可以引导宝宝将其他水果的名字也加入儿歌中来进行游戏哦!)

家长对宝宝的表现进行鼓励与肯定。

活动指导:

在童谣朗诵活动《大苹果》中,首先要让宝宝理解童谣歌词的意思,这样能帮助他们记忆歌词。同时,教师示范和家长引导要有节奏感,能培养宝宝在朗诵时加入节奏韵律。宝宝在最后的表演环节可以自由创编动作,不需要与教师做得一模一样。

儿歌《身体音阶歌》

摸摸你的小脚,do do do do

摸摸你的膝盖,re re re re

拍拍的你双腿,mi mi mi mi

插插你的小腰,fa fa fa fa

拍拍你的双手,so so so so

拍拍你的肩膀,la la la la

摸摸你的脑袋,xi xi xi xi

高举你的双手,do do do do

do re mi fa so la xi do,

do xi la so fa mi re do, do, do!

活动目标:

1. 能跟随家长初步完整朗读儿歌,并尝试唱准音阶。

2. 能了解歌词中的各个身体部位。

3. 能与家长进行接唱游戏。

活动价值:

25—30个月的宝宝已经基本认识了自己的身体部位,他们还能感知并重复一些简单的韵律和歌曲。《身体音阶歌》由童谣朗诵与音阶演唱组成,且歌词内容通俗易懂,适合25—30个月的宝宝进行学习。在歌曲的演唱中,宝宝不仅能对自己的身体部位更加了解,还能通过嗓音和动作的表现初步感知旋律的上行与下行。

活动过程:

1. 示范互动:我唱你做

(1)理解歌词大意

(语言指导:宝贝们,今天老师要来跟大家玩一个游戏! 当老师说到你的哪个身体部位时,宝贝们就要迅速指出这个身体部位哦!)

家长带着宝宝围圈坐下,教师依次说出儿歌歌词的中的各个身体部位,家长帮助宝宝进行迅速指认。

(2)初步完整感知歌曲

(语言指导:宝贝们真棒,大家都能准确地找到自己的身体部位。接下来老师要在一首好听的歌曲中继续提问身体部位的名字,宝贝们准备好接受挑战哦!)

教师示范演唱儿歌《身体音阶歌》2遍,家长引导宝宝再次根据歌词内容找到身体相应部位。

(3)继续感知歌曲并加入动作

(语言指导:看来在歌唱中来指认身体部位难不倒各位聪明的宝宝,现在要请宝宝们一起来做动作哦!)

教师继续一边演唱歌曲,一边示范动作,家长引导宝宝进行模仿。重复2~3遍。

2. 亲子互动

(1)歌曲接唱

(语言指导:宝贝们现在可以跟爸爸妈妈来玩一个游戏哦!)

教师先引导宝贝们一边做动作,一边演唱出歌曲的前半句,家长接唱出后半句。重复接唱游戏1~2遍。然后交换演唱,即家长唱出歌曲前半句,宝宝演唱后半句。重复1~2遍。

(2)歌曲表演

(语言指导:宝宝们,家长们,现在我们的表演时间到啦! 大家都准备好了吗?)

每组家庭轮流进行儿歌表演。

3. 活动结束与延伸

(语言指导:宝宝们和家长们表演得太棒了! 回家后家长还可以引导宝宝用其他的身体部位带入儿歌进行练习哦!)

家长对宝宝进行表扬与鼓励。

活动指导:

在奥尔夫歌唱活动中,不要急于让宝宝开口演唱,学唱之前要对歌曲进行足够多的聆听与感知。《身体音阶歌》虽旋律简单,但歌词较多,因此可以将演唱的难度进行分解。例如先让宝宝只演唱每一句中的前半句,待其掌握之后再演唱后半句,最后再进行完整的演唱。

音乐游戏《王老先生有块地》

1=♭E 4/4

1 1	1 5̣	6̣ 6̣	5̣	3 3	2 2	1	–	1 1	1 5̣	6̣ 6̣	5̣

王老　先生　有块　地　咿呀　咿呀　哟　　他在　地里　养小　鸡

王老　先生　有块　地　咿呀　咿呀　哟　　他在　地里　养小　鸭

王老　先生　有块　地　咿呀　咿呀　哟　　他在　地里　养小　羊

$$\underline{3\ 3}\quad \underline{2\ 2}\quad 1\quad - \mid \underline{1\ 1}\quad 1\quad \underline{1\ 1}\quad 1\mid \underline{1\ 1}\quad 1\quad \underline{1\ 1}\quad \underline{1\ 1\ 1\ 1}\quad 1\mid$$

咿 呀	咿 呀	哟	叽 叽 叽	叽叽 叽	叽 叽 叽 叽	叽叽叽叽 叽
咿 呀	咿 呀	哟	呷 呷 呷	呷呷 呷	呷 呷 呷 呷	呷呷呷呷 呷
咿 呀	咿 呀	哟	咩 咩 咩	咩咩 咩	咩 咩 咩 咩	咩咩咩咩 咩

$$\underline{1\ 1}\quad \underline{1\ \dot5}\quad \underline{6\ 6}\quad \dot5\mid \underline{3\ 3}\quad \underline{2\ 2}\quad 1\quad -\mid$$

王 老	先 生	有 块	地	咿 呀	咿 呀	哟。
王 老	先 生	有 块	地	咿 呀	咿 呀	哟。
王 老	先 生	有 块	地	咿 呀	咿 呀	哟。

活动目标：

1. 能完整演唱歌词"王老先生有块地，咿呀咿呀哟"。
2. 能掌握节奏"$\underline{\times\times}\ \times\mid\underline{\times\times}\ \times\mid$"。
3. 能与家长进行"看动物"和"喂动物"的游戏。
4. 知道小鸡、小鸭、小羊的叫声。

活动价值：

25—30个月的宝宝已经认识并了解了生活中一些常见的动物，并且能模仿这些动作的声音。音乐游戏《王老先生有块地》以动物模仿为主要内容，歌词有趣且重复性强。宝宝在该游戏中能提高歌唱的兴趣与能力，并进一步加深对小动物的喜爱。

活动过程：

1. 示范互动

(1) 情境导入，初步感知并学唱歌曲第一段的前两句

(语言指导：宝贝们，今天快乐饲养员"王老先生"要来我们班里做客啦！大家仔细听，他还是唱着歌来的呢!)

家长带着宝宝围圈坐下，教师示范演唱儿歌《王老先生有块地》第一段的第一、二句："王老先生有块地，咿呀呀哟！他在地里养小鸡，咿呀咿呀哟！"

(语言指导：宝贝们，大家听清楚王老先生是怎样唱歌的了吗？没错，就是咿呀咿呀哟!)

教师引导宝宝和家长一起模仿王老先生唱歌的声音"咿呀咿呀哟"。

(语言指导：那么大家听到王老先生在地里养了什么小动物吗?)

家长引导宝宝回答出小鸡。教师带领宝宝和家长共同演唱第一段前两句。

(2) 动作模仿，初步感知歌曲第一段后两句

(语言指导：宝贝们知道小鸡是怎样叫的吗？大家仔细听一听，王老先生养的小

鸡是怎样叫的?)

教师示范演唱儿歌《王老先生有块地》第一段的后两句:"叽叽叽,叽叽叽,叽叽叽叽叽叽叽叽叽,王老先生有块地,咿呀咿呀哟",并演示动作。

家长引导宝宝跟随老师的演唱模仿小鸡的动作。重复2~3遍。

2. 亲子互动

(1) 游戏"去看动物",感知与演唱第二、三段

(语言指导:宝贝们想不想知道王老先生在地里还养了哪些小动物呢? 我们一起看一看吧!)

教师分别出示小鸭、小羊的图片,并分别示范演唱歌曲第二、三段。家长引导宝宝唱出每一段的前两句,如:"王老先生有块地,咿呀咿呀哟,他在地里养小鸭,咿呀咿呀哟!"

(2) 游戏"去喂动物",完整演唱

(语言指导:宝宝们,王老先生需要大家帮忙去喂养这些小动物,请宝宝们到老师这里来领取食物篮,跟爸爸妈妈一起去喂动物吧!)

每组家庭领取游戏道具食物篮,一边唱歌,一边跟随老师到每个小动物的"住所"去喂养动物。家长再次引导宝宝大声唱出每段歌曲的前两句。

3. 活动结束与延伸

(语言指导:小动物们都吃得饱饱的了,王老先生说,谢谢大家。回家后家长还可以引导宝宝想一想,王老先生今后还可能会养哪些其他的动物,宝宝们能模仿它们的叫声并带入儿歌演唱吗?)

家长对宝宝的表现给予肯定与鼓励。

活动指导:

儿歌《王老先生有块地》歌曲段落较多,但重复性强。例如重复性歌词"咿呀咿呀哟"就比较适合25—30个月的宝宝进行演唱。但由于每一段第三句动物叫声的歌词节奏较快,且节奏变化较多,25—30个月的宝宝还无法准确演唱,因此在活动中不做演唱要求,该部分由家长或教师演唱即可。

2. 31—36个月

童谣《小花猫》

小花猫,上学校,

老师讲课它睡觉,

左耳朵听,右耳朵冒,

你说可笑不可笑，

喵～！

活动目标：

1. 能完整朗读儿歌，并配以简单的肢体动作。

2. 知道上课睡觉是一个不好的行为。

3. 能与家长进行儿歌表演。

活动价值：

31—36个月的宝宝开始能理解简单的故事情节了，并且他们模仿能力强，喜欢表现自己。童谣《小花猫》内容情节易懂有趣，歌词押韵，节奏明朗，动作表演性强。宝宝在童谣的表演中能提高朗读的韵律感，增强肢体的表现力，同时童谣内容对宝宝还有一定的教育意义。

活动过程：

1. 示范互动

(1) 故事导入，理解歌词大意

(语言指导：宝贝们，今天老师要给大家讲一讲小花猫的故事。)

家长带着宝宝围圈坐下，教师根据歌词讲述小花猫的故事。

(2) 图片引导，初步感知童谣

(语言指导：宝贝们，这个有趣的故事还有一个好听的童谣，让我们一起来听一听！)

教师依次出示图片，并示范朗读童谣。家长引导宝宝初步进行童谣模仿。

(3) 图片调序游戏，记忆童谣歌词

(语言指导：现在老师要和宝宝们玩一个小游戏，老师会将这几张图片的顺序打乱，宝宝们能帮助我按照童谣的歌词，将图片按正确的顺序摆放吗？)

教师打乱图片顺序，家长引导宝宝根据童谣歌词将图片按正确的顺序摆放。摆放完成后再对照图片朗诵童谣1～2遍。

2. 亲子互动

(1) 童谣动作探索与学习

(语言指导：宝贝们都找到了图片的正确顺序，真不错！这个童谣还有很多有趣的动作呢，跟着老师一起来学习吧！)

教师分句示范童谣动作，家长引导宝宝一边朗读童谣，一边模仿学习。

(2) 童谣表演

(语言指导：宝贝们的动作真好看！现在请宝贝们来到小花猫面前表演这个童

谣,并且告诉小花猫,上课睡觉是不对的,要认真听讲哦!)

每组家庭轮流进行童谣表演。表演的最后,家长引导宝宝对小花猫的行为做出评价,并提出正确的做法。

3. 活动结束与延伸

(语言指导:宝宝们说得都非常正确!小花猫一定会采纳大家的建议,今后一定会认真听讲的!回家后家长还可以引导宝宝对儿歌进行简单的创编,例如将小花猫改编成其他的动物。)

家长对宝宝的表现进行鼓励。

活动指导:

足够多的感知能帮助宝宝更好地掌握童谣朗诵活动。在童谣朗诵《小花猫》活动中,首先要激发宝宝对童谣内容的兴趣,然后完整感知童谣歌词,并通过游戏等方式初步记忆歌词,最后再学习朗读。

活动最后,家长引导宝宝对小花猫进行"教育"的环节,尽量让宝宝自己组织语言,家长稍加以帮助。这不仅能培养宝宝独立思考的习惯,还能发展宝宝的语言能力和创造能力。

儿歌《我爱小动物》

佚　名　词曲

1=E 4/4

5	5	5	4	3	1	2	1	2	3	—
我	爱	我	的	小	羊,	小	羊	怎	样	叫?
我	爱	我	的	小	狗,	小	狗	怎	样	叫?
我	爱	我	的	小	鸡,	小	鸡	怎	样	叫?
我	爱	我	的	小	鸭,	小	鸭	怎	样	叫?

3	3	3	5	5	5	3	3	2	2	1	—
咩	咩	咩	咩	咩	咩	咩	咩	咩	咩	咩。
汪	汪	汪	汪	汪	汪	汪	汪	汪	汪	汪。
叽	叽	叽	叽	叽	叽	叽	叽	叽	叽	叽。
呷	呷	呷	呷	呷	呷	呷	呷	呷	呷	呷。

活动目标:

1. 能掌握节奏"×× ×|×× ×|×× ×× ×|",并完整演唱歌曲。

2. 能与家长共同完成歌曲游戏和歌曲接唱。

活动价值:

31—36个月的宝宝能回答简单的问题,对常见动物的叫声基本了解,且喜欢玩动物模仿的游戏。儿歌《我爱小动物》旋律重复简单,歌词易懂有趣,适合31—36个月的宝宝学习并演唱。宝宝在儿歌演唱与表演中,能初步感知并体验八分音符和四分音符的节奏变化,并且还能加强对小动物的爱护与喜爱。

活动过程:

1. 亲子互动

(1) 情境导入,初步感知并学唱歌曲第一段

(语言指导:宝贝们,今天老师请来了许多可爱的小动物跟大家一起做游戏,首先出场的是小羊,大家知道小羊是怎样叫的吗?)

家长带着宝宝围圈坐下,教师出示小羊图片,并示范演唱歌曲第一段。家长引导宝宝模仿小羊的叫声,并跟随教师初步学唱歌曲第一段。

(2) 图片引导,感知并学唱歌曲第二、三、四段

(语言指导:接着我们来看看还有哪些动物准备出场。)

教师根据歌词,分别出示小狗、小鸡、小鸭的图片,并分别示范演唱歌曲第二、三、四段。

家长引导宝宝分别模仿小狗、小鸡、小鸭的声音,并跟着教师学唱歌曲第二、三、四段。

2. 亲子游戏

(1) 歌唱游戏

(语言指导:宝宝们,老师现在要跟大家玩一个游戏,等会老师会随机抽取小动物的图片,老师抽到哪张图片,宝宝们就要唱出相应动物的那段歌词哦!)

教师随机抽取图片,家长引导宝宝唱出相应动物段落的歌词。

(2) 歌曲对唱

(语言指导:现在我们的宝宝们要和爸爸妈妈们一起来进行歌曲对唱表演啦!)

家长演唱每一段的前一句,如"我爱我的小羊,小羊怎样叫?"宝宝接唱后一句,如"咩咩咩,咩咩咩,咩咩咩咩咩。"

3. 活动结束与延伸

(语言指导:宝贝们今天交到了这么多动物朋友,真开心! 回家后家长还可以引导宝宝将其他动物加入歌曲中进行游戏哦!)

家长对宝宝的表现给予肯定和鼓励。

活动指导：

在奥尔夫歌唱活动中，要尽可能多地给宝宝提供反复开口演唱的机会，形式可以多样，以游戏为主。根据儿歌《我爱我的小动物》歌词内容和问答形成的特点，本活动加入了图片问答和亲子对唱的游戏，宝宝在多次练习中能让演唱与表演更加熟练。

家庭音乐训练指导

1. 歌曲《动物叫》

动物叫

1 = D 2/4

$\underline{5\ 6}\ \underline{5\ 6}\ |\ \underline{5\ 5}\ \underline{5\ 3}\ |\ \underline{5\ 3}\ \underline{2\ 2}\ |\ 1\ -\ \|$

小鸡 小鸡 怎么 叫？叽 叽 叽 叽 叽。
小鸭 小鸭 怎么 叫？呷 呷 呷 呷 呷。
小羊 小羊 怎么 叫？咩 咩 咩 咩 咩。

玩法一：该游戏适合7—9个月婴儿，时间：在婴儿睡醒后，3～5分钟。游戏可以结合图片指导婴儿手指图片里的动物，妈妈反复演唱，强调叽、呷、咩的唱法，可以采用顿音、强音的不同演唱方法玩游戏，同样让婴儿感受四二拍子的节奏，同时暗示婴儿跟唱叽、呷、咩的音，游戏后及时表扬婴儿。

玩法二：语言节奏，按音乐节奏节拍朗读歌词，边读边引导婴儿模仿动物叫声。

2. 歌曲《小汽车》

小汽车

1 = D 2/4

$\underline{3}\ 3.\ |\ \underline{3}\ 3.\ |\ 1\ 3\ |\ 5\ -\ |\ \underline{3}\ 3.\ |\ \underline{3}\ 3.\ |\ 5\ 3\ |\ 1\ -\ \|$

嘀 嘀 嘀 嘀 小汽车，嘀 嘀 嘀 嘀 跑 得 快。

玩法一：该游戏适合9—12个月婴儿，游戏时间：婴儿睡醒后可以带婴儿外出观察小汽车，妈妈用手指汽车并反复演唱，强调"嘀嘀"的唱法，主要让婴儿感受附点音符的节奏，1岁左右可以暗示儿童跟着发出"嘀"的词，游戏后及时表扬儿童。

玩法二:动作节奏语言节奏,结合妈妈用拍手打节奏,强调附点节奏,引导婴儿模仿嘀嘀声。

3. 歌曲《火车叫》

火车叫

1 = D 2/4

| 5 | 5. | 5 | 5. | 1 3 5 | 5 | 5. | 5 | 5. | 1 3 5 ‖ |

呜　　呜,　呜　　呜,　火 车 叫,　呜　　呜,　呜　　呜,　轰 隆 隆。

玩法一:该游戏适合 9—12 个月婴儿,游戏时间:婴儿睡醒后。可以让婴儿观看火车卡片,妈妈用手指火车并反复演唱,强调呜呜的唱法,主要让婴儿受到附点音符的节奏,1 岁左右可以暗示儿童跟着发出呜的词,游戏后及时表扬儿童。

玩法二:语言节奏,妈妈有节奏地朗读歌词,并鼓励婴儿跟读。

4. 歌曲《学叫声》

学叫声

1 = D 2/4

| 1 1 2 5 | 3 3 3 0 | 3 3 3 0 | 1 1 2 5 |

(成人)公 鸡 叫,　　喔 喔 喔,(儿童)喔 喔 喔。(成人)母 鸡 叫。
(成人)小 猫 叫,　　喵 喵 喵,(儿童)喵 喵 喵。(成人)小 狗 叫。

| 3 3 2 0 | 3 3 2 0 | 1 1 2 5 | 4 4 4 0 |

咕 咕 咕。(儿童)咕 咕 咕。(成人)小 鸡 小 鸡 怎 么 叫
汪 汪 汪。(儿童)汪 汪 汪。(成人)小 羊 小 羊 怎 么 叫

| 4 4 4 0 | 3 3 3 0 | 2 2 2 0 | 3 3 2 2 |

怎 么 叫,(儿童)叽 叽 叽　　叽 叽 叽　　叽 叽 叽 叽
怎 么 叫,(儿童)咩 咩 咩　　咩 咩 咩　　咩 咩 咩 咩

| 1 — :‖ |

叽。
咩。

玩法:该游戏适宜 19—24 个月的儿童,游戏时间:儿童精神状态较高时,时长 5 分钟左右。这是一首少有的适合这个年龄段儿童的对唱曲目。游戏时,妈妈引导宝

宝做出歌曲中出现的小动物的头饰(注意头饰的颜色要鲜艳)。妈妈戴上头饰,一边和宝宝对唱一边更换头饰。游戏的时间长了,妈妈还可以将歌曲中的小动物换成其他小动物,也可以和宝宝互换要唱的部分,妈妈在唱相声词的时候要注意形象和表情的夸张,这样,宝宝会更加喜欢这个游戏。通过这个游戏,宝宝不仅积累了有关动物的形象,而且能对多种动物的叫声有所了解和做出区分。

5. 歌曲《青蛙大嘴巴》

青蛙大嘴巴

1 = C 2/4

1	3	1	3 2	5	1 —	3 2 3 4	5 6 5 —
青	蛙	青	蛙 大	嘴	巴,	唱 起 歌 来	呱 呱 呱。

× × × ×	× × ×	× × × ×	× × ×	3 3 2 3	2 5	1 —
一 只 青 蛙	呱 呱 呱	两 只 青 蛙	呱 呱 呱,	三 只 青 蛙	呱 呱	呱。

玩法一:该游戏适宜 1—2 岁的儿童,妈妈边哼唱歌曲,手上边拿一只青蛙玩具(或青蛙卡片),唱到"呱呱呱"的时候捏响玩具,让其发出强弱不同的蛙鸣声。

玩法二:妈妈哼唱歌曲,让儿童手上拿一只青蛙玩具(或青蛙卡片),唱到"呱呱呱"的时候捏响玩具,并模仿发音,跟着妈妈唱出强弱不同的蛙鸣声。

6. 歌曲《有趣的歌声》

有趣的歌声

1 = C 4/4

1 1 3 3 5 5 3 0	5 3 1 1 2 —	1 1 3 3 5 5 3 0
小 鸟 小 鸟 歌 唱,	在 那 枝 头 上。	它 向 我 们 点 头,

1 1 3 3 1 —	5 3 5 3 5 3 0	5 3 5 3 5 3 0
它 在 说 什 么?	好 像 在 问 好。	啾 啾 啾 啾 啾 啾!

玩法:该游戏适宜 25—36 个月的儿童,时间:在儿童精力较好的情况下进行,时长 5 分钟左右。妈妈可以先给宝宝唱这首歌,在演唱的时候要注意对小鸟问好的象声词的模仿。宝宝熟悉歌曲之后,妈妈可以尝试用身体多个部分发出的声音代替小

鸟的问好声。依次可以用牙齿发出声音,用嘴唇的张合发出声音,用小嘴巴的连续呼吸发出声音,用拍手发出声音,或者用小碎步发出声音。宝宝会非常喜欢这种变化,在唱歌过程中,妈妈还可以鼓励宝宝模仿妈妈发音。除此之外,妈妈还可以发出其他的声音代替鸟儿的鸣叫,丰富孩子关于音色的经验。

7. 绕口令《捉兔》

捉　兔

纸上画老虎,又画一只兔,

老虎想吃兔,兔子怕老虎,

老虎追小兔,可怜兔子弱,兔子下虎肚。

玩法:适合年龄 2.5—3 岁。妈妈念儿童跟,先慢速跟念,儿童熟练后再快速跟念。

思考与实践

1. 0—3 岁不同年龄段婴幼儿在嗓音训练相关能力上各有什么发展特点?

2. 0—3 岁不同年龄段婴幼儿嗓音训练的方式各是什么?

3. 设计一个 0—3 岁婴幼儿奥尔夫嗓音训练活动。

4. 评价一个 0—3 岁婴幼儿奥尔夫嗓音训练活动。

第三章

奥尔夫动作训练

身体动作是人的本能或本性的反应,动作是通过运动来实现的。瑞士著名音乐教育家达尔克罗兹于 20 世纪 20 年代提出了"体态律动学",他认为,音乐本身离不开律动,而律动和人体本身的运动有密切的联系,因此,单纯的教音乐、学音乐而不结合身体的运动,至少是孤立的、不全面的。奥尔夫受此启示,开始探索动作与音乐教育之间的融合,并建立了一种新的节奏教育,即奥尔夫动作训练。

学习目标

1. 了解奥尔夫动作训练的内容与意义。
2. 了解 0—3 岁婴幼儿奥尔夫动作训练的方法。
3. 掌握 0—3 岁婴幼儿动作训练的设计方法及组织方法。

第一节 奥尔夫动作训练概述

案例导入

10 个月的乐乐和妈妈在家里玩"丢小球"游戏,妈妈准备了各种颜色的小球,邀请乐乐一起丢球:"妈妈跟你一起丢!比比看,谁丢得快!丢!丢!丢!"看到妈妈那么快的动作,乐乐很兴奋,他小手的动作也跟着快了起来。"我要慢慢地丢,丢——啦——"妈妈语气、动作都很夸张,一边说,一边慢慢地拿起小球轻轻缓缓地丢出去。乐乐看着妈妈,他也试图慢慢地拿起球,轻轻地丢出去。乐乐和妈妈在游戏中比赛谁丢得快、谁丢得慢、谁丢得远。乐乐在观察妈妈动作的过程中,体会了动作的大小和轻重的关系。

一、奥尔夫动作训练的内容

奥尔夫动作训练的主要内容有指挥、声势、律动、舞蹈、戏剧、游戏。在0—3岁婴幼儿的奥尔夫动作训练中,主要开展的是律动、舞蹈和游戏。

1. 律动

律动是有节奏的跳动、有规律的运动,多指人听到音乐后,按照音乐节奏表现出来的身体动作。奥尔夫强调,在律动活动中,只有身心两方面都完全投入音乐中,内心才能真正感受、理解音乐,并将这种感受通过动作生动、精确地表达出来。律动动作表达的是音乐元素,即用身体动作表达音乐的风格、曲式、旋律、节奏。其中最重要的是节奏。

儿童在听到节奏感较强的音乐时往往会表现得手舞足蹈。儿童的律动活动就是利用儿童天生好动的特点,在音乐的帮助下用有节奏的动作表达情感。0—3岁婴幼儿的律动训练属于"动作经验积累",主要包括大肌肉活动练习和小肌肉活动练习,以及探索身体各种运动的可能性。

2. 舞蹈

舞蹈是以身体为语言的人体运动表达艺术,一般会有音乐伴奏。学龄前儿童多以"歌表演"的形式进行舞蹈练习。歌表演是一种以唱念为主、动作为辅的载歌载舞的幼儿舞蹈表演形式,其动作表现的内容多为歌词大意,歌表演是一种用肢体动作表达情感与具体事物的艺术行为。

3. 游戏

儿童喜欢在"玩中学",因此游戏教学是非常适合各年龄段儿童的教学方法。奥尔夫动作训练中的游戏不是单纯的幼儿游戏,而是在歌曲或乐曲的伴奏下,进行有一定规则的动作游戏形式,即动作游戏。动作游戏是通过游戏这个媒介使儿童感知音乐元素、提升音乐能力,并达到身心全面发展。

二、奥尔夫动作训练的意义

1. 促进运动能力发展

儿童运动能力的发展分为两个部分,一是躯体运动,也叫大肌肉运动,是负责控制身体的;另一个叫精细运动,或者叫小肌肉运动或随意运动。奥尔夫动作训练以躯体动作为主,适当加入了一些精细动作。0—3岁的幼儿神经系统在迅速发育,一些基本的运动机能正在形成,如爬、走、抓、打、推、眨眼、摇头、说话、做出各种表情等。奥尔夫动作训练以音乐与动作相结合的方式,促进儿童运动能力的发展,这些最基本的动作完成能力都将成为孩子今后智能、体能的发展基础。

2. 发展表现力与创造力

在奥尔夫动作训练中,老师会要求儿童在动作的学习与模仿中尽可能地运用更多的表现力,并且给儿童提供很多表演的机会。创造力是人类特有的一种综合性本领,他是发现和创造新事物的能力。在婴幼儿阶段就可以对儿童进行创造力的培养。当在奥尔夫动作训练中要求儿童用动作进行简单创编时,他们往往会利用自己的身体或周围的事物带来很多意想不到的惊喜,创造力在这个过程中得到发展。

第二节 0—3岁婴幼儿奥尔夫动作训练

案例导入

小洁的妈妈是一名舞蹈教师,所以她深知节奏对于动作完成的重要性。但她常常在疑惑,节奏的练习是否能从新生儿开始? 会影响婴儿的睡眠吗?

在新生儿阶段,有些父母总怕周围声音太大会惊醒婴儿,因此走路、说话、做事全都非常小心谨慎,从不发出任何声音,为新生儿创造非常安静的生活环境。其实父母的想法适得其反。在我们生活的自然环境中充满了各种节奏的声音,如人走路的节奏,说话的节奏,做事的节奏,窗外的鸟鸣声、风声等有节奏的声音,如果环境过分安静便不利于婴儿对声音的敏感和辨别,家长应从孩子出生的第一天起,创设条件让婴儿充分感受大自然中一切美好的节奏音响,刺激婴儿的听力,发展婴儿对不同节奏的分辨和理解,熟悉并接受这些丰富的节奏"世界"。

一、0—1岁婴幼儿奥尔夫动作训练

(一)0—1岁婴幼儿动作训练方法

0—1岁的宝宝在动作、认知等方面是逐步缓慢发展的,从平躺到翻身,从抬头到靠坐,从独坐到爬行,从无意识地运动到稍有意识地运动,每一个月都有不同的变化。总体来说,该年龄段的儿童对自己肢体动作的掌控能力还比较弱,他们无法根据指令控制身体、完成动作。因此,**"被动感受法"**是0—1岁的宝宝最好的奥尔夫动作训练方法。

"被动感受法"是指宝宝在成人的帮助下进行奥尔夫音乐动作活动,使婴幼儿感受肢体有节奏的动作。根据婴幼儿各方面能力的发展特点,"被动感受法"分为适用于0—6个月婴儿的婴儿被动运动和适用于6—12月婴儿的婴儿主被动运动。无论是纯被动运动还是主被动运动,长期坚持用"被动感受法"对0—1岁的婴幼儿进行奥尔夫动作训练,可使婴幼儿从初步的、无意的、无秩序的动作,逐步形成和发展分化为有目的的协调动作,为思维能力打下基础。在运动的同时,有了音乐元素的加入,能让婴幼儿接触多维空间,促进左右脑平衡发展,从而促进智力发育,并形成初步的艺术感知。

0—1岁婴幼儿集体奥尔夫动作训练活动有示范互动、亲子互动、亲子游戏等环节,主要包括活动的导入、动作的示范、被动动作的练习与游戏等内容。在0—1岁婴幼儿集体奥尔夫音乐活动的设计中,教师首先要选择符合各月龄段宝宝运动能力发展的活动内容与素材。例如在7—9月龄音乐游戏《小袋鼠》中,需要宝宝具备独坐能力,因此,该月龄段之前的宝宝是不适合进行这个音乐游戏的。同样,由于7—9月龄的宝宝已经能够自主翻身、坐立,那么1—3月龄段的婴儿抚触操也就不适合给该月龄段的宝宝进行训练了,因为在活动中宝宝或许不会安静地平躺,以至于抚触操无法进行。第二,活动导入环节中最好加入简单的热身,以防宝宝受伤。同时,导入时尽量使用有趣的游戏、道具等吸引宝宝的注意力,使宝宝对活动充满兴趣。例如在4—6月龄音乐律动《小猪睡觉》中,教师在活动导入环节使用了小猪玩偶吸引宝宝的注意力,让宝宝迅速处于情绪高涨状态。第三,教师要对游戏或律动中的动作进行清晰的示范与讲解,由于1岁以内的宝宝语言能力发展缓慢,他们不能自己表达出身体的感受,因此,教师要在示范时交代具体的动作要领及注意事项,避免宝宝在被动动作中因家长动作不规范而感觉不舒服。第四,动作练习的过程是一个从单个动作到完整游戏的过程。教师要给宝宝和家长提供循序渐进的动作游戏。例如,在4—6月龄音乐律动《小猪睡觉》活动中,教师通过情境引导家长先握住宝宝的小手,逐个感知"摸肚子""伸懒腰""拍臀部"等动作,然后再在儿歌中反复完整地进行游戏。最后,活动结束与延伸时,教师要对相关家庭活动进行简单的延伸,并对宝宝和家长的表现给予肯定,让宝宝和家长对下一次的活动更加充满期待。

0—1岁婴幼儿的动作训练要在宝宝睡眠较充足、饱腹及情绪高涨时进行,同时要注意被动动作力度适宜,家长要时刻注意观察宝宝的情绪变化,如果宝宝出现对动作的抗拒,应立即停止活动,待安抚好宝宝再进行活动。

(二)0—1岁婴幼儿动作训练案例

1. 0—3个月

音乐被动操《钟表店》

管弦乐合奏

1 = F 2/4

欢快地

| 3 5 5 5 | 3 5 5 5 | 4 4 3 2 7 | i 3 5 |

| 3 5 5 5 | 3 5 5 5 | 2 2 5 7 5 | 6# 4 5 |

| 3 5 5 5 | 3 5 5 5 | 4 4 3 2 7 | i 3 5 |

| 3 5 5 5 | 4 i i i | i 3 4 2 | 1 5 1 ‖

活动目标：

1. 感知音乐稳定的节奏。
2. 锻炼四肢,促进发展。
3. 增进亲子情感。

活动价值：

2—3个月的宝宝喜欢被爱抚和拥抱,且他们的上肢能够伸展,两手能在胸前接触。对宝宝进行被动操的训练,能促进宝宝运动能力的发展。抚触操背景音乐《钟表店》风格活泼,节奏明朗,宝宝在初步感知音乐的同时,还能感受到与妈妈的亲密互动,增进亲子感情。

活动过程：

（语言指导：宝贝，我们要开始来做操了！首先我们来做上肢的动作哦！）

让宝宝平躺于软垫上，播放背景音乐《钟表店》，握住宝宝的手腕，跟随背景音乐的节奏，分别进行双臂向上、向下、胸前交叉、向旁打开以及双臂环绕的动作。

上肢动作做完后，握住宝宝踝关节，跟随音乐节奏分别进行下肢的屈膝抬腿、直腿向上、左右腿交替绕圈等动作。

活动指导：

被动操进行之前，先要对宝宝的全身进行按摩，让宝宝的身体放松下来。家长的动作要轻柔，不可强行用力。在活动过程中要时刻关注宝宝的表情，家长面带微笑的关注能让宝宝更加高兴。

2. 4—6个月

音乐游戏《宝宝的小手》

爸爸瞧，妈妈看，

宝宝的小手真好看！

爸爸瞧，妈妈看，

宝宝的小手看不见。

爸爸妈妈都来看，

宝宝的小手又出现！

活动目标：

1. 感知儿歌节奏，锻炼上肢肌肉运动。

2. 增进亲子情感。

活动价值：

4—6个月的宝宝开始辨别熟人和陌生人，喜欢跟爸爸妈妈做游戏，且此时他们已经能靠着坐稳了。音乐游戏《宝宝的小手》童谣歌词重复简单，游戏动作舒展有趣。该游戏不仅能促进宝宝肢体运动能力的发展，还能在亲子互动中感受儿歌的韵律，初步感知稳定的节奏。

活动过程：

1. 示范互动

（1）热身

（语言指导：宝贝们看，这是"小花"的小手，"小花"宝宝的小手真漂亮真好看！

哇,它还可以举得高高的!它还可以藏起来哦!宝宝们也来试一试吧!)

教师握住仿真娃娃的双手手腕,依次将娃娃的双手向前伸直,向上举起,向侧打开,再向后收回,进行简单的热身与动作分解。

宝宝靠坐在家长大腿上,家长先引导宝宝观察自己的小手,再握住宝宝的双手手腕,模仿教师的热身动作。

（2）完整示范

（语言指导:热身好了后,现在我来配上好听的儿歌吧!）

教师一边读儿歌,一边完整示范动作。

"爸爸瞧,妈妈看,宝宝的小手真好看"——握住宝宝的手腕,依次将宝宝的右手、左手向前伸出,再左右摆动四次。

"爸爸瞧,妈妈看,宝宝的小手看不见"——依次将宝宝的右手、左手向上高举,再向身后收回。

"爸爸妈妈都来看,宝宝的小手又出现"——依次将宝宝的右手、左手向体侧伸出,再同时向前伸直。

2. 亲子游戏

（语言指导:家长们和宝宝们,我们一起来跟小手做游戏吧!）

家长跟随教师完整进行音乐游戏《宝宝的小手》3～4遍。

3. 活动结束与延伸

（语言指导:哇,宝宝们的小手真灵活,大家玩得真开心!回家后家长还可以握住宝宝小手朝其他几个方向来继续与宝宝玩游戏哦!）

家长对宝宝进行安抚与表扬。

活动指导:

活动过程中,家长要注意有节奏感地朗诵童谣,且速度不要太快。动作进行要轻柔、舒展,如果宝宝肌肉较紧张,不可强迫宝宝进行游戏。

音乐律动《小猪睡觉》

$1 = \text{C}$ $\frac{2}{4}$

(5 1̇ 5 3 | 5 1̇ 5 3 | 5 1 3 2 | 1 1) |

3 5 3 5 | 1̇ 5 | 3 5 3 5 | 1̇ 5 | 6 1̇ 1̇ 6 | 5 3 |
小 猪 吃 得 饱 饱, 闭 上 眼 睛 睡 觉 大 耳 朵 在 扇 扇,

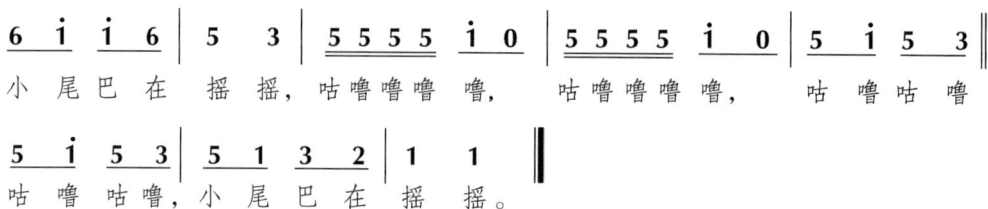

```
6 i i 6 | 5  3 | 5 5 5 5  i 0 | 5 5 5 5  i 0  5 i 5 3 ‖
小 尾 巴 在 摇 摇,  咕 噜 噜 噜 噜,      咕 噜 噜 噜 噜,      咕 噜 咕 噜

5 i 5 3 | 5 i 3 2 | 1  1  ‖
咕 噜 咕 噜, 小 尾 巴 在 摇  摇。
```

活动目标:

1. 感知儿歌旋律与节奏。

2. 锻炼手臂动作协调。

3. 增进亲子交流与互动。

活动价值:

4—6个月的宝宝已经能够靠坐了,并且他们听到好听的歌谣时会手舞足蹈。儿歌《小猪睡觉》风格活泼欢快,歌词幽默有趣,宝宝听到时都会表现出高兴的情绪。律动动作根据歌词大意进行设计,既形象又有趣。亲子儿歌律动《小猪睡觉》由家长握着宝宝的小手完成律动动作,在律动活动中,宝宝能对儿歌中的节奏与旋律进行初步的感知,宝宝的肢体动作能力也将得到发展。

活动过程:

1. 示范互动:情境导入

(语言指导:宝贝快看,今天有一只可爱的小猪来跟你做游戏啦!)

教师出示小猪玩偶,家长握住宝宝小手引导宝宝跟小猪打招呼。

教师示范演唱儿歌《小猪睡觉》,并完整演示动作。

2. 亲子律动

(语言指导:这可真是一只爱睡觉的小猪呀,宝宝现在和小猪一起玩吧!)

家长将小猪玩偶放于宝宝前面,握住宝宝双手腕关节,准备开始进行律动活动。

"小猪吃得饱饱,闭上眼睛睡觉"——家长握住宝宝双手腕关节,将宝宝的小手放于腹部轻拍四次,再将双手从胸前交叉向上"伸懒腰"。

"大耳朵在扇扇,小尾巴在摇摇"——将宝宝的双手放于双耳旁边轻拍四次,再将双手背到臀后方轻拍4次。

"咕噜噜噜噜,咕噜噜噜噜"——依次将宝宝的右手和左手向侧平举。

"咕噜咕噜,咕噜咕噜,小尾巴在摇摇"——依次将宝宝的右手、左手向上逐步举高,共四次,再将双手回到臀后方轻拍4次。

单句练习后,再完整进行律动2~3次。

3. 活动结束与延伸

(语言指导:宝宝们已经和可爱的小猪成为朋友啦! 回家后家长还可以跟随其他儿歌带着宝宝做简单的手臂律动哦!)

家长对宝宝进行安抚与表扬。

活动指导:

家长演唱儿歌的声音要活泼好听,且速度稍放慢一些。律动动作要轻柔,不可强迫宝宝进行动作。律动结束后要及时鼓励和表扬宝宝。

3. 7—9个月

音乐游戏《小袋鼠》

小袋鼠,上学堂,
总把书包丢一旁,
妈妈织个大口袋,
放在它的肚子上。

活动目标:

1. 练习"拍手"动作。

2. 初步感知儿歌韵律与节奏。

3. 增进亲子互动。

活动价值:

7—9个月的宝宝开始注意和观察大人的行动,且他们此时已能独坐自如,喜欢玩拍手的游戏。音乐游戏《小袋鼠》儿歌简短、有趣,游戏动作以鼓励宝宝自己拍手为主,且其中的亲子互动充满趣味性。宝宝在游戏中不仅能对"拍手"的动作进行训练,还能感受儿歌的节奏韵律。

活动过程:

1. 示范互动

(语言指导:宝贝,今天有一个有趣的小伙伴要来跟你做游戏,我们一起鼓掌请它出来吧!)

教师出示小袋鼠玩偶,家长引导宝宝进行"拍手"的动作。

教师朗读《小袋鼠》儿歌,家长握住宝宝小手尝试有节奏地拍手伴奏。

2. 亲子游戏

(语言指导:小袋鼠现在要和我们一起玩游戏啦!)

教师示范游戏玩法:在儿歌最后一句"放在它的肚子上"时,教师用玩偶轻轻抚触宝宝的肚子,玩"挠痒痒"的游戏。

教师给每组家庭分发一个袋鼠玩偶。

前三句歌词家长与宝宝一起有节奏地做拍手的动作,最后一句时,家长用小袋鼠玩偶轻轻抚触宝宝的肚子,玩"挠痒痒"的游戏。

重复3~4遍。

3. 活动结束与延伸

(语言指导:跟小袋鼠一起做游戏真开心！回家后,家长可以播放一些节奏感较强的儿歌或是童谣让宝宝欣赏,并引导宝宝初步跟随节奏进行拍手训练。)

家长安抚并表扬宝宝。

活动指导:

家长在鼓励宝宝独自拍手时,如果感觉宝宝完成这个动作有困难,家长可以握住宝宝的小手帮助完成动作。念唱儿歌的速度要尽量放慢,家长拍手的动作要富有节奏感,这对初步培养宝宝的节奏感是极为重要的。

4. 10—12个月

音乐游戏《小羊和老狼》

活动目标:

1. 初步感知音乐速度的变化。

2. 在音乐速度较慢段落锻炼"走"的能力。

3. 增进亲子互动。

活动价值:

10—12个月的宝宝已经能独自慢走几步,并且他们喜欢玩交际类的游戏。音乐游戏《小羊与老狼》趣味性浓,情境感强。游戏根据音乐速度的变化,设计了"走"和"跑"两个训练动作,宝宝在感知慢速音乐节奏的同时能锻炼"走"的动作,家长抱起宝宝躲避老狼的追捕时,宝宝能在快乐的游戏中感知音乐的快速变化。

活动过程:

1. 示范互动

(1) 情境导入,感知慢速节奏,练习动作"走"

(语言指导:宝贝们快看,有一只可爱的小羊,每天它都和妈妈在森林里、草地上悠闲地散步、玩耍。我们也和爸爸妈妈一起来散步吧!)

教师出示小羊图片,设置情境,并播放第一段慢速音乐。家长带着宝宝扮演"小羊"和"羊妈妈",在教室里的"大树"边、"草地"上、"小河"旁散步。

(2)故事转折,感知快速节奏

(语言指导:羊儿们注意,这里有一只老狼,它要来捕捉小羊了,羊妈妈请赶紧抱起小羊逃避追捕哦!)

教师出示老狼图片,播放第二段快速音乐,并扮演"老狼"。家长抱起宝宝,在教室里跑动起来,"躲避"老狼的追捕。

2. 亲子游戏

(语言指导:羊儿们跑得真快呀,老狼一只羊也没有抓住! 辛苦的老狼要回窝里休息一下了,小羊们可以继续散步,不过等到音乐变快时,老狼会继续出现,大家要赶紧逃跑哦!)

循环播放两段音乐,反复多次重复游戏3～4遍。

3. 活动结束与延伸

(语言指导:恭喜所有的羊儿们赢得了游戏的胜利! 回家后,家长也可以选用其他速度变化明显的音乐来玩这个游戏哦!)

家长安抚、表扬宝宝。

活动指导:

音乐游戏《小羊和老狼》活动开始前要在教室周围设置相应的"大数""小河""草地"情境。在游戏开始前提醒家长注意宝宝的安全,不要互相碰撞。同时,教师扮演的"老狼"在追捕"小羊"时速度不要过快,与家长要保持一段安全的距离,避免游戏中有家长或宝宝受伤。

二、1—2岁婴幼儿奥尔夫动作训练

(一)1—2岁婴幼儿动作训练方法

1—2岁的宝宝大肌肉运动能力快速发展,他们不仅能独立行走,还会上下楼梯、会滚球或抛球、会搭积木等。2岁左右时,精细动作也稳步发展,他们已经能够开始串珠和折纸。该年龄段的宝宝喜欢模仿大人的动作,还能听懂一些简单的指令。对于该年龄段的宝宝可以采用**"模仿游戏法"**进行奥尔夫动作训练。

动作模仿的过程是一个从观察到思考,再从初步模仿到模仿表现的过程。儿童在动作模仿方面的发展应循序渐进,由简单模仿至复杂模仿,也就是指由模仿熟悉或易于观察的单一反应开始，以至模仿一连串有次序、有节奏的反应。1—2岁的宝宝初具模仿能力，他们喜欢模仿大人的动作与行为，喜欢玩模仿游戏。在奥尔夫动作模仿与游戏的过程中，宝宝的肢体协调能力、思维能力、认知能力以及基本音乐能力都将会有所提高。

1—2岁婴幼儿集体奥尔夫动作训练活动有示范互动、亲子互动、亲子游戏等环节，主要包括活动的导入、动作的示范、动作的理解与模仿、动作游戏等内容。首先，根据1—2岁儿童身心发展特点，导入环节可以用游戏法、道具法、情境法等活动方法。例如在13—18月龄音乐游戏《母鸭带小鸭》中，教师用道具"小鸭"图片导入活动，迅速吸引了宝宝的注意力。又如在19—24月龄音乐游戏《骑上我的小白马》中，教师设置情境"去骑马"，宝宝会表现出强烈的活动兴趣。其次，教师的示范要融入情境或游戏中，从单个的分解动作开始示范再到完整的游戏。例如在13—18月龄音乐律动《幸福拍手歌》中，教师先用游戏"我说你做"引导宝宝对"拍手""拍肩""踩脚"等动作进行单独练习，再通过游戏"请跟我做"对动作进行初步模仿，最后再在表演游戏中进行完整的练习与表演。再次，动作训练中要安排足够多的亲子互动时间。家长在亲子互动中既可以对宝宝进行动作模仿的引导与帮助，还可以通过自己的亲身示范增加宝宝的模仿兴趣。例如，在19—24月龄音乐游戏《大象和小鸟》活动中，家长先在情境游戏中与宝宝一起分别模仿"大象走"和"小鸟飞"的动作，帮助宝宝对动作进行正确的模仿，然后再在完整的游戏中与宝宝一起进行分角色游戏表演，增加宝宝的活动兴趣。最后，活动的结束即家庭延伸活动的开始，教师要根据本次活动内容为家长介绍家庭中继续训练的方法。在这个环节，家长还要对宝宝和家长的表现给予肯定，让宝宝和家长对下一次的活动更加充满期待。另外，在动作训练中，为了帮助宝宝初步合拍做动作，教师可以在宝宝做动作的过程中采用"语音提示"的方法提示宝宝动作的节奏。例如在13—18月龄音乐游戏《高高低低》中，在亲子游戏《蝴蝶与小蜗牛》环节，教师可以在宝宝模仿"蝴蝶飞"动作时用"飞呀，飞呀，飞呀飞"的语音提示宝宝动作的节奏，而在"蜗牛爬"动作时，用"爬呀，爬呀，爬呀爬"的语音提示宝宝动作的节奏。

总之，为1—2岁宝宝选择的动作模仿内容应遵循其动作发展、认知发展、社会性发展及音乐基本能力发展的特点，选择生活中常见的日常活动或动植物等进行动作模仿训练，在训练时要注意从单个动作的模仿训练开始，到连续动作的游戏，重在提高宝宝的动作训练兴趣，鼓励宝宝大胆模仿与表现。

（二）1—2岁婴幼儿动作训练案例

1. 13—18个月

音乐游戏《母鸭带小鸭》

1 = D　$\frac{2}{4}$

$5\ \overset{\frown}{5\ 6}\ |\ 5\ \overset{\frown}{5\ 6}\ |\ 5\ \dot{1}\ |\ \dot{1}\ -\ |\ 6\ \overset{\frown}{6\ 7}\ |\ 6\ \overset{\frown}{6\ 7}\ |\ 6\ \dot{2}\ |\ \dot{2}\ -\ |$

呱呱　呱呱　呱　呱呱，　呱呱　呱呱　呱呱　呱，

$5\ \overset{\frown}{5\ 6}\ |\ 5\ \overset{\frown}{5\ 6}\ |\ 5\ \dot{1}\ |\ \dot{1}^\vee\ \overset{\frown}{\dot{1}\ 7}\ |\ 6\ \dot{2}\ |\ 6\ 7\ |\ \overset{\frown}{\dot{1}\ -}\ |\ \dot{1}\ -\ \|$

游来　游去　真　快乐就是　母鸭　带　小鸭。

活动目标：

1. 能用"× ×｜× ×｜× ×｜× ×｜"的节奏模仿"小鸭叫"和"小鸭走"的动作。

2. 能与家长一起进行"小鸭找朋友"的游戏。

活动价值：

13—18个月的宝宝会独立行走，会做简单的手势，且能听懂教养者发出的简单指令。音乐游戏《母鸭带小鸭》歌词重复，动作简单，情境有趣。宝宝在游戏中能促进肢体协调能力发展，并在亲子模仿与互动中感知稳定的音乐节奏。

活动过程：

1. 示范互动：鸭子出场

（1）图片导入，初步练习动作"小鸭叫"

（语言指导：宝贝们，看一看这是谁？）

家长带着宝宝围圈坐下。

教师出示小鸭图片，并一边演唱歌曲，一边双手掌跟靠拢拍手，示范"小鸭叫"的动作，重复歌曲2～3遍。家长引导宝宝模仿教师的动作。

（2）设置情境，初步练习动作"小鸭走"

（语言指导：哇！原来是一只可爱的小鸭子和鸭妈妈来了。它现在要去干什么呢？宝贝们，我们一起跟在它们身后去看一看吧！）

教师一边演唱歌曲，一边用"小鸭走"的动作在教室绕圈行走。家长带领宝宝站起来，跟在老师身后，家长引导宝宝模仿教师的动作。

重复歌曲2～3遍,在最后一遍结束时,教师找到一只活动前预备好的小鸭玩偶。

2. 亲子游戏:小鸭找朋友

(语言指导:原来小鸭子和鸭子妈妈是去找朋友的! 家长们也可以带着宝贝来玩小鸭找朋友的游戏哦!)

家长带着宝宝,在第一遍歌曲的演唱中,用"小鸭走"的动作去找到另一组家庭成为朋友,在第二遍歌曲演唱时,两组家庭相互用"小鸭叫"的动作打招呼,接着又继续去寻找新的家庭成为朋友。游戏循环进行4～6遍。

(语言指导:宝贝们都交到了那么多好朋友,真为大家开心!)

3. 活动结束与延伸

(语言指导:今天我们和小鸭子都找到了那么多好朋友,真开心! 回家后家长还可以引导宝宝模仿其他常见动物的叫声和动作,例如"小猫叫""小猫走"。)

家长对宝宝的表现表示鼓励与肯定。

活动指导:

音乐游戏《母鸭带小鸭》的目的主要是培养宝宝的动作模仿能力,家长和教师在演唱儿歌时速度要稍慢一些,并且要多重复几次,给宝宝足够的时间对动作与节奏进行模仿和探索。在小鸭找朋友的环节,如果宝宝有自己想要寻找的朋友,家长可以遵循宝宝的意愿进行游戏。

音乐律动《幸福拍手歌》

1 = G 4/4

有田怜 词
陈永连 译配

5 · 5	1 · 1	1 · 1	1 · 1	7 · 1
如 果	感 到	幸 福,	你 就	拍 拍
如 果	感 到	幸 福,	你 就	踩 踩
如 果	感 到	幸 福,	你 就	拍 拍

2 X X	5 · 5	2 · 2 2 · 2	2 · 2	1 2
手,(拍 手)	如 果	感 到 幸 福,	你 就	拍 拍
脚,(踩 脚)	如 果	感 到 幸 福,	你 就	踩 踩
肩,(拍 肩)	如 果	感 到 幸 福,	你 就	拍 拍

3 X X	5 · 5	3 · 3 3 · 3	3	2 · 3
手,(拍 手)	如 果	感 到 幸 福,	你	快 快
脚,(踩 脚)	如 果	感 到 幸 福,	你	快 快
肩,(拍 肩)	如 果	感 到 幸 福,	你	快 快

4	3·2	1	7·1	2	2·1	7·5	6·7	

拍拍　手　　　哟！看　哪　大　家　都　一　齐　拍
跺跺　脚　　　哟！看　哪　大　家　都　一　齐　跺
拍拍　肩　　　哟！看　哪　大　家　都　一　齐　拍

1	✕	✕	‖

手。
脚。
肩。

活动目标:

1. 能用节奏"✕ ✕"做出"拍手""跺脚""拍肩"的动作。

2. 能与家长合作进行互动表演。

活动价值:

13—18个月的宝宝会指认某个身体部位,能听懂简单的指令,且喜欢跟亲近的人玩游戏。他们在成人的帮助下会模仿拍出二分音符和四分音符。音乐律动《幸福拍手歌》活泼欢快,动作简单,互动性强。宝宝在律动活动中能进一步认知自己的身体部位,在有趣的亲子互动中还能初步感知节奏,并用动作表达节奏。

活动过程:

1. 示范互动

(1) 我说你做

(语言指导:宝贝们,今天老师要跟大家玩一个游戏,一会儿老师说什么动作,宝宝们就要迅速做出这个动作哦!)

家长带着宝宝围圈坐下。

教师依次发出"拍手""跺脚""拍肩"这几个动作指令,家长引导宝宝做出相应动作。

(2) 请跟我做

(语言指导:宝贝们做得真棒! 接下来游戏升级,老师做什么动作,宝贝们也要迅速做出这个动作哦!)

教师按节奏依次做出"拍手""跺脚""拍肩"这几个动作,家长引导宝宝按节奏进行模仿。

2. 亲子互动

(1) 律动模仿

(语言指导:看到宝贝们做得这么好,老师情不自禁地想要唱一首歌,宝贝们可以一起舞蹈起来哦!)

教师一边唱歌,一遍示范动作。家长引导宝宝跟随节奏模仿动作。重复2~3遍。

(2)互动表演

(语言指导:现在要请宝宝们和爸爸妈妈们一起合作表演啦!)

教师与助教面对面坐好,宝宝与家长面对面坐好。

教师与助教示范双人互动动作,宝宝与家长进行模仿。

"拍手"动作时,两人相对击掌;"跺脚"动作时,两人双脚相碰;"拍肩"动作时,两人交替拍肩。重复2~3遍。

3.活动结束与延伸

(语言指导:今天我们跟爸爸妈妈一起玩游戏真幸福!回家后家长还可以引导宝宝在歌曲中加入其他的动作进行练习,例如"扭屁股""拍大腿"等。)

家长对宝宝的表现给予肯定和表扬。

活动指导:

音乐律动《幸福拍手歌》中的动作不是固定的。在"我说你做"环节中,家长与教师可以引导宝宝做出不同的动作。在互动表演环节中,家长也可以引导宝宝将亲子双方的动作进行简单的改编,不需要与教师做得一模一样。

音乐律动《高高低低》

活动目标:

1.能初步感知高音段和低音段的不同。

2.能根据音乐完成"拍手与跺脚""站起与蹲下""蝴蝶飞与蜗牛爬"等动作。

3.能与家长完成音乐游戏《蝴蝶与蜗牛》

活动价值:

13—18个月的宝宝能听懂教养者发出的简单指令,他们会模仿一些简单的动作,不用扶物也能蹲下、复位。音乐律动《高高低低》中设计了"拍手与跺脚""站起与蹲下""蝴蝶飞与蜗牛爬"这几组动作,动作简单,趣味性强。宝宝在该活动中能锻炼肢体协调,并初步感知音乐旋律的高低变化。

活动过程:

1.示范互动

(1)请你跟我学

(语言指导:宝贝们,老师想和大家玩一个游戏。待会儿老师怎么做,宝贝们就要学着老师的样子一起做哦!)

教师播放音乐《高高低低》,并在第一、三段示范"向上拍手"的动作,在第二、四段示范"交替跺脚"的动作。家长引导宝宝模仿教师的动作。

该环节能让宝宝在练习"拍手"和"跺脚"动作的同时,感知音乐旋律的高低。

(2)亲子合作

(语言指导:刚刚宝宝们做得都非常棒,接下来的挑战需要宝宝们和爸爸妈妈们一起来完成哦!)

教师与助教合作示范动作,第一、三段站立,并双手相握左右摆动;第二、四段蹲下,双手相握左右摆动。家长与宝宝共同模仿教师的动作。

该环节能让宝宝练习"站起"与"蹲下"的动作,并在亲子合作中继续感知音乐旋律的高低。

2. 亲子游戏:蝴蝶与蜗牛

(语言指导:宝贝们,现在小蝴蝶和小蜗牛也要来跟我们做游戏啦!)

教师给每组家庭分发蝴蝶或蜗牛头饰,并按蝴蝶和蜗牛的角色将大家分为两组。第一、三段教师示范"蝴蝶飞"的动作,并进行语音提示"飞呀飞呀飞呀飞",蝴蝶组的家长和宝宝进行模仿游戏;第二、四段时教师示范"蜗牛爬"的动作,并进行语音提示"爬呀爬呀爬呀爬",蜗牛组的家长和宝宝进行模仿游戏。第二遍时可交换两组角色。

3. 活动结束与延伸

(语言指导:哇,宝宝们和家长们扮演的小蝴蝶和小蜗牛都成为很好的朋友了!回家后家长还可以在音乐中加入有高低区分的其他内容与宝宝进行模仿游戏,巩固宝宝对高低音的感知。例如模仿在树上摘果子和在地下拔萝卜等。)

家长对宝宝的表现给予表扬和鼓励。

活动指导:

在音乐律动《高高低低》中,教师要注意在动作示范时将动作的高、低对比充分呈现出来,宝宝在模仿动作的同时才能更好地感知音乐的高低变化。在音乐游戏"蝴蝶与蜗牛"环节,有条件的话还可以给两组昆虫配备一些服饰道具,如"蝴蝶翅膀"或"蜗牛壳"等,情境的营造能让宝宝对活动更感兴趣。

2. 19—24个月

> **音乐游戏《骑着我的小白马》**

$1 = F$ $\frac{4}{4}$

0 5	1 1 3 3 5 6 5 3	4 4 2 2 7 0 5
我 骑	着 我 的 小 白 马 踢 踏 踢 踏 踢 踏,	我

1 1 3 3 5 6 5 3	2 2 4 4 5 0 5
跑 过 原 野 跳 过 栅 栏	又 去 小 河 边, 踢

3 1 5 4 3 1 5 3	2 5 6 7 1 2 3 5
踏 踢 踏 踢 踏 踢 踏 跑	过 原 野 跳 栅 栏, 踢

4 2 5 4 3 1 5 3	2 5 6 7 1 — :||
踏 踢 踏 踢 踏 踢 踏, 又	去 了 小 河 边。

活动目标:

1. 能初步跟随音乐节奏做"拉缰绳""骑马""马儿跑"等动作。
2. 能配合家长一起玩音乐游戏。

活动价值:

19—24个月的宝宝已经能连续跑3~4米了,并且他们开始能根据音乐节奏做动作。音乐游戏《骑着我的小白马》轻松有趣,互动性强,"缰绳"道具的加入让游戏情境更加丰富。宝宝在游戏中能感受活泼的音乐节奏,能锻炼小跑的动作与手臂的动作,并且能增进亲子之间的互动。

活动过程:

1. 示范互动:热身

(语言指导:宝贝们,今天老师要带大家去骑马哦,我们先一起来练习一下骑马的动作吧!)

家长带着宝宝围圈坐下。

教师依次示范"拉缰绳""骑马"和"马儿跑"的动作,家长与宝宝进行模仿。

"拉缰绳"动作:宝宝面对家长,坐于家长大腿上。宝宝与家长共同拉住缰绳,跟随节奏上下抖动。

"骑马"动作:家长双膝跟随节奏上下颤动。

"马儿跑"动作:宝宝与家长站起来,跟随老师一起绕圈小跑。

2. 亲子游戏

(语言指导:宝贝们,我们现在要正式开始骑马啦!)

教师播放音乐。音乐第一遍时做"拉缰绳"动作,第二遍做"骑马"动作,第三遍做"马儿跑"动作。可重复玩1～2遍。

3. 活动结束与延伸

(语言指导:宝贝们和家长们表现真棒,大家都是骑马健将了! 回家后家长还可以加入"甩马鞭"等动作到音乐中与宝宝继续游戏!)

家长对宝宝的表现给予表扬与鼓励。

活动指导:

在音乐游戏《骑着我的小白马》中,家长与教师要尽量营造出一种愉快轻松的氛围。在做"马儿跑"的动作时注意观察宝宝奔跑的速度,引导宝宝跟随音乐节奏,同时防止宝宝摔倒,或与其他宝宝发生碰撞。

音乐游戏《大象和小鸟》

活动目标:

1. 能初步感知高、低音的变化,并跟随变化做"大象走"和"小鸟飞"的动作。

2. 能与家长进行角色扮演游戏。

3. 对"大象"与"小鸟"的形象特点更加了解。

活动价值:

19—24个月的宝宝会自如地向前走、向后走,喜欢模仿大人的动作,且能按指示完成简单的任务。音乐游戏《大象和小鸟》情境感强,动作简单有趣,适合19—24个月的宝宝学习。宝宝在模仿"大象走"和"小鸟飞"动作的同时,能初步感知音乐的高、低变化,亲子互动的游戏环节还能增进亲子感情。

活动过程:

1. 示范互动

(1) 情境导入,初步练习动作"大象走"

(语言指导:宝贝们,今天老师请来了一位大象朋友,我们一起跟上它,看一看它要去哪玩。)

教师一边示范"大象走"的动作,一边跟随着音乐节奏进行语音提示"大象来了走一走,大象来了走一走"。家长带领宝宝跟在教师身后,并引导宝宝模仿教师的动作。

重复2～3遍。

（2）出示小鸟玩偶，初步练习动作"小鸟飞"

（语言指导：原来大象是要来找它的好朋友小鸟一起玩，我们一起来学一学这只可爱的小鸟吧！）

教师一边示范"小鸟飞"的动作，一边跟随着音乐节奏进行语音提示"小鸟飞呀，小鸟飞呀，小鸟飞呀飞"。家长引导宝宝模仿教师的动作。重复2～3遍。

家长带着宝宝围圈坐下。

（3）感知音乐第二、三、四段

（语言指导：大象和小鸟玩起了快乐的游戏，宝贝们，我们也一起加入吧！）

教师分别演示"大象走"和"小鸟飞"的动作，并根据音乐节奏，在"大象走"时进行语音提示"走一走，走一走"；在"小鸟飞"时进行语音提示"飞呀飞呀飞呀飞"。

家长引导宝宝模仿教师的动作。

2. 亲子游戏

（语言指导：宝贝们，现在我们跟爸爸妈妈们一起来玩这个游戏吧！）

首先家长扮演大象，宝宝扮演小鸟。最后一段时，家长将宝宝抱起来转圈。第二轮可以由宝宝扮演大象，家长扮演小鸟。最后一段时家长亲亲宝宝。教师进行适当示范与提醒。可重复玩1～2遍。

3. 活动结束与延伸

（语言指导：大象和小鸟玩得可真开心，大象和小鸟是好朋友了，宝贝们和爸爸妈妈也是好朋友哦！回家后家长还可以加入其他动物继续进行游戏，例如加入"大黑熊和小燕子"。）

家长对宝宝的表现给予表扬和鼓励。

活动指导：

在音乐游戏《大象和小鸟》中，教师示范的两个动作要有"高、低、快、慢"的明显对比，并要引导家长和宝宝注意根据不同段落音乐旋律的高低变化来完成动作。这对初步培养宝宝感知音乐旋律的高低，及感知节奏快慢的变化能起到积极的促进作用。

音乐律动《小鱼游》

一条小鱼水里游，

孤孤单单在发愁；

两条小鱼水里游，

摇摇尾巴点点头；

三条小鱼水里游，

快快乐乐做朋友！

活动目标：

1. 能根据儿歌韵律模仿动作"鱼儿游"和"在发愁"。

2. 能与家长和同伴合作完成动作"摇尾点头"和"做朋友"。

3. 增进人际交往，体会交朋友的乐趣。

活动价值：

19—24 个月的宝宝动作能力发展迅速，他们交际性强，开始与其他小孩共同参与游戏。音乐游戏《小鱼游》以"鱼儿游"为主要游戏动作，并结合单人动作"在发愁"、双人动作"摇尾点头"以及多人动作"做朋友"。该游戏不仅可以促进宝宝运动能力的发展，还能在合拍完成动作的同时感受亲子互动与人际交往的乐趣。

活动过程：

1. 示范互动

(1) 图片导入，初步练习动作"小鱼游"

(语言指导：宝贝们，老师这里有许多小鱼，有红色的、黄色的、灰色的。你们见过小鱼游吗？小鱼儿是怎样游泳的呢？我们跟着小鱼儿一起去游泳吧!)

教师出示各种小鱼图片或头饰，并提出问题，家长引导宝宝模仿小鱼游的动作。

教师播放歌曲《小鱼游》，并示范"小鱼游"的动作，围绕教室转圈。家长带领宝宝跟在老师身后进行模仿。

"小鱼游"——双手掌心合十，指尖向前，左右摆动。

(2) 情境导入，练习动作"在发愁"

(语言指导：小鱼儿游着游着还读起了歌谣，我们听一听它在说什么。)

教师带领宝宝和家长围成圆圈站好，再一边朗读儿歌，一边示范第一段动作。第一段动作为"小鱼游"和"在发愁"。

家长引导宝宝进行模仿。

"在发愁"——伸出双手食指，置于头部两旁绕圈。

(3) 练习动作"摇尾、点头"

(语言指导：小鱼儿正发着愁呢，突然又游来了第二条小鱼，我们看一看它们在做什么。)

教师一边朗读儿歌第二段，一边与助教合作示范动作。第二段动作为"小鱼游"和"摇尾点头"。

家长与宝宝进行合作模仿。

"摇尾、点头"——家长与宝宝手牵手,先左右摆手,再上下点头。

(3)练习动作"做朋友"

(语言指导:两条小鱼儿在一起果然好玩多了!现在又来了第三条小鱼,我们来看一看它们又在玩什么游戏。)

教师一边朗读儿歌第三段,一边引导家长和宝宝共同完成"小鱼游"和"做朋友"的动作。

"做朋友"——所有家长和宝宝手拉手,同时向中间走,并将双手向上举起。

2. 亲子游戏

(语言指导:小鱼儿们玩得真开心!宝贝们,现在我们挑选自己喜欢的小鱼头饰,跟小鱼儿们一起做游戏吧!)

家长引导宝宝挑选自己喜欢的小鱼头饰。完整进行游戏2~3遍。

3. 活动结束与延伸与延伸

(语言指导:小鱼儿们和伙伴们的舞蹈真好看!跟大家在一起玩真开心!回家后家长还可以带着宝宝对这个儿歌进行一些有趣的改编,例如将儿歌中的"小鱼"改成"小虾",家长引导宝宝做"小虾走"的动作进行游戏。)

家长对宝宝的表现给予肯定和鼓励。

活动指导:

在音乐律动《小鱼游》活动中要注意先将每个动作单独进行练习,再进行完整练习,并引导宝宝尽量合上儿歌节奏来做动作。活动中还要提醒家长要与宝宝一起完成动作,家长的示范会让宝宝对动作练习更有兴趣。

三、2—3岁婴幼儿奥尔夫动作训练

(一)2—3岁婴幼儿动作训练方法

2—3岁宝宝的动作水平迅速发展,他们在动作表现中手脚协调、肢体灵活。他们能完成一些简单的动作组合,如蹲下捡起球并高举过肩向前抛出,还能根据指令做简单的操。他们喜欢和同龄的小朋友一起玩耍,并喜欢表现自己。对于该年龄段的宝宝可以采用**"动作表演法"**进行奥尔夫动作训练。

动作表演有音乐律动、幼儿游戏、儿歌舞蹈表演等多种形式的活动。音乐律动能在动作训练的同时加强宝宝的节奏感;幼儿游戏能在动作能力发展的基础上,给宝宝更多与他人互动的机会,并建立初步的规则意识;儿歌舞蹈表演能在边唱边跳中提升宝宝的综合艺术能力,并满足宝宝的表演欲望。

2—3岁婴幼儿集体奥尔夫动作训练活动有示范互动、亲子互动、亲子游戏等环节,主要包括活动的导入、动作的示范、动作的理解与练习,以及动作游戏或表演等内容。在2—3岁儿童集体奥尔夫音乐活动中,首先,可以采用较为丰富的导入方法,如情境法、游戏法、道具法等。由于2—3岁的宝宝已经能回答成人提出的简单问题,所以提问法也是一个不错的导入方式。例如在25—30月龄手指律动《大西瓜》中,教师提问宝宝:"图片上的农民伯伯在干什么呢?"以此激发宝宝的探索欲望。又如在31—36月龄儿歌律动《喜欢颂》中,教师提问宝宝"宝贝们,当你们表示喜欢爸爸妈妈的时候会怎么做呢?"该提问能让宝宝主动思考,积极表达,并能顺势导入活动的主题。其次,宝宝对动作的模仿与学习是先从理解动作所表达的意思,再到运用动作进行游戏或表演的。且动作的学习过程是从对单个动作的模仿与练习,再到完整动作的游戏与表演。因此,示范互动环节教师要先帮助宝宝理解每个动作表达的意思,并分别在情境或游戏中对单个动作进行训练,再完整地进行动作示范,并在游戏或表演中帮助宝宝完整展示。例如25—30月龄儿歌律动《一只哈巴狗》中,教师分别出示与歌词和动作相关的图片,引导宝宝简单描述图片内容,并分句示范儿歌与动作,引导宝贝分句段对动作进行逐一练习。然后在亲子游戏"喂小狗"环节引导家长和宝宝进行完整的表演。再次,亲子互动的环节中的游戏和表演可以更加丰富,且可以加入简单的创造游戏。例如在30—36月龄儿歌舞蹈《走路》活动中,亲子游戏环节可以让宝宝自己决定游戏要去往的"目的地",家长进行适当引导,让宝宝拥有游戏的主动权会使宝宝对游戏活动更投入。又如在25—30月龄手指律动《大西瓜》中,教师示范将最后一句"结出一个大西瓜"改编为"结出一个大苹果",家长引导宝宝将最后一句加入其他的蔬菜、水果名称进行改编,并创编动作,能够激发宝宝的想象力与创造。最后,活动的结束即活动的延伸,教师要对相关家庭活动继续进行简单指导,并对宝宝和家长的表现给予肯定,让宝宝和家长对下一次的活动更加充满期待。2—3岁宝宝的动作训练内容应贴近儿童生活,继续选用模仿性的动作作为活动的主体动作,并适当加入一些安全的表演道具或服饰,增强活动的情境感,进一步提升宝宝的活动兴趣。

(二)2—3岁婴幼儿动作训练案例

1. 25—30个月

手指律动《大西瓜》

毛毛雨,轻轻下,

春娃娃,快长大,

发了芽,开了花,

结出一个大西瓜!

活动目标:

1. 能根据儿歌的韵律与节奏完整手指律动动作。

2. 能与家长共同完成创编游戏。

3. 了解各类蔬菜水果。

活动价值:

25—30个月的宝宝对周围的一切事物和现象都很感兴趣,且他们能重复一些简单的韵律儿歌,还能在游戏时用身体动作表达其他物体。手指律动《大西瓜》歌词贴近生活,动作简单形象。宝宝在合拍完成动作中能发展肢体协调能力,并提高节奏感。在水果创编环节,还能激发宝宝的想象力与创造力。

活动过程:

1. 示范互动

(1) 图片导入,感知儿歌

(语言指导:宝贝们,看一看老师这张图片上的农民伯伯在干什么呢?)

教师出示图片,并示范朗读儿歌《大西瓜》。

家长与宝宝围圈坐下,家长引导宝宝拍手感知儿歌韵律。

(2) 动作示范与初步模仿

(语言指导:原来农民伯伯在种西瓜!农民伯伯把西瓜种子种下去后发生了什么呢?)

教师分句朗读儿歌并示范动作。教师引导宝宝进行动作模仿。

"毛毛雨,轻轻下"——双手手指抖动,由上至下做两遍。

"春娃娃,快长大"——双手向上高举,左右摆动。

"发了芽,开了花"——先双手空心掌合十,再双手掌跟合拢,手掌打开。

"结出一个大西瓜"——双手由上向旁打开。

2. 亲子互动

(1) 亲子练习

(语言指导:现在请宝贝们和家长们也一起来种西瓜吧!)

教师继续完整示范动作2~3遍,家长引导宝宝一起练习。

(2) 亲子合作

(语言指导:哇!宝贝们都会种西瓜了!那老师想看一看,哪位宝宝们和家长们合作种的西瓜最大。)

教师引导家长与宝宝在最后一句"结出一个大西瓜"时,牵手合作表演"大西瓜"的造型。

3. 亲子游戏

(语言指导:宝宝们和家长们都种出了大大的西瓜! 那除了西瓜,你还想种什么水果或蔬菜呢? 快和爸爸妈妈一起试一试吧!)

教师示范将最后一句"结出一个大西瓜"改编为"结出一个大苹果",并做出相应动作。家长引导宝宝将最后一句加入其他的蔬菜、水果名称进行改编。

4. 活动结束与延伸

(语言指导:哇,宝宝们都种出了那么多好吃的蔬菜水果,真不错! 多吃蔬菜水果我们才能营养均衡哦! 回家后家长可以带宝宝多观察一些其他蔬菜水果,并继续带宝宝做创编游戏!)

家长对宝宝的表现给予表扬与肯定。

活动指导:

在手指律动《大西瓜》亲子游戏环节中,家长尽量引导宝宝自己思考还想要结出什么蔬菜水果,并让宝宝自己尝试创编动作。这能激发宝宝的想象力与动作创造能力。

儿歌律动《一只哈巴狗》

1 = F	1	1	1	2	3	–	3	3	3	4	5	–
	一	只	哈	巴	狗,		站	在	大	门	口,	
	一	只	哈	巴	狗,		吃	完	肉	骨	头,	

6	6	5	4	3	–	5	5	2	3	1	–
眼	睛	黑	油	油,		想	吃	肉	骨	头。	
尾	巴	摇	一	摇,		向	我	点	点	头。	

活动目标:

1. 跟随儿歌韵律与节奏完成舞蹈动作。

2. 能与家长共同完成"喂狗狗"的情境游戏。

3. 对小动物更加喜爱。

活动价值:

25—30 个月的宝宝会唱简单的儿歌,能跟节奏做一些动作。儿歌舞蹈《哈巴狗》歌曲简单有趣,贴近生活,且动作形象,表演性强。该活动在提高宝宝的肢体协调性的同时,能增加宝宝对小动物的爱护与喜爱。

活动过程：

1. 示范互动

（1）情境导入，感知儿歌

（语言指导：宝贝们，今天我们要去认识一位有趣的小动物，大家快坐上老师的火车，跟着老师一起去看一看吧。）

教师一边"开火车"去寻找小动物，一边演唱儿歌2～3遍。家长与宝宝跟在教师身后，家长引导宝宝初步感知儿歌。

（2）图片引导，学习动作

（语言指导：原来是一只可爱的小狗啊，我们来看一看它在干什么吧！）

教师分别出示图片，引导宝宝简单描述图片内容，并分句示范儿歌与动作，每句重复2～3次。家长引导宝宝进行模仿。

"一只哈巴狗"——双手置于双耳边，双手四指上下摆动。

"站在大门口"——双手爪型手，提腕，屈肘放于胸前。

"眼睛黑油油"——双手大拇指与食指相触，其他手指伸直，放于双眼前绕圈。

"想吃肉骨头"——双手屈肘于胸前，指尖朝上，五指指抓拢打开重复2次。

"吃完肉骨头"——同"想吃肉骨头"动作。

"尾巴摇一摇"——双手置于身后，左右摆动4次。

"向我点点头"——点头2次。

2. 亲子游戏：《喂狗狗》

（语言指导：可爱的哈巴狗和大家玩了这么久，真的有点饿了。老师这里有一些食物，请宝贝们和家长们拿去给狗狗吃哦！）

每组家庭可领取一个食物篮，食物篮内装有三根骨头玩具。教师示范喂养狗狗的游戏，即先演唱歌曲第一段，然后给狗狗喂一根骨头，再演唱第二段，重复三次。家长引导宝宝观察，并进行表演游戏。

3. 活动结束与延伸

（语言指导：宝贝们真棒，小狗狗被大家喂得饱饱的了，它对大家说，谢谢大家！在平时的生活中家长要多引导宝宝去观察一些有趣的小动物，并尝试让宝宝们对这些动物进行模仿。）

家长对宝宝的表现给予表扬和鼓励。

活动指导：

在儿歌律动《哈巴狗》初步学习动作的环节中，教师与家长可以尽量引导宝宝根据图片内容先自己思考动作，然后教师再进行讲解与示范。多给宝宝留一些机会和时间进行观察与思考,他们会带来意想不到的惊喜。

律动游戏《小手爬》

1 = C 2/4

1	1 2	3	3 4	5	5 6	5	-	5	5 6
爬	呀	爬	呀	爬	呀	爬		一	爬

7	7 6	1	1	1	0	1	1 7	6	6 5
爬	到	头	顶	上。		爬	呀	爬	呀

4	4 3	2	-	7	7 6	5 6	5 4	3	2 1	1	-
爬	呀	爬,		一	爬	爬	到	小	脚	上。	

活动目标:

1. 能根据歌词合拍地做小手"爬"的动作,感受、表现旋律的上行、下行。

2. 能创编出其他的上行、下行的动作方式,创造出其他的行动主体及其他的行动起点和终点。

3. 体验亲子游戏的快乐。

活动价值:

25—30个月的宝宝听得懂简单的指令要求,会唱简单的儿歌,能跟节奏做一些动作,他们的想象力和创编力开始慢慢提高。音乐律动《小手爬》歌词简单、旋律活泼、游戏有趣。宝宝在该活动中能发展肢体协调能力,提高想象力与创造力,并增进亲子之间的互动。

活动过程:

1. 示范互动

(1) 游戏导入

(语言指导:宝宝们,今天有一只小螃蟹来我们教室里做客了! 大家看,它举着两个大夹夹就来了!)

教师双手"剪刀手"举于头顶,模仿小螃蟹到宝宝们的身上"爬"。

家长引导宝宝观察教师的动作,并进行初步模仿。

(2) 欣赏歌曲,感知动作

(语言指导:小螃蟹看到大家,它觉得很开心,它还想唱着歌和我们玩游戏呢!)

教师一边示范演唱儿歌,一边用两个手指在自己身上示范"爬行"动作。

家长引导宝宝尝试跟唱儿歌,并模仿动作。

动作指导:双手食指和中指从双脚脚背开始,一拍一拍地轮流贴着腿、身体、脸部往上"爬",一直"爬"到头顶上,正好唱完第一大句。接着,双手从头顶开始,一拍一拍向下"爬",第二大句唱完最后一个字时,正好"爬"到双脚的脚背上。

2. 亲子互动

(1) 亲子游戏

(语言指导:现在老师把宝宝们也变成小螃蟹了,小螃蟹们到爸爸妈妈身上去"爬一爬"吧!)

教师演唱歌曲,宝宝尝试一边演唱歌曲,一边在家长身上进行互动游戏。

(2) 亲子创编

(语言指导:宝贝们,除了"爬"以外,你的小手还会用其他的方法上上下下吗? 快和爸爸妈妈一起想一想、试一试吧!)

教师提出动作创编任务,家长先引导宝宝探索动作,再尝试合拍做动作。

教师播放音乐,每组家庭轮流表演。

动作指导:可创编手交叉轮流上下移动、两手同时跳、两食指交替上下等动作。

(语言指导:哇,宝宝们都想出了新的动作。那么在向上爬时,除了爬到头顶上,还能爬到哪里呢? 向下爬时,除了到达小脚丫,还能到哪里呢? 大家开动脑筋想一想哦!)

家长引导宝宝思考小手爬向的终点与起点,并配合儿歌进行练习。

教师播放音乐,每组家庭轮流表演。

3. 活动结束与延伸

(语言指导:宝贝们真是太棒了! 大家都是会开动脑筋思考问题的聪明宝宝! 回家后,家长还可以在游戏中加入角色想象,可以问宝宝用手扮演的是什么在爬上爬下,继续锻炼宝宝的想象力与创造力。)

家长对宝宝的表现给予表扬和肯定。

活动指导:

音乐律动《小手爬》要求宝宝能根据乐句的长短,有意识地控制"爬"的速度,使得在乐句的最后一个音正好能爬到相应的身体部位。这就需要在前面几轮游戏中,教师或家长用语音进行提示。在创编游戏第二轮中,家长要在宝宝做动作前,先说好"爬"的起点和终点,这样才能使宝宝对自己的动作创编有一个清醒的目的,也才能在亲子表演中避免错误的发生。另外,宝宝们的创编无论恰当与否,家长都要给予鼓励和表演,不要破坏宝宝的创编兴趣。

2. 31—36个月

儿歌律动《喜欢颂》

我喜欢妈妈,亲一亲,

我喜欢爸爸,抱一抱,

我喜欢苹果,咬咬咬,

我喜欢小车,嘀嘀嘀。

活动目标:

1. 能根据儿歌韵律完成律动动作。

2. 能与家长配合完成亲子游戏。

3. 大胆表达自己内心的喜欢。

活动价值:

31—36个月的宝宝手脚更加协调与灵活了,他们能掌握一些简单的手指游戏,并且喜欢跟同伴玩游戏。儿歌律动《喜欢颂》歌词内容简单易懂,动作形象有趣,由律动改编的游戏互动性强。宝宝在愉快的动作训练与游戏中能进一步提高手眼协调能力与合拍完成动作能力,亲子互动环节的亲子游戏还能增进亲子感情。

活动过程:

1. 示范互动

(1) 问题导入,感知儿歌第一、二句

(语言指导:宝贝们,你们喜欢自己的爸爸妈妈吗? 你们会怎样表达对爸爸妈妈的喜欢呢?)

教师提问,家长引导宝宝思考并回答。教师示范朗诵儿歌第一、二句,并示范律动动作,家长引导宝宝进行模仿。重复2～3次。

(2) 图片引导,感知儿歌第三、四句

(语言指导:刚刚宝贝们表达了对爸爸妈妈的爱,现在请大家看一看老师这里还有什?)

教师分别出示苹果和小车的图片,先引导宝宝尝试思考相关动作,再分句朗诵儿歌,示范动作,每句重复2～3次。家长引导宝宝进行模仿。

"我喜欢妈妈,亲一亲"——先双手伸出大拇指屈肘指向自己,再伸出食指轻点脸颊3次。

"我喜欢爸爸,抱一抱"——先双手伸出大拇指屈肘指向自己,再双手手掌交替拍肩3次。

"我喜欢苹果,咬咬咬"——先双手伸出大拇指屈肘指向自己,再双手爪型手分开合拢手指3次。

"我喜欢小车,嘀嘀嘀"——先双手伸出大拇指屈肘指向自己,再将双手伸直向前,左右摆动3次。

2. 亲子互动

(1) 亲子游戏一

(语言指导:宝贝们都学会这首有趣的歌谣了,我们要玩一个有趣的游戏!稍后老师会慢慢加快儿歌的速度,宝宝们和家长们也要加速完成表演哦!)

教师敲鼓念唱儿歌,并慢慢加速。家长引导宝宝跟着教师的速度表演儿歌律动。

(2) 亲子游戏二

(语言指导:宝贝们和家长们的表演真是太棒了!接下来,我们的游戏需要宝宝们和爸爸妈妈们配合完成,宝宝们仔细看哦!)

教师与助教示范互动游戏。即当歌词念到"亲一亲"时,宝宝和家长相互用手指轻点脸颊3次;"抱一抱"时家长与宝宝互相抱抱;"咬咬咬"宝宝与家长相互用手指轻夹对方3下;"嘀嘀嘀"时宝宝与家长用大拇指轻触对方身体3次。

游戏可重复2~3次。

3. 活动结束与延伸

(语言指导:宝宝们和爸爸妈妈们玩得真开心!宝宝要经常对我们喜欢的人和事物表达我们的爱哦!活动结束后,家长还可以引导宝宝对儿歌进行改编,将宝宝喜欢的内容加入儿歌中,并尝试帮助宝宝进行相应动作的创编。)

家长对宝宝的表现给予肯定和表扬。

活动指导:

在儿歌律动《喜欢颂》活动中,首先要耐心、细致地引导宝宝掌握手指律动中各种手型的变化,多给宝宝一些自己探索与练习的时间。其次,要让宝宝在情感上跟儿歌内容产生共鸣,富有感情的肢体动作与律动游戏能让整个活动得到升华。再次,最后的亲子互动除了让家长与宝宝进行互动游戏之外,还可以让宝贝们相互进行游戏,这对提高儿童的社交能力也是很有帮助的。

律动游戏《小动物,叫三声》

眼睛眨一眨,胳膊动一动,

小鸭子,叫三声,嘎嘎嘎。

眼睛眨一眨,胳膊动一动,

小猫咪,叫三声,喵喵喵。

眼睛眨一眨,胳膊动一动,

小老虎,叫三声,嗷嗷嗷。

眼睛眨一眨,胳膊动一动,

小花狗,叫三声,汪汪汪。

眼睛眨一眨,胳膊动一动,

小朋友,叫三声,哈哈哈!

活动目标:

1. 能模仿儿歌中小动物的叫声,并跟随儿歌韵律有节奏地完成律动动作。

2. 能与家长和同伴共同完成互动游戏。

3. 对小动物更加喜欢。

活动价值:

31—36 个月的宝宝能跟随简单的节奏做动作,且他们知道数字代表的数量,并且喜欢跟同龄的小朋友玩游戏。律动游戏《小动物,叫三声》以手臂律动和动物模仿为动作练习元素,对宝宝的模仿能力、节奏感知能力、表演能力的提高均有促进作用。同时,有趣的游戏环节还能提高宝宝的反应能力,并能增进亲子互动与社会性交往。

活动过程:

1. 示范互动

(1) 热身活动,感知儿歌第一句

(语言指导:宝贝们,今天我们要一起来做运动,请大家先跟老师一起来做热身吧!)

教师示范热身动作,家长引导宝宝一起进行模仿。热身动作为儿歌第一句和节奏"×× ×× | ×× ×|"。

"眼睛眨一眨,胳膊动一动"——先双手大拇指与食指相触,置于双眼前转圈 3 次,再将双手屈肘握拳平放于胸前,肘部上下抖动 3 次。

"×× ×× | ×× ×|"——跟节奏拍手 7 次。

(2) 图片引导,模仿动物叫声与动作

(语言指导:有几个小动物也想加入我们的运动中,我们一起来看看它们是谁。)

教师分别出示小鸭、小猫、小老虎、小花狗以及小朋友的图片,先引导宝宝分别模仿这些动物的叫声与动作,再分句朗诵儿歌,示范动作,每句重复 2~3 次。家长引导宝宝进行模仿。

"小鸭子,叫三声,嘎嘎嘎"——先拍手 4 次,再双手上下叠放掌跟靠拢,模仿小鸭开合手掌 3 次。

"小猫咪,叫三声,喵喵喵"——先拍手 4 次,再五指分开置于脸颊两侧,模仿小猫划动双手 3 次。

"小老虎,叫三声,嗷嗷嗷"——先拍手 4 次,再五指分开,手指弯曲,模仿小老虎 3 次。

"小花狗,叫三声,汪汪汪"——先拍手 4 次,再将双手置于耳旁,模仿小花狗上下扇动四指 3 次。

"小朋友,叫三声,哈哈哈"——先拍手 4 次,再伸出双手食指指向脸颊,左右摆头 3 次。

2. 亲子互动

(1) 亲子表演

(语言指导:有这么多可爱的小伙伴都加入了我们的运动,我们邀请爸爸妈妈们也一起参加吧!)

家长与宝宝一起围成圆圈,在行进中完整表演儿歌律动《小动物,叫三声》2~3 遍。

"眼睛眨一眨,胳膊动一动"——一边做手臂动作,一边踏步走。其他动作原地完成。

(2) 亲子游戏

(语言指导:大家都表演得太棒了!现在宝宝们和家长们可以选择自己想要扮演的小动物,然后一起来玩一个有趣的游戏!)

每组家庭选择一种动物形象头饰戴好,进行"动物点名"的游戏。游戏规则为:所有的宝宝和家长继续围圈在行进中一起朗读做动作"眼睛眨一眨,胳膊动一动",第一轮可由教师进行动物点名,如点名"小花狗,叫三声",头戴小花狗头饰的家长与宝宝就要接下一句歌词"汪汪汪"。下一轮游戏时可由扮演小花狗的宝宝来点名。游戏可多次循环。

3. 活动结束与延伸

(语言指导:哇,宝宝们和家长们的反应可真快呢!大家都顺利地完成了点名游戏。回到家我们还可以加入更多小动物的角色,跟家人们一起来玩这个游戏哦!)

家长对宝宝的表现给予表扬与鼓励。

活动指导:

律动游戏《小动物,叫三声》歌词内容虽然简单,但歌词较长,动物形象较多,宝宝在律动活动中可能出现记不住小动物前后顺序的情况。教师可以在活动中反复以图片提示或语言提醒的方式帮助宝宝解决这个困扰,宝宝在多次练习后将会对歌词内容与动作更加熟悉。在亲子游戏中,家长还可以引导宝宝不要只点到自己熟悉的小朋友,还要善于与其他宝宝进行交流与游戏。

儿歌舞蹈《走路》

陈镒康 词

苏勇 王平 曲

1 = C 2/4

风趣地

```
1  3 | 5  3 | 1 1 1 1 | 5  - | 1  6 | 5  3
小  兔  走  路  蹦 蹦 蹦 蹦 跳,     小  鸭  走  路

4 4  4 4 | 2  - | 3  4  5 | 3  4  5 | 6  6 | 6  -
摇呀 摇呀 摇,     小 乌 龟  走  路  慢 吞 吞,   (渐慢)

5  1 | 1 | 3  6 | 5 | 4  3 | 2  1 | 1  -
小  花  猫  走  路  静  悄  悄。   (恢复原速)
```

活动目标:

1. 初步学唱儿歌,并根据儿歌节奏完成舞蹈动作。

2. 能与家长完成一起完成情境游戏。

3. 了解不同动物各自走路的特征。

活动价值:

31—36 个月的宝宝喜欢演唱一些简单的儿童歌曲,并且喜欢边唱边跳,他们喜欢在大家面前表现自己,儿歌舞蹈就是他们常用的表演形式。儿歌《走路》歌词简短易懂,舞蹈动作形象有趣,游戏活动情境感强。在该活动中,宝宝对动作的掌握能力、创造能力以及表演能力都将有所提升。

活动过程:

1. 示范互动

(1) 热身游戏,初步模仿

(语言指导:宝贝们,我们平时在生活中是怎样走路的呢? 那么大家知不知道这些小动物是怎样走路的?)

教师提问"小兔""小鸭""小乌龟"和"小花猫"分别是怎么走路的。家长引导宝宝

分别进行模仿。

(2) 设置情境,分段学习

(语言指导:小朋友们模仿得真像! 这几只可爱的小动物一边走路还一边唱着歌呢,我们一起来学一学吧!)

教师分句示范演唱与舞蹈,家长引导宝宝模仿学习。

"小兔走路,蹦蹦蹦跳"——双手剪刀手置于双耳旁,先原地左右摆头 2 次,再原地小跳 4 次,要求动作活泼。

"小鸭走路,摇呀摇呀摇"——双手按掌置于体旁,先原地扭腰 2 次,再左右脚交替抬脚摆动 4 次,要求动作幅度稍小一些。

"小乌龟走路,慢吞吞"——先双手放于背后,身体慢慢前倾,再原地慢走 2 步,要求动作缓慢。

"小花猫走路,静悄悄"——先双手依次握拳提腕屈肘放于胸前,再抬脚向前走两步,要求落地时脚尖着地。

2. 亲子互动

(1) 情境游戏

(语言指导:宝贝们模仿得真像! 那么这些小动物是要走去哪里呢? 我们一边唱着歌一边去看一看吧!)

教师引导宝宝和家长跟在身后,一边演唱儿歌,一边在行径中完成动作,依次到达目的地"小河边""树林里""高山下"。

动作指导:所有上肢动作不变,下肢分别用相应动物走路的特征动作。

(2) 亲子游戏

(语言指导:哇,这些小动物去到了那么多好看的地方,那宝贝们还想带它们去哪里呢? 宝贝可以和家长带着这些小动物们去到其他地方哦!)

家长引导宝宝思考想要到达的目的地,并与宝宝继续一边演唱儿歌一边行进间完成动作,可走往教室任意地方。一轮表演结束后,教师询问每组家庭去到的目的地。此游戏可循环 2~3 次。

3. 活动结束与延伸

(语言指导:宝贝们带小动物们去到了这么多地方,小动物们开心极了! 它们要对我们的宝贝们和家长们说谢谢! 有机会的话家长还可以带宝宝多去观察一些其他动物行走的特点哦!)

家长对宝宝的表现表示鼓励与表扬。

活动指导:

儿歌舞蹈《走路》中四种动物的特点各有不同,教师与家长在活动中要引导宝宝在歌曲演唱和动作表演时把握每个动物的特点。如小兔活泼,小鸭呆萌,小乌龟缓慢,小花猫轻盈。在亲子游戏中,家长也要尽量让宝宝来思考要去到哪个"目的地",甚至可以引导宝宝与其他家庭一起组团去往"目的地",以提高宝宝的思维能力与社交能力。

儿歌舞蹈《蚂蚁搬豆》

1 = D 2/4   中速

| 1 2 | 3 3 | 2 3 | 5 | 6·5 | 3 6 | 5 | — |

一只 蚂蚁 在洞 口, 看见 一粒 豆,
小小 蚂蚁 想一 想, 想出 好办 法,

| 5 6 | 5 3 | 1 2 | 3 | 5·3 | 2 2 3 | 1 | — |

用力 搬也 搬不 动, 急得 直摇 头。
回洞 请来 好朋 友, 抬着 一起 走。

活动目标:

1. 能初步跟唱儿歌,并根据儿歌节奏完成舞蹈动作。

2. 能与家长和同伴完成情境游戏。

3. 了解一起合作的乐趣与作用。

活动价值:

31—36 个月的宝宝能理解简单的故事情节,他们喜欢演唱一些简单的儿童歌曲,并且喜欢边唱边跳,儿歌舞蹈是他们喜欢的表演形式。儿歌《蚂蚁搬豆》故事情节有趣,舞蹈动作表演性强。宝宝在儿歌舞蹈《蚂蚁搬豆》活动中不仅能提高肢体协调与表演能力,还能在情境表演中明白合作的重要性。

活动过程:

1. 示范互动

(1) 故事导入,欣赏歌曲

(语言指导:宝贝们,今天老师请来了一只可爱的小蚂蚁,大家听一听,小蚂蚁给我们讲了一个什么故事?)

教师拿出小蚂蚁图片,讲述故事并示范演唱儿歌。家长引导宝宝仔细观察与聆听。

故事参考:有一天,蚂蚁窝里没有粮食了。小蚂蚁饿得连说话的力气都没有了。不过有一只勤劳的小蚂蚁,主动去外面找食物了。它东张西望,有点不耐烦了,突然眼前一亮,发现了一颗豆子。它想:这个庞然大物我该怎么搬回家呢? 于是,小蚂蚁飞快地跑回了蚂蚁窝里,气喘吁吁地对小蚂蚁们说:"我发现了一颗大豆子,赶紧出发

去把它搬回家。"大家听了它的话,肚子咕噜咕噜叫得更厉害了。小蚂蚁们急匆匆地来到了豆子旁边。蚂蚁们开始了分工行动,一前一后,一左一右,个个使出了全身力气终于搬起了豆子。它们把美味的豆子搬回了家,幸福地分享了丰盛的晚餐。小蚂蚁们一边分享晚餐,一边还唱起了好听的歌曲!

(2) 设置情境,分段学习

(语言指导:小蚂蚁们真是太棒了,让我们一起来向它们学习吧!)

教师分句示范演唱与舞蹈,家长引导宝宝模仿学习。

"一只蚂蚁在洞口"——双手伸出食指置于头顶,向前迈步走4次;

"找到一粒豆"——双手稍屈肘放于身体两侧,手心相对,并向前碎步跑4拍。

"用尽力气搬不动"——手臂动作不变,原地半蹲再站起一次,两拍一动;

"只是摇摇头"——双手叉腰,摇头4次。

"左思右想好一会儿"——双手伸出食指指向头部两侧,绕圈四拍;

"想出好办法"——先拍手一次,再双手竖起大拇指屈臂于胸前,两拍一动。

"回洞请来好朋友"——左右手依次伸出,向左右两侧各招手一次;

"合力抬着走"——双手握拳屈肘于肩上。

2. 亲子互动

(1) 亲子表演

(语言指导:现在请我们的宝贝们扮演这只出来寻找事物的小蚂蚁,而爸爸妈妈们是大家的蚂蚁伙伴,当宝贝们向爸爸妈妈招手寻求帮助时,家长们就要一起来帮忙搬起"豆子"哦!)

教师引导宝宝和家长进行亲子表演。重复1~2次。

动作指导:动作基本不变,只有最后一句"合力抬着走"时,需要家长和宝宝共同创编抬豆子的办法。

(2) 亲子游戏

(语言指导:小蚂蚁和蚂蚁朋友们都顺利地搬回了好几颗豆子! 接下来我们的游戏要升级咯,我们将选取两位宝宝坐在彩虹伞上扮演豆子宝宝,其他的宝贝和家长继续扮演小蚂蚁,歌曲唱完后大家要合力将这两颗豆子宝宝运回窝里哦!)

教师选取1~2位宝宝扮演"豆子",坐在彩虹伞中央,并引导其他小朋友和家长继续表演儿歌舞蹈。儿歌表演结束后要将彩虹伞上的"豆子"用拖运等方式运送到"窝"里。第二轮游戏时再另换1~2位宝宝扮演"豆子"。

3. 活动结束与延伸

(语言指导:大家一起合作果然力气大,一起合作真开心! 回家后家长也可以邀请宝宝参与一些简单的家庭劳动,让宝宝继续体验与家长共同合作的乐趣哦!)

家长对宝宝的表现进行表扬与鼓励。

活动指导：

儿歌舞蹈《蚂蚁搬豆》活动内容丰富,不仅可以锻炼宝宝的肢体协调,更重要的是能帮助宝宝初步形成合作意识,因此活动中亲子表演环节家长一定要引导宝宝开动脑筋思考"合力抬豆子"的方法有哪些。在亲子游戏环节,也要引导宝宝共同出力拉动彩虹伞上的宝贝,使宝宝在亲身体验中感知合作的乐趣。

家庭音乐训练指导

1. 歌曲《你在哪里》

你在哪里

1 = F 2/4

X X | X 0 | 3 3 5 6 | 5 - | X X | X 0 | 3 3 2 3 | 1 - ‖
嘿 嘿 嘿, 你 在 哪 里? 哈 哈 哈, 我 在 这 里!

玩法一:该游戏适合 4—6 个月婴儿,时间:在婴儿睡醒的时候,可以反复多遍游戏。让婴儿平躺或一个成人抱在腿上,妈妈唱"嘿嘿嘿,你在哪里"时,将头和脸移开躲起来,离开婴儿视线;唱到"哈哈哈"时,妈妈的脸又重新出现,并亲亲婴儿的脸颊。

玩法二:该游戏适合 4—6 个月婴儿,时间:在婴儿睡醒的时候,可以反复多遍游戏。可以将毛茸茸的玩具拿出来,唱"嘿嘿嘿"的时候将玩具藏起来,唱到"我在这里"的时候把它亮出来。

玩法三:动作节奏和语言节奏结合,妈妈用拍手动作唱到"嘿嘿嘿"时藏起来,唱到"哈哈哈"时出来抱抱婴儿。

2. 歌曲《跟我一起拍》

跟我一起拍

1 = C 2/4

1 1 | 5 4 3 | 1 1 2 1 | 5 5 | 1 1 | 5 4 3 | 1 1 2 1 | 1 - ‖
拍 拍 拍 拍 手 跟 我 一 起 拍 呀, 拍 拍 拍 拍 手 跟 我 一 起 拍。

玩法一:家长和宝宝面对面坐在一起,跟着节奏来改变拍手速度。

玩法二:改变歌词,可把歌词换成拍脚、头等,家长和宝宝做动作,根据歌词跟着节奏来改变。

3. 歌曲《坐起来,躺下去》

坐起来,躺下去

1 = F 4/4

| 1 1 2 | 3 1 2 | 3 5 3 5 3 1 2 | 1 1 2 3 1 2 |
坐 起 来, 躺 下 去, 坐 起 来 呀 躺 下 去, 坐 起 来, 躺 下 去,

| 3 5 3 5 2 3 1 | 2 3 1 0 ‖
宝 宝 浑 身 有 力 气, 有 力 气。

玩法一:该游戏适合4—6个月婴儿,时间:在婴儿睡醒吃奶前,游戏可以反复游戏3～5遍。妈妈边唱边拉起婴儿手臂,按音乐的节奏让他坐起来再躺下去,同样让婴儿感受四四拍子的节奏,游戏后抱起宝宝,亲亲宝宝脸蛋。

玩法二:语言节奏,妈妈边朗诵歌词边按节奏做起来或躺下去。游戏后抱起宝宝,亲亲宝宝脸蛋。

4. 歌曲《小猫叫》

小猫叫

1 = E 4/4

| 3 1. 3 1. | 2 2 2 – | 3 1. 3 1. | 2 2 2 – ‖
小 猫 小 猫 喵 喵 喵, 小 猫 小 猫 喵 喵 叫。

玩法一:该游戏适合4—6个月婴儿,时间3～5分钟,让婴儿观看小猫图片,妈妈边唱边只,小猫,可以反复游戏三～五遍。

玩法二:动作节奏,学小猫动作边玩边做。

玩法三:语言节奏,妈妈按节奏朗读歌词,边朗读边做动作。

5. 歌曲《黄瓜》

黄　瓜

1 = D　2/4

5 3 | 2 － | 5 3 | 2 － | 5 5 5 3 1 | 2 4 | 4 － | 3 2 1 ‖

黄瓜绿，　黄瓜长，　黄花开在头顶上，　头顶上。

　　玩法:该游戏适合1—1.5岁儿童,妈妈边唱边做动作,唱到"头顶上"时鼓励儿童自己做动作,也可以用 × × × 的节奏进行拍手或击鼓。游戏后及时表扬儿童。

6. 歌曲《小手爬爬》

小手爬爬

1 = C　2/4

1 1 5 5 | 1 1 5 5 | 6 6 6 6 | 5 － | 5 4 3 4 | 5 － | 5 4 3 2 | 1 － ‖

小手爬爬小手爬爬,爬到头顶上,　摸摸小耳朵,　真呀真快乐。

　　玩法一:该游戏适合1.5—2岁儿童,妈妈边唱边做动作,唱到"摸摸小耳朵"时鼓励儿童自己做动作,摸自己身体部位。

　　玩法二:鼓励儿童创编歌词,问儿童还可以摸哪里? 母子边唱边互动,摸摸妈妈的眼睛、鼻子、嘴巴或摸自己的眼睛、鼻子、嘴巴等,让儿童用手指出来,及时表扬儿童。

　　玩法三:语言节奏,妈妈带儿童按音乐的节奏朗读歌词,边指导儿童找出不同的身体部位。

7. 歌曲《小黑猪》

小黑猪

1 = F　2/4

活泼地

3 3 2 4 | 3 － 1 － | 3 3 2 4 | 3 － － － |

一群小黑猪呀,　翘起大耳朵,

3 3 2 4 | 3 － 1 － | 4 4 3 2 | 1 － ‖

住进新楼房呀,　唱歌咕噜噜。

玩法:该游戏适宜 19—24 个月的儿童,游戏时间:儿童精神状态较高时,时长 5 分钟左右。在唱这首歌曲之前,妈妈可以和宝宝一起用积木搭一座"城堡",还可以用简笔画的形式画几只小猪,剪好之后用回形针别在一根线上,妈妈可以通过线控制小猪的高度,尽量将高度控制在宝宝踮起脚尖就能碰到的地方。宝宝拿到小猪后,把小猪放进和妈妈一起搭建的城堡里,宝宝一边玩,妈妈一边给宝宝唱歌,并引导宝宝根据歌词的内容来操作,鼓励宝宝模仿小猪的叫声,宝宝会对这个既有趣又有一定难度的小游戏乐此不疲。

8. 歌曲《小鸟飞飞》

小鸟飞飞

$1 = {}^{\flat}A$ $\dfrac{2}{4}$

| 5 3 | 1 — | 3 4 | 5 — | 5 3 | 1 — | 3 2 | 1 — ‖ |

小 小 鸟, 飞 呀 飞, 小 小 鸟, 飞 呀 飞。

玩法一:该游戏适合 1.5—2 岁儿童,妈妈边唱边做"鸟儿飞"的动作,鼓励儿童跟着飞。

玩法二:儿童借助道具,手上拿着一只小鸟的玩具,带着小鸟一起飞,家长及时表扬儿童。

9. 歌曲《小小鱼儿游游游》

小小鱼儿游游游

$1 = F$ $\dfrac{2}{4}$

| 1 1 1 3 | 1 1 1 1 | 2 2 2 3 | 4 3 2 | 3 5 5 | 3 5 5 |

小 小 鱼 儿 游 游 游 摇 摇 尾 巴 点 点 头 一 会 上 一 会 下

| 6 6 5 3 | 2 3 1 ‖ |

好 像 快 乐 的 小 朋 友。

玩法一:家长和宝宝面对面坐着,各自拿着一条小鱼(用不干胶做的小鱼)。第 1~4 小节拿着小鱼随音乐节奏和歌词做小鱼游、摇尾巴、点头的动作;第 5~6 小节将小鱼往上游、往下游,让宝宝感受上下空间方位;第 7~8 小节,家长和宝宝的小鱼游到一起亲一亲。音乐结束后,家长抱起宝宝亲一亲。

玩法二:家长和宝宝距离 1.5 米左右面对面站着,双手前伸做小鱼游水的动作。第 1~6 小节,家长和宝宝边随歌词做小鱼游、摇尾巴、点头往上游、往下游的动作,边迎面走去;第 7~8 小节家长和宝宝拥抱,家长抱起宝宝转一圈。

思考与实践

1. 0—3 岁不同年龄段婴幼儿在动作训练相关能力上各有什么发展特点?

2. 0—3 岁不同年龄段婴幼儿动作训练的方式各是什么?

3. 设计一个 0—3 岁婴幼儿奥尔夫动作训练活动。

4. 评价一个 0—3 岁婴幼儿奥尔夫动作训练活动。

第四章

奥尔夫器乐训练

20世纪初,许多音乐教育家思考着音乐教育的改革,他们认为在音乐教育中节奏训练及音准训练是非常重要的,却没有一种较为理想的乐器作为教学媒介。奥尔夫从音乐教育的革新入手,开始尝试解决这个问题。随后奥尔夫乐器的诞生促进了音乐教学的改革和巨大进步,奥尔夫乐器的诞生来源于一个教育原理:人们只有在音乐实践中才能学到音乐。新的教学一改过去以抽象的理性来进行初级音乐教育的陈旧方法,而是采用先感性后理性,从音响开始新教学法,同时,这对于先技术后音乐的教学理念,也是革新。奥尔夫乐器训练并不是把乐器演奏作为教学目的,而是将其作为实现教学和艺术所需的方法和手段。这些无须技巧准备的乐器,为孩子们参与和体验音乐找到了更好的方法。

学习目标

1. 了解奥尔夫器乐训练的内容与意义。
2. 了解0—3岁婴幼儿奥尔夫器乐训练的方法。
3. 掌握0—3岁婴幼儿器乐训练的设计方法及组织方法。

第一节 奥尔夫器乐训练概述

案例导入

两岁的小马趴在窗台边上,窗外下起了倾盆大雨,还雷声阵阵。慢慢地雨小了,小马静静地倾听雨点一滴一滴地敲打着窗户。外面的窗台上、花园里和马路边,全让雨水给淋湿了。小马妈妈便拿出手边的钥匙问小马:"你觉得妈妈钥匙摇晃的声音像刚刚什么的声音啊?"妈妈又拿出一个铁盆,用木棍用力敲了一下,小马立刻说:"打雷了,妈妈。"妈妈接着用家里的米轻轻地洒落在碗里,问小马:"这是不是小雨的声音呢?"当小马在早教中心听到串铃、大鼓、三角铁的时候立刻就问妈妈:"这不是我们听的雨声和雷声呢?"

一、奥尔夫器乐训练的内容

奥尔夫器乐训练的主要内容有器乐伴奏练习和器乐演奏练习。针对0—3岁婴幼儿开展的器乐训练多以探索或游戏的方式进行。

1. 器乐伴奏练习

指为歌曲、乐曲、儿歌、舞蹈等进行伴奏,以达到加强节奏、烘托气氛的器乐练习目的。

2. 器乐演奏练习

指以即兴为精髓,以曲式结构为骨架,以探索不同的音响为目的而进行的一种器乐练习。

由于奥尔夫器乐训练的引入目的是作为人声(嗓音训练)和身体(动作训练)的拓展,而不是以乐器本身的演奏为最终目的,因此奥尔夫器乐演奏并不等同于一般意义上的器乐演奏,它更多的是作为一种音乐学习的辅助。

二、奥尔夫器乐训练的意义

1. 提高活动兴趣与各种能力

0—3岁奥尔夫器乐训练中所用的乐器,大部分是简单易上手的乐器,一般没有过高的技能技巧要求,儿童在敲敲打打和探索拨弄中容易培养出兴趣。同时,奥尔夫器乐训练提倡在游戏中对乐器进行探索和发现,进而充满兴趣地演奏,以此提高专注力、手眼协调能力、基本音乐能力等。

2. 发展良好的个性

奥尔夫说过,音乐教育首先应该是对人的教育。在奥尔夫器乐训练中,儿童要学会控制乐器、管理自己、兼顾他人的音响效果等。这对于培养他们参与社会生活时的自我表现能力,发展他们与人合作及处理人际关系的能力等方面都有一定的促进作用。

三、0—3岁婴幼儿奥尔夫乐器

奥尔夫器乐训练中使用了很多打击乐器。对于儿童来说,打击乐器是他们最容易掌握的乐器类型。根据有无音高,我们将奥尔夫器乐训练中使用的打击乐器分为两大类,即无音高的打击乐器和有音高的打击乐器,其中有音高的打击乐器一般是指音条乐器。

(一) 无音高打击乐器

这类乐器种类很多,有敲击的,有手拍的,还有摇奏的。按照乐器的材质和发音特点,我们可以将其分为以下几类:

1. 皮革类打击乐器

皮革类打击乐器一般是用皮革蒙在筒状的共鸣箱上制成的,又称鼓类,如手鼓、小军鼓等。它们通常靠鼓槌或手敲击引起振动发音,发音特点是声音低沉、浓厚且延续音较长,适合于低声部,在强拍上给人以稳定感。

手鼓

邦戈鼓

2. 木竹类打击乐器

木竹类打击乐器一般是用木头或竹子制成的一定的共鸣腔或块,如响木、击奏棒、双响筒、木鱼、圆弧响板、蛙鸣筒等。它们通常靠敲击或撞击发声,声音特点是干脆、清亮、短促,几乎无延续音。这类乐器适合表现较复杂、速度较快的节奏型,一般用于旋律声部,演奏起来节奏清新、干净利落。

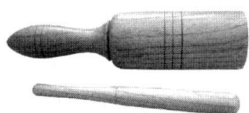

单响筒

双响筒

木鱼

3. 金属类打击乐器

金属类打击乐器是用铜、铁、铝等金属材料制成的形式多样的乐器,如碰铃、三角铁钹、锣等。它们通常靠敲击引起的振动发音。声音特点是清脆明亮、穿透力强、有余音,不适宜在快节奏的曲子中使用,避免混成一片。其中,钹、锣等音量较大,在合奏中需要小心控制,一般作为特色乐器使用。

三角铁

4. 其他常用打击乐器

其他常用打击乐器还有铃鼓、串铃、沙锤,以及一些配合身体动作表演时手腕配戴的手串铃、脚铃、腰铃等。它们大多靠摇晃或抖动引起的振动发音,具有散响的特征,因此又称散响类或混响类乐器。除铃鼓外,这类乐器大多音量较小、声音细碎,演奏时较难控制,适合表现长音节奏,不宜表现太快或太慢的节奏。

串铃

手摇铃

砂蛋

沙锤

（二）音条乐器

奥尔夫音条乐器按材质的不同可分为钟琴、木琴、金属琴、杯琴等。在0—3岁婴幼儿奥尔夫音乐活动中，使用最多的是金属类的音条乐器。

金属琴根据材质不同有钢片琴、铝片琴、铁琴等，由长短不一的金属片固定在一个梯形的共鸣箱上，每根音条上都刻有音名或固定调的唱名，按基本的音阶排列。演奏时，用一副橡皮头的音槌或金属小槌直接敲击音条，音色清澈、悠远，一般有单槌击打或双槌轮击、滚奏、刮奏等奏法。

铝片琴

钢片琴

第二节 0—3岁婴幼儿奥尔夫器乐训练

案例导入

媛媛妈妈常常感到疑惑，怎样引导儿童玩节奏游戏呢？其实，当婴儿一旦能坐立时，就可以让他"演奏"各种"乐器"了。如用小木棒敲击翻过来的桶、锅、盆、陶器以及各种能敲击出悦耳声音的用具；在盒子或可乐空瓶内装进几粒豆子或其他颗粒状物品，这样，宝宝就得到一个能发出"沙沙"声响的"乐器"。可以让宝宝摇摇，听听瓶子里会发出什么声音；还可以装进不同的东西让婴儿摇。又如，把多个装有不同体积水的杯子，让宝宝用汤匙轻轻敲打，听听每个杯子发出的不同音高，鼓励儿童敲出不同的节奏；或摩擦不同材质的东西，如搓玻璃纸、纸袋、塑料袋；或把橡皮筋抻长后放开，就能够发出弦声。有条件的话，可以为儿童购买乐器，然后，将不同乐器发出的声音，排列出和谐的节奏。如先敲定音鼓"咚"两下，随后敲三角铁"叮"一下。这样，就可以有序地敲打出"咚咚叮咚咚叮"的音乐节奏。经常这样训练，能增强宝宝的节奏感。

一、0—1 岁婴幼儿奥尔夫器乐训练

（一）0—1 岁婴幼儿器乐训练方法

宝宝在 0—3 个月时，运动能力发展缓慢，还不能对物体进行抓握，但听觉较灵敏，常常会被有声响的物体所吸引。对于 0—3 个月的宝宝而言，**"倾听感受法"** 能帮助他们初步感知各类奥尔夫乐器的音色。

4 个月以上的宝宝开始能抓握玩具，对能够发出声响的奥尔夫乐器充满探索的兴趣。但由于运动能力、认知能力、语言能力等发展的局限性，他们还不能准确地使用奥尔夫乐器，也无法根据大人的指令进行乐器的演奏。因此，4—12 个月的宝宝可以采用"探索感受法"来进行奥尔夫器乐训练。

宝宝最开始认识这个世界时会通过他的听觉、触觉、视觉等对事物进行探索，以获得新的知识与能力。针对 0—3 岁婴幼儿设计的奥尔夫乐器颜色鲜艳，能引起宝宝的探索欲望与兴趣。同时，宝宝在探索的过程中，不仅能感知各类乐器不同的材质、大小、形状等，还能在无意识的演奏中，感知不同乐器的音色、音量的轻重与节奏的快慢等。

0—1 岁婴幼儿集体奥尔夫器乐训练活动有示范互动、亲子互动、亲子游戏等环节，主要包括活动的导入、感知节奏、乐器探索等内容。0—1 岁婴幼儿的器乐训练要以培养宝宝探索的兴趣为主。首先，在选择乐器时，应选择手摇类乐器为主，并选择宝宝喜欢的颜色，乐器的大小与重量要适合宝宝抓握，且乐器的音量选择较小的，以免音量过大损伤宝宝听力或对宝宝造成惊吓。例如，在 4—6 月龄乐器伴奏欣赏活动《小雨沙沙》中，由于宝宝才初步具备抓握能力，因此，选取了易于抓握的小沙锤作为活动材料给宝宝进行探索。而在 7—9 月龄乐器探索活动《快与慢》中，由于宝宝的抓握能力进一步提高，所以就可以选用铃鼓来给宝宝进行探索了。其次，活动导入环节尽量使用有趣的游戏、道具等吸引宝宝的注意力，使宝宝对活动充满兴趣。例如，在 4—6 月龄乐器伴奏欣赏活动《小雨沙沙》中，教师在活动导入环节使用下雨声的音频，让宝宝感知大自然中的雨声后，再加入沙锤乐器，能初步让宝宝感知下雨声和沙锤音色的相似之处。又如，在 7—9 月龄乐器探索游戏《快与慢》中，教师引导家长抱着宝宝根据音乐的快慢进行走路和小跑，在让宝宝初步感知音乐快慢变化的同时，体会游戏的乐趣，迅速激发宝宝的活动兴趣。再次，活动中要给宝宝留有足够多的乐器探索时间。宝宝在探索中不仅可以发展手眼协调能力，还会对不同乐器的各种音色进行初步的感知。这种音乐感知与记忆会给宝宝今后在乐器演奏中打下基础。最

后,活动结束与延伸时,教师要对相关家庭活动进行简单的延伸,并对宝宝和家长的表现给予肯定,让宝宝和家长对下一次的活动更加充满期待。

(二) 0—1岁婴幼儿器乐训练案例

1. 0—3个月

乐器伴奏欣赏《闪烁的小星星》

1=C 2/4   法国民歌

中速

1 1	5 5	6 6	5 —	4 4	3 3	2 2	1 —
一 闪	一 闪	亮 晶	晶,	满 天	都 是	小 星	星,
太 阳	慢 慢	向 西	沉,	乌 鸦	回 家	一 群	群,

5 5	4 4	3 3	2 —	5 6	4 4	3 3	2 —:
挂 在	天 空	放 光	明,	好 像	千 万	小 眼	睛。
星 星	眨 着	小 眼	睛,	闪 闪	烁 烁	到 天	明。

1 1	5 5	6 6	5 —	4 4	3 3	2 2	1 —
一 闪	一 闪	亮 晶	晶,	满 天	都 是	小 星	星。

活动目标:

1. 初步感知奥尔夫乐器"手摇铃"的音色。
2. 在妈妈优美的歌声与游戏中增加亲子互动。

活动价值:

1—3个月的宝宝喜欢听到妈妈的声音,且他们对新颖的听觉刺激有反应,并能试图找出声音的来源。奥尔夫乐器手摇铃的声音清脆,能恰当地表现星星闪烁的形象。乐器伴奏《闪烁的小星》由家长一边演唱歌曲一边演奏手摇铃,能吸引宝宝的注意力。再加上妈妈温柔的歌声,宝宝能在该活动中感受妈妈的爱,并能通过倾听初步感知音乐节奏与乐器的音色。

活动过程:

在温度适宜、灯光柔和的环境下,让宝宝平躺于床上或者软垫上。

妈妈可以先拿出手摇铃,轻轻地摇动,并对宝宝说:"宝贝,这是手摇铃,它的声音是'叮铃铃'的,是不是很清脆很好听呢?"

接着妈妈一边演唱儿歌一边演奏手摇铃。重复3~4遍。

活动指导：

尽量选择宝宝在睡醒且饱腹的情况下开展活动。在活动中，妈妈的演唱与演奏可以速度缓慢一些，手摇铃的动作也要稍轻柔一点，控制好乐器的音量。妈妈的眼神要时刻关注宝宝，让宝宝充满安全感。另外，如果宝宝对手摇铃表现出很感兴趣的样子，妈妈也可以握住宝宝的小手帮助他握住手摇铃进行初步的探索。

2. 4—6个月

乐器伴奏欣赏《小雨沙沙》

1 = G　2/4

中速

許 竞 词
王天荣 曲

5	3	5	3	1 1 1	1 1 1	5	3
小	雨，	小	雨，	沙 沙 沙，	沙 沙 沙，	种	子，
小	雨，	小	雨，	沙 沙 沙，	沙 沙 沙，	种	子，

5	3	2 2 2	2 2 2	5 3	3
种	子，	在 说 话，	在 说 话，	哎 呀	呀
种	子，	在 说 话，	在 说 话，	哎 呀	呀

5 3 5 6	5	—	5 3	3	2 1 2 3	1	—
雨 水 真	甜，		哎 呀	呀	我 要 发	芽。	
我 要 出	土，		哎 呀	呀	我 要 长	大。	

活动目标：

1. 初步感知奥尔夫乐器"沙锤"的音色。

2. 初步感知儿歌节奏。

3. 增进亲子互动。

活动价值：

4—6个月的宝宝已经能双手抓握玩具了。他们听到好听的歌谣或玩具的声响会高兴得手舞足蹈，且该月龄段得宝宝已经开始有意地舞弄带声响的玩具，使其发出无规律的节奏声响了。乐器伴奏《小雨沙沙》中使用的小沙锤重量、大小都比较适合该月龄的宝宝进行抓握探索，且沙锤的声音与下雨的声音相似，能够形象地表现儿歌歌词的内容。宝宝在该活动中能初步感知乐器的音色与儿歌的节奏，还能增进亲子互动。

活动过程：

1. 示范互动：音频导入，乐器探索

（语言指导：宝贝，听一听这是什么声音？噢，原来是下雨了。小雨是这样唱歌的"沙沙沙，沙沙沙"，宝宝也用我们的小乐器来试一试吧。）

通过雨声的音频，导入小雨的声音"沙沙沙，沙沙沙"，并引导宝宝尝试摇动沙锤，感受沙锤发出的"沙沙"声。

2. 亲子互动：乐器演奏

（语言指导：哇，宝宝真棒，演奏得真好听！小雨真高兴，它还唱起了歌，宝宝仔细听哦！）

家长一边演唱歌曲，一边演奏乐器，重复2～3遍。然后可以尝试握住宝宝的小手，帮助宝宝也跟着歌曲的节奏来进行乐器的演奏，重复2～3遍。

3. 活动结束与延伸

（语言指导：宝贝们的演奏真好听！家长平时要多注意引导宝宝观察、倾听生活中或大自然中的各类声音，对不同声音的感知能为宝宝今后对声音进行模仿或演奏打下基础。）

家长归还乐器，并安抚、表扬宝宝。

活动指导：

在《小雨沙沙》活动中，首先要引导宝宝对乐器进行探索。此时宝宝对乐器的探索基本是无意识的，家长不需要强求宝宝在探索时是否有节奏感，或是否运用了正确的乐器演奏方式。在乐器演奏环节，如果宝宝对家长握住其小手进行节奏感知表现出反感的情绪，请家长一定要及时松开宝宝的小手，让宝宝自由演奏，以免破坏宝宝的活动兴趣。

3. 7—9个月

乐器探索游戏《快与慢》

i i i i　7 7 7 7　6 6 5　|　i i i i　7 7 7 7　6 6 5 5 |

rit

i i i　7 7 7　6 6　7　:‖　i i 3　3 3 2 i　7 2　2 7 6 7 |

i i 2 2　2 i 7 i　2 7 7 7　7　|　i i 3　3 3 2 i　7 2　2 7 6 7 |

i 3　2 i　7　-　|　i i i i　7 7 7 7　6 6 5 5 |

accel

i i i i　7 7 7 7　6 6 5　|　i i i i　7 7 7 7　6 6 5 5 |

rit

i i i i　7 7 7 7　6 6　5　|　5　‖

活动目标:

1. 初步感知音乐的快慢变化。

2. 初步探索并感知手摇铃、沙锤、铃鼓等奥尔夫乐器的音色与演奏方法。

3. 增进亲子互动。

活动价值:

7—9个月的宝宝抓握能力有所提高,对有声响的玩具充满探索欲望。且他们喜欢玩招手欢迎和拍手的游戏。乐器探索游戏《快与慢》音乐选自奥尔夫节奏乐《快与慢》,活动通过动作游戏及乐器探索帮助宝宝初步感知节奏的快慢,在促进宝宝动作发展与节奏能力发展的同时增进亲子互动。

活动过程:

1. 亲子游戏:感知音乐节奏

(语言指导:宝贝,我们一起来跟着音乐玩游戏吧!)

游戏一:家长将宝宝竖抱在怀里,根据音乐节奏的变化进行舞步变化。当音乐节奏慢时,家长抱着宝宝进行缓慢的舞步;当音乐节奏快时,家长抱着宝宝加速小跑。

游戏二:家长与宝宝面对面坐立,家长根据音乐的速度变化,引导宝宝一起做拍手或摆手的动作。

2. 亲子互动:乐器探索与演奏

(1)乐器探索

(语言指导:宝宝,游戏是不是很好玩呀? 现在还有一些新朋友要加入我们的游戏哦!)

教师拿出手摇铃、沙锤、铃鼓等乐器,先让宝宝们自由对这些乐器进行探索,探索的过程中家长要对宝宝进行鼓励,并引导宝宝多换几种乐器试一试。

初步探索后,再请家长引导宝宝挑选一个乐器,教师分别用慢速和快速两种节奏示范乐器的演奏,家长引导宝宝进行探索与模仿。探索的过程中家长要对宝宝进行鼓励,并引导宝宝多换几种乐器试一试。

(2)乐器演奏

(语言指导:我们的乐器朋友们也要跟着音乐来玩刚才的游戏了!)

家长帮助每一位宝宝挑选一个乐器。教师播放音乐,并跟随音乐节奏变化演奏乐器。当音乐慢时,教师也可以一边示范演奏一边提醒宝宝"慢慢摇,慢慢摇";当音乐速度加快时,一边演奏乐器一边提醒宝宝"快快,快快"。

家长引导宝宝进行模仿。

3. 活动结束与延伸

(语言指导:宝宝们和家长们玩得真开心!回家后家长还可以选择其他一些节奏快慢对比明显的音乐,继续与宝宝进行游戏。)

家长归还乐器,并安抚、表扬宝宝。

活动指导:

在乐器探索活动《快与慢》中,根据7—9月龄段宝宝动作能力发展特点,尽量为宝宝选择手摇类的乐器,方便宝宝在节奏加快时也加快演奏乐器的速度。在乐器探索环节,家长可以引导宝宝尝试用不同的速度、力度来探索乐器,并及时给予宝宝鼓励。

4. 10—12个月

乐器伴奏《幸福拍手歌》

1 = F 4/4

美国传统歌曲

愉快地

132

活动目标：

1. 能在家长的引导与帮助下做"拍手"的动作。

2. 探索并感知乐器"小鼓"的音色及演奏方法，能在休止符处演奏小鼓。

3. 能与家长玩"重重敲"与"轻轻敲"的乐器演奏游戏。

活动价值：

10—12 个月的宝宝动作能力进一步发展，他们的触觉定位越来越清晰，喜欢敲敲打打，并有意无意地探索力度的大小与声音的轻重。乐器伴奏《幸福拍手歌》音乐风格活泼，节奏明朗简单，乐器小鼓的加入让游戏更加有趣。宝宝在愉快的音乐中能初步感知音乐的节奏与音乐力度的轻重，还能增进亲子之间的互动。

活动过程：

1. 示范互动：初步感知歌曲与节奏

（语言指导：宝贝们，我们现在要来听一首好听的歌曲哦！）

家长与宝宝围圈坐下。教师示范演唱歌曲《幸福拍手歌》，并在每一句休止符处示范拍手两次。家长引导宝宝进行模仿。重复 3～4 次。

2. 亲子互动：乐器探索与演奏

（1）乐器探索

（语言指导：今天我们还请来了一位有趣的乐器朋友来跟大家做游戏！）

教师拿出小鼓，先示范演奏方法。然后给每组家庭分发小鼓，家长引导宝宝对小鼓的演奏方法进行探索，对小鼓发出的声音进行感知。

（2）乐器演奏

演奏一：（语言指导：我们现在邀请小鼓宝宝一起加入刚才的歌曲中吧！）

教师一边演唱歌曲，一边示范演奏。将刚才拍手的动作改为敲鼓。

家长引导宝宝进行模仿练习。重复 2～3 次。

演奏二：（语言指导：宝贝们和家长们演奏得真不错！现在游戏要升级啦！仔细听一听，老师是怎样唱又是是怎样敲小鼓的？）

教师先将原歌曲歌词改编为"如果感到幸福你就轻轻敲"和"如果感到幸福你就重重敲"，并分别示范演奏。家长引导宝宝进行模仿。

3. 活动结束与延伸

（语言指导：宝宝们真是太棒了，小鼓今天和大家玩得真开心！我们一起拍手送它"回家"吧！生活中家长也可以引导宝宝用拍手的方式或说话的方式感知声音的"轻与重"。）

家长归还乐器，并安抚、表扬宝宝。

活动指导：

在乐器探索活动《幸福拍手歌》中,首先要在音乐感知环节引导宝宝通过拍手动作初步感知音乐节奏,然后在乐器探索环节引导宝宝掌握小鼓正确的演奏方法,且家长此时还可以提醒宝宝关注演奏力度对鼓声的影响与变化。最后,在乐器演奏环节要放慢歌曲演唱的速度,并且教师演唱歌曲的音量也要与歌词改编后的轻重一致,帮助宝宝感知音乐力度。

二、1—2岁婴幼儿奥尔夫器乐训练

(一) 1—2岁婴幼儿器乐训练方法

宝宝在1—2岁时,能听懂简单的指令,他们喜欢模仿,并开始理解和遵从成人发出的简单行为准则。由于运动能力发展迅速,1—2岁的宝宝能较协调地演奏更多的奥尔夫打击乐器了,他们对乐器的探索欲望更加强烈,但还无法准确地进行合拍演奏与合作演奏,大部分时候需要模仿大人的动作。因此,1—2岁宝宝的奥尔夫器乐训练可采用**"探索模仿法"**。

"探索"仍然是该月龄段宝宝在器乐训练中的主要学习方式。与上个月龄段不同的是,此时宝宝的探索行为是在成人的引导下,有意识地对奥尔夫乐器的音色、演奏方法等进行探索。同时,在探索的基础上,宝宝开始模仿成人用奥尔夫乐器进行简单的演奏。

1—2岁婴幼儿集体奥尔夫器乐训练活动有示范互动、亲子互动、亲子游戏等环节,主要包括活动的导入、节奏的感知、乐器的探索与模仿演奏等内容。首先,根据1—2岁儿童身心发展特点,导入环节可以用游戏法、道具法、情境法等活动方法。例如,在19—24月龄乐器演奏活动《开始与停止》中,教师用"123,木头人"的游戏导入活动,迅速激发了宝宝的活动兴趣,吸引了宝宝的注意力。其次,节奏感知的途径是通过动作表达。根据活动内容的不同,通过动作进行节奏感知的方法也要灵活多变。例如13—18月龄乐器伴奏活动《两只小鸟》,乐器伴奏所选的内容是儿童歌曲《两只小鸟》,教师可以通过带领宝宝初步跟唱儿歌及简单的"拍手"来感知音乐节奏。又如13—18月龄乐器伴奏活动《敲锣打鼓放鞭炮》中,由于选取的是纯乐曲作为演奏的内容,且乐曲风格热闹喜庆,因此教师通过加入"鞭炮""红绸""红花"等道具,配合简单的律动动作,帮助宝宝在动作中感知节奏。再次,节奏感知之后是乐器探索。要给宝宝留有足够多的乐器探索时间,好让宝宝对乐器的音色、使用方法等进行充分的探索。在 19—24 月龄宝宝的乐器探索环节,还可以尝试让宝宝根据乐器音色对乐器进行分类或配器。然后,乐器演奏的环节中要设计多形式的亲子互动活动。家长加入演奏不仅能为宝宝提供亲身示范,提高宝宝的演奏兴趣,同时还能帮助宝宝分担一些相对稍难掌握的节奏,为宝宝的演奏减轻难度。例如,在 19—24 月龄段乐器演奏活动《小鱼游水》中,亲子演奏环节,由宝宝扮演小鱼,用"小鱼游"的节奏演奏音条琴,而家长扮演捕鱼者,用"抓小鱼"的节奏演奏小鼓。这样的演奏方式既有趣又帮助宝宝解决了活动中的困难。最后,在活动结束前,还要培养宝宝将乐器归还的好习惯。活动的结束即家庭延伸活动的开始,教师要根据本次活动内容为家长介绍家庭中继续训练的方法。在这个环节,家长还要对宝宝和家长的表现给予肯定,让宝宝和家长对下一次的活动更加充满期待。

总之,在 1—2 岁宝宝奥尔夫器乐训练中,要以游戏化、趣味性、多探索、多互动为主要活动原则。同时,为 1—2 岁宝宝选择的奥尔夫乐器可以多样化,不同的乐器能刺激宝宝不同的感官。在 1—2 岁宝宝的奥尔夫器乐训练中,尽量选择宝宝熟悉的歌曲或乐曲进行演奏活动,且演奏时以稳定节奏为主,节奏不宜过多变化,以免难度太大破坏宝宝的学习兴趣。在乐器演奏中还要注意宝宝乐器使用的安全,避免宝宝被乐器所伤。

(二)1—2 岁婴幼儿器乐训练案例

1. 13—18 个月

乐器伴奏《两只小鸟》

$1 = {}^\sharp C$ $\dfrac{2}{4}$

美国儿童游戏
林大春 改编

(4 46 22 | 3235 123 | 454 32 | 1 -) | 1 2 | 3. 4 | 33 22 | 1 -
　　　　　　　　　　　　　　　　　　两 只　小　鸟 坐在 小树 上,

3 4 | 5. 6 | 5 5 4 4 | 3 - | 5 5 56 | 5 - | 5 5 56 | 5 -
它 叫　丁 丁,它叫 东　东,　丁丁 飞走 了,　东东 飞走 了,

5 5 35 5 | 44 2 11 | (4 46 22 | 3235 123 | 454 32 | 1 -) |
回来 吧丁丁, 回来吧 东东。

活动目标:

1. 能在歌词"丁丁"和"东东"处做拍手的动作。

2. 探索并感知乐器碰铃和木鱼的音色及演奏方法,并在歌词唱到"丁丁"和"东东"处时进行演奏。

3. 能与同伴进行合作演奏。

活动价值:

13—18个月的宝宝能听懂简单的指令,会模仿一些简单的动作,理解简单的因果关系。乐器伴奏《两只小鸟》儿歌简单,游戏有趣,奥尔夫乐器碰铃和木鱼的加入,让活动内容更加具有吸引力。宝宝在该活动中能初步尝试跟同伴进行角色游戏,并能感知合作演奏的乐趣。

活动过程:

1. 示范互动:初步感知歌曲与节奏

(1) 图片导入,感知歌曲

(语言指导:宝贝们,今天老师请来了两位小伙伴,它们是两只小鸟,一只叫丁丁,一只叫东东。我们来听一听它们在玩什么游戏吧!)

家长与宝宝围圈坐下。教师示范演唱歌曲《小鸟》,并在每次唱到"丁丁"或"东东"时都拍手一次。重复演唱2~3遍。

(2) 角色游戏,感知节奏

(语言指导:原来丁丁和东东在玩捉迷藏的游戏呢! 我们也和它们一起玩吧!)

教师将宝宝分成两组,一组宝宝扮演丁丁,一组宝宝扮演东东。当唱到"丁丁飞走了"或"东东飞走了"时,教师引导相应角色的宝宝躲到家长身后。当唱到"丁丁回来吧"或"东东回来吧"时,相应角色的宝宝回到原来的位置。

家长与教师共同演唱歌曲。

游戏可重复2~3次。

2. 亲子互动:乐器探索与演奏

(1) 乐器探索

(语言指导:老师现在要施展魔法,把"丁丁"和"东东"变成有趣的乐器宝宝!)

教师"变"出奥尔夫乐器碰铃和木鱼,家长引导宝宝进行探索,包括乐器的使用方法、乐器的声音等。

(2) 乐器演奏

教师先为两组角色的宝宝分别分发乐器,扮演"丁丁"的宝宝分发碰铃,扮演"东东"的宝宝分发木鱼。

教师与助教配合示范演奏。歌曲每唱到的"丁丁"都敲击一次碰铃,每唱到"东东"就敲击一次木鱼。

教师一边唱歌,一边指挥宝宝和家长共同进行演奏。

重复演奏2~3次后,可让两组宝宝交换角色与乐器,再演奏2~3次。

3. 活动结束与延伸

(语言指导:宝宝们真是太棒了,丁丁和东东今天和大家玩得真开心! 现在让我们一起拍手送它们"回家"吧! 生活中还要很多其他能敲响的物品也非常有趣,例如奶粉罐、硬纸盒等,回家后家长也可以让宝宝们探索一下这些物品的声音,并用它们来进行演奏哦!)

教师一边演唱歌曲,一边带着小篮子去收回宝宝的乐器。家长引导宝宝跟着歌曲拍手并对宝宝的表现进行鼓励。

活动指导:

在乐器伴奏活动《两只小鸟》中,由于小鸟的形象是较轻盈的,因此要尽量选择音色较尖细的奥尔夫乐器。活动中教师还要注意在角色游戏环节,应多次反复让宝宝熟悉自己角色的节奏,为接下来的乐器伴奏打下基础。

乐器伴奏《敲锣打鼓放鞭炮》

1 = C 2/4

汪爱丽 曲

活动目标:

1. 能跟随音乐节奏进行简单的律动动作,并能使用道具进行简单的舞蹈。
2. 探索并感知奥尔夫乐器手摇铃、小鼓、钹的音色及使用方法。
3. 能跟随音乐与家长进行演奏活动。

活动价值:

13—18个月的宝宝会独立行走,喜欢模仿一些简单的动作或游戏,他们对一切新鲜的事情都充满探索欲望,在成人的帮助下他们还会模仿拍出简单的节奏。乐器伴奏活动《敲锣打鼓放鞭炮》音乐喜庆热闹,游戏内容丰富有趣,手摇铃、小鼓、钹等打击乐器的加入让活动更加充满乐趣。宝宝在该活动中能发展动作能力,以及初步感知随拍演奏乐器,并能在集体的表演活动中体验合作表演的乐趣。

活动过程：

1. 示范互动：音乐感知与表演

（1）情境导入，感知音乐

（语言指导：宝贝们听，这首乐曲是不是很热闹、很喜庆呀？这么喜庆的音乐预示着一定发生了令人高兴的事情，让我们跟着音乐一起舞蹈吧！）

教师播放音乐《敲锣打鼓放鞭炮》，并引导宝宝与家长跟随音乐进行舞蹈。教师可示范拍手、挥手、踏步、转圈等动作。

（2）出示道具，初步表演

（语言指导：宝贝们，看一看老师今天给大家带来了什么有趣的东西！）

教师出示道具"鞭炮""红绸""红花"。家长引导宝宝对道具进行探索。然后每组家庭选择一种道具。教师播放音乐，家长与宝宝围圈，在行进中使用道具进行舞蹈。1～2遍后可交换道具继续舞蹈。

2. 亲子互动：乐器探索与演奏

（1）乐器探索

（语言指导：宝贝们，看大家玩得这么开心，现在还有几个乐器宝宝也想加入我们的队伍，来看看它们是谁？）

教师出示手摇铃、小鼓、钹等乐器，家长引导宝宝进行探索，包括乐器的使用方法、乐器的声音等。

（2）乐器演奏

每组家庭挑选一种打击乐器。教师播放音乐，家长与宝宝围圈，在行进中使用乐器进行演奏。1～2遍后可互相交换乐器继续演奏。

3. 活动结束与延伸

（语言指导：宝宝们和家长们的演奏让整个音乐更加热闹有趣了！现在请宝宝们将乐器放回到老师这里来，我们和乐器宝宝都休息一会吧！我们今天演奏活动所用的音乐名字叫《敲锣打鼓放鞭炮》，是一首极具中国民族音乐风格的乐曲，家长可以多给宝宝播放一些这种风格的曲子，让宝宝从小就能感知我们民族音乐的魅力！）

家长引导宝宝将乐器归还到教师指定位置，并鼓励表扬宝宝。

活动指导：

乐器伴奏《敲锣打鼓放鞭炮》没有固定的表演节奏，宝宝可以根据自己的能力以及意愿进行任意节奏的动作表演或乐器演奏。该活动中使用的乐器演奏方法各有不同，因此，乐器探索环节的时间可以稍长一些，家长与教师在探索过程中可以给予宝宝一定的帮助。

2. 19—24个月

乐器演奏《开始和停止》

1 = G　2/4

(1̲ 5̣̲ 1̲ 5̣̲ | 1̲ 5̣̲ 1̲ 5̣̲) ‖: 3̲ 2̲ 1̲ 2̲ | 3̲ 2̲ 1̲ 2̲ | 3̲ 2̲ 3̲ 6̲ |

5̲ 5̲ 3 | 4̲ 3̲ 2̲ 3̲ | 4̲ 3̲ 2̲ 3̲ | 4̲ 3̲ 4̲ 2̲̇ | 1̲̇ 1̲̇ 6 |

5̲ 6̲ 5̲ 6̲ | [1. 5̲ 6̲ 5̲ 6̲ | 5̲ 0̲ 0 | 0̲ 0̲ 0 | 0̲ 0̲ 0 | 0̲ 0̲ 0 :‖

[2. 5̲ 6̲ 5̲ #4̲5̲ | 6̲ 5̲ #4̲5̲ | 6̲ 5̲ 6̲ 5̲ | 5̲ 0̲ 0 | 0̲ 0̲ 0 | 0̲ 0̲ 0 |

0̲ 0̲ ‖: 2̲ 2̲ 1 | 5̲ 5̲ 1̇ | 2̲ 2̲ 1 | 5̲ 5̲ 1̇ | 2̲ 2̲ 1̲ 7̣̲ |

2̲ 2̲ 1̲ 7̣̲6̣̲ | 5̲ 0̲ 0 | 0̲ 0̲ 0 | 0̲ 0̲ 0 | 0̲ 0̲ 0 :‖: 3̲ 2̲ 1̲ 2̲ |

3̲ 2̲ 1̲ 2̲ | 3̲ 2̲ 3̲ 6̲ | 5̲ 5̲ 3 | 4̲ 3̲ 2̲ 3̲ | 4̲ 3̲ 2̲ 3̲ | 4̲ 3̲ 4̲ 2̲̇ |

1̲̇ 1̲̇ 6 | 5̲ 6̲ 5̲ 6̲ | [1. 5̲ 6̲ 5̲ 6̲ | 5̲ 0̲ 0 | 0̲ 0̲ 0 | 0̲ 0̲ 0 | 0̲ 0̲ 0 :‖

[2. 5̲ 6̲ 5̲ #4̲5̲ | 6̲ 5̲ #4̲5̲ | 6̲ 5̲ 6̲ 5̲ | 5̲ 0̲ 0 | 0̲ 0̲ 0 | 0̲ 0̲ 0 |

0̲ 0̲ | 5̲ 5̲ 5 | 5 − | 5̲ 5̲ 1 ‖

活动目标:

1. 能根据音乐用简单的动作玩游戏。

2. 探索并感知小鼓、手摇铃、圆舞板、沙锤、铃鼓等乐器的音色及使用方法。

3. 能用打击乐器与家长共同进行演奏游戏。

活动价值:

19—24个月的宝宝已经能自如地向前走、向后走,他们能按指示完成简单的任务和游戏,他们开始能用动作模仿成人简单的节奏,并且他们对各种乐器都充满兴趣。乐器演奏《开始与停止》音乐节奏活泼,游戏选自"123,木头人",好玩有趣,乐器演奏简单,适合19—24个月的宝宝进行活动。该活动中能促进宝宝肢体协调,并训练宝宝在乐器演奏中的自我掌控力,活动还能增进亲子互动。

活动过程:

1. 示范互动:音乐感知与游戏

(1) 游戏导入,激发兴趣

(语言指导:宝贝们,今天我们要一起来玩"123,木头人"的游戏哦!)

教师宣布"123,木头人"的游戏规则,并组织家长和宝宝一起玩游戏。游戏可反复进行3~4轮。

(游戏语言指导:123,木头人,不许说话不许动,不许走路不许笑!)

(2) 亲子游戏,感知音乐

(语言指导:现在我们的游戏要升级了,老师不再读刚才的儿歌了,我们现在要由一首好听的音乐来指挥我们玩这个游戏哦!)

教师宣布新的游戏规则:听音乐做游戏。当音乐响起时,根据音乐节奏模仿教师说出的动作;当音乐停止时,身体动作也要立刻静止,保持姿势不动。以此循环。

家长引导宝宝根据音乐以及教师的动作提示完成游戏。

动作指导:在音乐响起时,教师可要求宝宝跟随音乐节奏做"拍手""招手""踏步""扭腰"等动作。注意每次只提出一个动作要求。

2. 亲子互动:乐器探索与演奏

(1) 乐器探索

(语言指导:哇,宝贝们真不错,都能控制住自己的身体。接下来游戏要继续升级啦! 我们要加入乐器宝宝一起来游戏!)

教师出示小鼓、手摇铃、圆舞板、沙锤、铃鼓等乐器,家长引导宝宝进行探索,包括乐器的使用方法、乐器的声音等。

(2) 乐器演奏游戏

每位宝宝和家长都挑选一种打击乐器。教师播放音乐,家长与宝宝按刚才的游戏规则,在行径中使用乐器进行游戏。

1~2遍后可互相交换乐器继续游戏。

3. 活动结束与延伸

(语言指导:宝宝们和家长们都表现得真棒! 现在我们要在游戏中请乐器宝宝回去休息了,我们跟乐器宝宝说再见吧! 回家后家长也可以在我们传统的"123,木头人"游戏中,加入打击乐器来进行游戏哦!)

家长引导宝宝将乐器归还到教师指定位置。家长对宝宝的表现给予表扬和鼓励。

活动指导:

乐器演奏《开始和停止》活动中,最重要的是要让宝宝在初次游戏中逐步控制自己的身体动作。因此,在初次跟音乐进行动作游戏时,教师要用示范引导宝宝注意音乐停止即动作停止,家长也可以给予宝宝一定的帮助,这样才能在乐器演奏时较好地掌握和控制演奏乐器的动作,也能让宝宝初步感知到简单的合作演奏。

乐器演奏《小鱼游水》

1=D 2/4

5 6 5 4 | 3 4 5 | 2 3 4 | 3 4 5 | 5 6 5 4 | 3 4 5 | 2　5 |
许多小鱼 游来了, 游来了 游来了,许多小鱼 游来了,快　快

3 1. | 2 3 4 | 3 4 5 | 2 3 4 | 3 4 5 | 5 6 5 4 | 3 4 5 |
捉 住 游来 了 游来了,游来 了 游来了,许多 小鱼 游来了

2　5 | 3 1. :‖
快　快 捉 住。

活动目标:

1. 能根据音乐做"小鱼游"的动作,并与家长玩"捉小鱼"的游戏。

2. 探索并感知音条琴和小鼓两种乐器的音色与使用方法。

3. 能用打击乐器与家长玩"捉小鱼"的游戏。

活动价值:

19—24个月的宝宝肢体更加协调,且能根据指令完成简单的游戏。乐器演奏《小鱼游水》歌曲歌词简单,曲调优美,活动游戏有趣,互动性强。奥尔夫乐器音条琴和小鼓的加入,让整个活动更加丰富。宝宝在该活动中能发展歌唱能力与动作能力,在乐器演奏过程中还能初步培养合作意识,并增进亲子之间的互动。

活动过程:

1. 示范互动:音乐感知与游戏

(1) 游戏导入,初步学习动作

(语言指导:宝贝们,你们知道小鱼是怎样游泳的吗?我们一起来学一学!)

教师提出问题,家长引导宝宝尝试进行初步模仿。

教师一边演唱歌曲《小鱼游水》,一边示范"小鱼游"的动作。家长引导宝宝进行模仿。重复2~3遍。

"小鱼游"——双手掌心合十,指尖向前,左右摆动。

(2)亲子游戏,感知音乐

(语言指导:小鱼宝贝们游得可真好,现在我们要和爸爸妈妈们一起来玩一个游戏了!爸爸妈妈们要变成渔夫来抓我们啦!)

教师宣布游戏规则:宝宝一边唱歌一边做"小鱼游"的动作,当唱到歌词最后一句"快快捉住"时,家长双手去抓宝宝的手,宝宝要迅速躲避。以此循环。

教师引导宝宝与家长进行游戏。重复2~3遍。

每唱到"游来了"的歌词时,宝宝就摆动一次双手;当唱到"捉住"二字时,家长去抓握宝宝的小手。

2. 亲子互动:乐器探索与演奏

(1)乐器探索

(语言指导:哇,小鱼儿们真机灵,都躲避了渔夫的捕捉!现在我们请出乐器宝宝一起来跟我们做游戏吧!)

教师出示音条琴和小鼓两种乐器,家长先引导宝宝进行探索,包括乐器的使用方法、乐器的声音等。

然后教师询问宝宝,哪种乐器适合扮演小鱼,哪种乐器适合扮演渔夫捕鱼。家长引导宝宝进行思考并回答。

教师宣布正确答案。

(2)乐器演奏游戏

宝宝继续扮演小鱼,领取乐器音条琴,用刚才"小鱼游"动作的节奏来演奏乐器。家长扮演渔夫,并领取乐器小鼓,用"抓小鱼"动作的节奏演奏乐器。

教师播放音乐,家长与宝宝进行乐器演奏。1~2遍后宝宝与家长可以互相交换乐器继续游戏。

3. 活动结束与延伸

(语言指导:宝宝们和家长们都表现得非常棒!现在我们要在游戏中请乐器宝宝回去休息了,我们跟乐器宝宝说再见吧!回家后家长们还可以一边引导宝宝唱儿歌,一边演奏简单的乐器,在不知不觉中,宝宝的节奏感以及对乐器的掌控能力都会越来越好!)

家长引导宝宝将乐器归还到教师指定位置。家长鼓励表扬宝宝。

活动指导:

乐器演奏《小鱼游水》活动中,教师演唱歌曲的速度要放慢一些,且根据"鱼游"

"流水""捕鱼"的情境动作要点,还可以给宝宝提供其他的奥尔夫乐器进行探索和演奏,例如用手摇铃表示"鱼游",用圆舞板表示"捕鱼"。在乐器挑选环节,如果宝宝希望选择小鼓来表示"鱼游",家长和教师可以先询问宝宝的选择理由,并尊重宝宝的选择。

三、2—3 岁婴幼儿奥尔夫器乐训练

(一) 2—3 岁婴幼儿器乐训练方法

2—3 岁宝宝在运动、语言、认知、情感与社会性等各方面发展迅速,他们肢体灵活,手脚协调,喜欢动手操作,如搭积木、绘画等。他们也喜欢和同伴玩游戏,并能关注到他人的情感,对于音乐节奏的感知与掌握能力也有所提升。因此,针对该年龄段的宝宝,可以采用**"游戏操作法"**进行奥尔夫器乐训练。

奥尔夫乐器的演奏需要在反复操作的基础上才能融入音乐的节奏中,而与他人进行合作演奏时,更要注意在关注自己的同时学会关注他人。这种反复的操作往往会显得枯燥无味,但游戏法的加入能让乐器的操作更具趣味性。游戏法是儿童最喜欢的学习方法之一。奥尔夫乐器的作用不是为了培养儿童的乐器演奏能力,而是为了帮助儿童在掌握基本音乐能力的同时身心得到全面发展。

2—3 岁婴幼儿集体奥尔夫乐器训练活动有示范互动、亲子互动、亲子游戏等环节,主要包括活动的导入、节奏的感知、乐器的探索与演奏等内容。首先,在 2—3 岁儿童集体奥尔夫音乐活动中,可以采用情境法、游戏法等趣味性较浓的方法激发宝宝的活动兴趣。例如,在 31—36 月龄乐器演奏《小青蛙找家》活动中,教师设置了"帮小青蛙找到家"的情境游戏,能迅速吸引宝宝的注意力。又如,在 31—36 月龄乐器演奏《高人矮人》中,教师在导入环节使用有趣的动作模仿游戏,增加宝宝的活动热情。其次,节奏感知是乐器演奏的基础。2—3 岁宝宝已经能掌握简单的节奏型了,但帮助宝宝理解音乐中的节奏还需使用符合其年龄段的教学方法,而不能像成人在音乐学习中一样,枯燥乏味地反复拍打节奏型。例如,在 30—36 月龄乐器演奏活动《鞋匠之舞》中,教师在情境游戏中使用"粘粘粘粘,钉,钉"和"粘粘粘粘粘粘粘粘,钉钉钉钉钉钉钉钉"的语音口令帮助宝宝理解音乐中的节奏,并在动作模仿游戏中训练宝宝对节奏的掌握,为接下来宝宝的乐器演奏打下了基础。又如在 25—30 月龄乐器演奏《沙沙沙》中,教师用"叮叮叮"和"沙沙沙"两种语音形象和宝宝们做游戏,在游戏中宝宝就自然而然地对节奏"×× ×"进行了感知、理解与练习。再如,在 31—36 月龄乐器演奏活动《高人矮人》中,用形象有趣的图谱帮助宝宝理解音乐节奏,并吸引宝宝注意

力。再次,节奏感知之后是乐器探索。对于经常进行乐器训练的2—3岁宝宝来说,很多常见乐器他们或许已经有了基本的认识,但活动中仍要给宝宝们留有足够多的乐器探索时间。每一次对乐器的探索宝宝都会有新的发现,例如宝宝在探索小鼓的使用方法时,慢慢会发现不仅可以敲打鼓面,还可以敲打鼓边缘;不仅可以重敲,还可以轻敲;不仅可以慢慢敲,还可以快快敲;不仅可以用鼓槌敲,还可以用手掌敲……宝宝会在探索的时间里对乐器有更多更新的认识,他们的创造力和专注力也会得到提高。然后,乐器演奏环节既可以是演奏游戏,也可以是演奏表演。2—3岁的宝宝充满表演欲望,因此教师可以多给宝宝提供与家长或与同伴进行合作表演的机会。例如,在31—36月龄乐器演奏活动《小青蛙找家》的乐器演奏环节中,教师引导宝宝扮演小青蛙,并选取蛙鸣筒根据小青蛙的节奏进行演奏,而家长扮演指路者,并选取碰钟根据节奏进行演奏,丰富了演奏的趣味性,增加了演奏的表演性。最后,在活动结束前,还要培养宝宝将乐器归还的好习惯。活动的结束即活动的延伸,教师要对相关家庭活动继续进行简单指导,并对宝宝和家长的表现给予肯定,让宝宝和家长对下一次的活动更加充满期待。

2—3岁宝宝的器乐训练可以选用简单的歌曲或乐曲进行乐器伴奏、乐器演奏、乐器合奏等多元化的训练形式,演奏的节奏以四分音符、二分音符为主。当然,也可以不选用任何音乐,或不固定任何节奏,让宝宝使用各种乐器进行自由的创造与演奏。例如在25—30月龄乐器演奏《小小指挥家》中,活动未选取任何音乐,在"指挥动作游戏"与"指挥乐器游戏"中,让宝宝充当活动的主人,充分激发宝宝的创造力与专注力,激发宝宝对乐器演奏的强烈兴趣。儿童在敲敲打打中能感受乐器的音色、节奏,在玩玩乐乐中能提高认知能力、手眼协调能力、人际交往能力等。

(二) 2—3岁婴幼儿器乐训练案例

1. 25—30个月

乐器演奏《一二三,木头人》

$1 = D$ $\frac{4}{4}$

| 1 3 5 — | 1 3 5 — | 5 56 5 33 | 2 2 1 — |
一 二 三, 木 头 人, 看 谁 在 那 里 还 动 不 动。

活动目标:

1. 能用"×××|×××|×××|×××"的节奏进行木头人游戏。

2. 探索并感知双响筒、木鱼、小鼓、圆舞板、沙锤、节奏棒、三角铁、碰钟等乐器的音色及使用方法。

3. 能与家长合作进行乐器演奏。

活动价值：

25—30 个月的宝宝能跟着成人进行唱数，能按规则玩简单的游戏，他们喜欢跟着节奏摆动身体，或做一些简单的动作。乐器伴奏活动《一二三，木头人》音乐活泼，歌词有趣，歌曲由木头人游戏改编，能吸引宝宝的活动兴趣。宝宝在活动中能锻炼肢体动作自控力，并初步培养乐器演奏能力，亲子互动环节还能增进亲子感情。

活动过程：

1. 示范互动

（1）游戏导入，初步感知节奏

（语言指导：宝贝们，今天我们要一起来玩"一二三，木头人"的游戏哦！）

教师宣布"一二三，木头人"的游戏规则并进行示范，家长引导宝宝先仔细观察，然后进行游戏。游戏可反复进行 3～4 轮。

游戏规则：当歌曲唱到"一二三，木头人，看谁在那里还动不动"时，宝宝与家长用"×××|×××|×××|×××|"的节奏一边拍手，一边在教师旁边自由走动，当听到教师敲鼓声时则要立刻停下不动。

（2）游戏升级，感知音乐

（语言指导：现在我们的游戏要升级了，老师会在大家拍手的动作那里提出一种动物的造型，宝宝们和家长们要用这个造型继续有节奏地进行游戏，而当鼓声响起时大家仍然要立刻停止哦！）

教师宣布新的游戏规则，并播放音乐。（教师可要求宝宝跟随音乐节奏做"小猫""小鸡""小鸭""小青蛙"等常见动物的动作。注意每次只提出一个动作要求。）

2. 亲子互动：乐器探索与演奏

（1）乐器探索

（语言指导：宝贝们模仿的小动物都顺利地完成了游戏挑战！现在又有新伙伴要加入咯！）

教师出示双响筒、木鱼、小鼓、圆舞板、沙锤、节奏棒、三角铁、碰钟等乐器，家长引导宝宝进行探索，包括乐器的使用方法、乐器的声音等。

（2）乐器演奏

宝宝和家长都可以任意挑选一种乐器。宝宝继续用"×××|×××|×××|×××|"的节奏型在唱词段进行乐器演奏，家长则跟着教师一起用"×× ××|××

✕✕|✕✕ ✕✕|✕✕ ✕✕|"的节奏型在音乐空白处进行乐器演奏。

几轮演奏过后,家长可以引导宝宝与其他儿童或家长进行乐器交换,再继续演奏。

3. 活动结束与延伸

(语言指导:宝宝们和家长们都表现得真棒! 大家玩得真开心! 现在我们请乐器宝宝先回去休息吧! 回家后家长可以尝试让宝宝在音乐空白处使用其他乐器进行演奏游戏哦!)

家长引导宝宝将乐器归还到教师指定位置。家长对宝宝的表现给予肯定和鼓励。

活动指导:

乐器演奏活动《一二三、木头人》中,首先要在游戏环节训练宝宝按游戏规则控制自己的肢体动作,在乐器演奏环节宝宝才能按之前的游戏规则与游戏节奏进行乐器演奏。乐器演奏环节还能培养宝宝合作演奏的能力。如果宝宝对节奏的掌握还不错,可以让宝宝和家长交换演奏的顺序,尝试用"✕✕ ✕✕|✕✕ ✕✕|✕✕ ✕✕|✕✕ ✕✕|"的节奏进行演奏。

乐器演奏《沙沙沙》

活动目标:

1. 能用节奏"✕✕ ✕"进行动作模仿。

2. 探索感知乐器碰铃、三角铁、撞铃、沙锤、砂蛋的音色与演奏方法,并对它们进行分类。

3. 与家长合作进行乐器演奏活动。

活动价值:

25—30个月的宝宝喜欢与同伴共同游戏,且他们能对生活中的各种声音进行节奏模仿。乐器演奏活动《沙沙沙》音乐优美,节奏简单,游戏活动充满趣味性和互动性。宝宝在该活动中能提高肢体协调能力与合拍演奏能力,在互动游戏中还能增进亲子互动与人际交往。

活动过程:

1. 示范互动

(1) 游戏导入,感知节奏

游戏一:

(语言指导:宝贝们,今天老师要和大家玩一个游戏,游戏名字叫"叮叮叮与沙沙沙"。游戏规则是:老师做什么动作,宝贝们和家长们就要模仿老师做出一样的动作哦!)

教师一边用节奏"×× ×"分别演示拍手、拍腿、跺脚、拍肩、扭腰、挥手等动作,一边做动作一边喊口令"叮叮叮",家长与宝宝进行动作模仿并喊口令"沙沙沙"。

游戏二:

(语言指导:看来这个游戏难不倒大家,现在游戏要升级啦!)

教师一边喊口令"哆哆哆,嗦嗦嗦,咪咪咪,啦啦啦",一边继续做上列动作。家长与宝宝进行模仿。

(2)亲子游戏,运用节奏

(语言指导:宝贝们和家长们的模仿能力真棒! 那么宝宝们有没有找到老师刚才这些动作有什么相同的规律呢? 你们也可以和爸爸妈妈相互出题来玩这个游戏哦!)

教师再次示范游戏中的动作,家长引导宝宝观察动作的规律,并找到节奏"×× ×"。

游戏一:教师宣布家长与宝宝互相游戏的游戏一规则,宝宝与家长进行游戏一。

(游戏一规则:先由家长根据节奏"×× ×"做出任意动作,宝宝进行模仿。然后宝宝根据节奏"×× ×"做出任意动作,家长模仿。若所做动作和模仿动作与规定节奏不一致,则动作无效。)

游戏二:教师播放音乐《沙沙沙》,引导家长与宝宝进行游戏二。

(游戏二规则:教师根据音乐节奏示范动作,家长与宝宝进行模仿。)

2. 亲子互动

(1)乐器探索

(语言指导:看大家玩得这么开心,有几样小乐器也想加入我们的游戏中,大家来看看它们是谁?)

教师出示碰铃、三角铁、撞铃、沙锤、砂蛋等乐器,并让宝宝思考,哪些乐器的声音比较像口令"叮叮叮",哪些乐器的声音比较像"沙沙沙"。家长引导宝宝对乐器进行探索,并分类。

(2)乐器演奏游戏

家长选取"叮叮叮"类乐器,宝宝选取"沙沙沙"类乐器。教师播放音乐,家长与宝宝进行乐器演奏。1～2遍后宝宝与家长可以互相交换乐器继续游戏。

3. 活动结束与延伸

(语言指导:宝宝们今天真棒,我们认识了这么多乐器朋友,下次我们还要继续跟它们玩游戏哦,我们和乐器宝宝再见吧! 回家后家长可以用生活物品自制一些简单的打击乐器与宝宝继续进行演奏活动,例如用敲击铁盒代替"叮叮叮"类乐器,用矿泉水瓶里装些沙子代替"沙沙沙"类乐器。)

家长引导宝宝将乐器归还到教师指定位置。家长对宝宝的表现给予肯定和鼓励。

活动指导：

乐器演奏《沙沙沙》活动的训练要点有以下两个。其一，通过动作游戏与乐器演奏帮助宝宝掌握"××　×"的节奏型；其二，引导宝宝将不同音色的乐器进行分类。因此，在活动中要给宝宝提供反复多次动作训练机会，并时刻提醒宝宝按规定节奏完成动作。在乐器探索环节也要多留些时间，引导宝宝将乐器进行正确的分类。

乐器伴奏《小动物郊游》

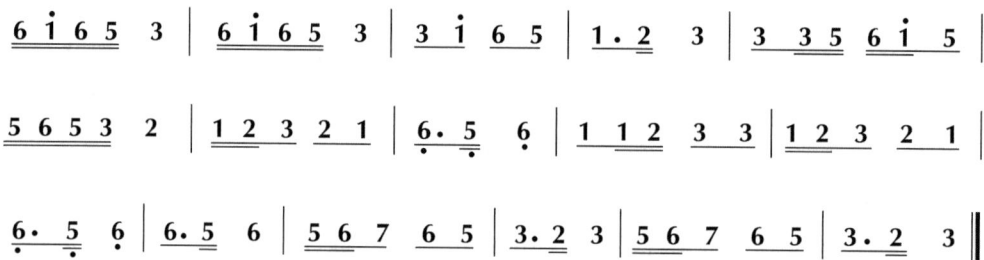

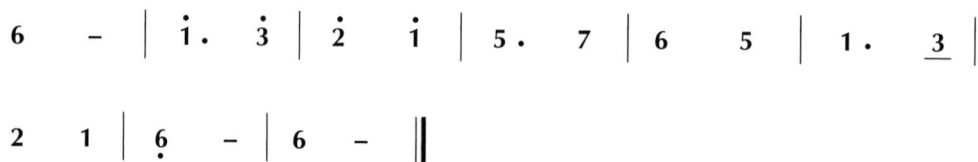

活动目标：

1. 通过反复探索和尝试，掌握各类打击乐器的演奏方法。
2. 能根据音乐的结构、性质，选择合适的乐器和打击方法演奏音乐故事。
3. 能与家长和其他儿童共同合作演奏，并注意倾听和控制自己奏出的声音。

活动价值：

25—30个月的宝宝能听懂简单的故事情节，对周围的一切事物充满探索的欲望，乐器伴奏活动《小动物郊游》内容有趣，探索性强，宝宝在与家长一起对乐器进行探索与选择的同时，能增加观察能力、手眼协调能力，并能增进亲子互动。

活动过程:

1. 示范互动

(1) 乐器探索导入

(语言指导:宝宝们,老师今天带来了一些乐器朋友跟大家做游戏,大家先来认识一下它们吧!)

教师出示各类奥尔夫乐器,家长引导宝宝进行探索。包括探索乐器的音色、演奏方法等,并引导宝宝说出"这个乐器的声音像……"

教师引导每个宝宝挑选一种乐器,并说出自己的乐器像什么。

(2) 故事讲解

(语言指导:现在老师这里还有一个有趣的故事要讲给宝宝们听。)

教师先将乐器收回,然后讲述故事,家长引导宝宝认知聆听。

故事参考:一天清晨,天气特别晴朗,红红的太阳升起来了,金色的阳光洒满大地,小动物们迎着美丽的朝霞,高高兴兴地去郊游!听!小鸟在叽叽喳喳地唱歌,小刺猬在地上不停地打滚儿,小猫在玩儿撑竿跳,小狗在表演单手倒立,小白兔和小灰兔在赛跑……突然,乌云密布,电闪雷鸣,小动物们来不及躲藏,就哗啦哗啦啦啦地下起了倾盆大雨!不一会儿,雨停了,太阳又出来了。小动物们你看看我,我看看你,雨水把大家的衣服都给淋湿了,怎么办呢?小刺猬说:"我来帮你们晾衣服吧!"于是,他把小动物的衣服一件一件地挂在自己身上,并爬到一处太阳晒得到,风儿也吹得到的地方。衣服很快就晾干了,小动物们重新穿上了干爽的衣服,高兴地围着小刺猬说:"谢谢你,小刺猬!我们继续玩游戏吧!"

2. 亲子互动

(1) 乐器探索

(语言指导:宝宝们是不是觉得这个故事很有趣呀!故事里发生了很多事,你们知道吗,这些事都可以用我们刚才探索过的乐器来进行演奏哦!现在让我们再次请出我们的乐器朋友们吧!)

教师再次出示乐器,家长根据刚才的故事内容继续引导宝宝对乐器进行探索。

(2) 教师示范

(语言指导:现在就先由老师用一些乐器为这个故事来伴奏吧!宝宝们仔细看哦,看老师是怎么演奏乐器的。)

教师示范演奏,家长引导宝宝仔细观看。

(3) 亲子演奏

(语言指导:现在请宝宝们和家长们都挑选一种乐器,仔细看老师的指挥,我们要来进行故事演奏会啦!)

　　家长与宝宝各自挑选乐器。教师引导选择同类型乐器的家长与宝宝坐在一起。

　　教师播放音乐,并指挥家长与宝宝进行演奏表演。

　　3. 活动结束与延伸

　　(语言指导:演奏家们真是太棒了,我们给自己一点掌声吧! 回家后家长可以多引导宝宝观察聆听生活中的各种声音,并尝试用打击乐器,或家里能发出声响的物品来进行模仿!)

　　家长引导宝宝将乐器归还到教师指定位置。家长对宝宝的表现给予肯定和鼓励。

　　活动指导:

　　乐器伴奏《小动物郊游》主要培养宝宝对音色的聆听、归类等,且同一种乐器,不同的演奏方式所发出的声音也有所不同,用不同的力度演奏同一种乐器,所发出的声音也不一样。因此,在乐器探索环节,家长要能够全面地引导宝宝对各种乐器进行探索与描述,这是为接下来的故事配器和为故事演奏奠定基础。

　　2. 31—36个月

乐器演奏《小青蛙找家》

　　活动目标:

　　1. 能用"××"和"×× ×"的节奏做青蛙跳的动作。

2. 探索感知乐器蛙鸣筒和碰钟的音色及演奏方法。

3. 能与家长合作进行乐器演奏游戏。

4. 对小青蛙更加了解与喜欢。

活动价值：

31—36个月的宝宝不仅能熟练分辨各种音色，还喜欢用自己的声音或各种乐器的声音模仿各种音色的事物，他们的肢体协调能力进一步提高，合作意识也更加明显。乐器伴奏活动《小青蛙找家》在儿歌学习与动作游戏活动的基础上，能让宝宝熟悉"××"和"×× ×"的节奏型，进而在乐器演奏中与同伴协调进行合作演奏。该活动还能促进家长与宝宝之间的亲子互动。

活动过程：

1. 示范互动

(1) 情境导入，感知歌曲

(语言指导：宝贝们，有一只小青蛙遇到了一点麻烦，它迷路了！幸好遇到了一位热情的指路者，我们一起来听一听，指路者是怎样帮助它是找到家的吧！)

教师模仿小青蛙示范演唱歌曲《小青蛙找家》，家长引导宝宝仔细聆听与观察。歌曲演唱完毕后教师提问，小青蛙在歌曲中是怎样找到家的？家长引导宝宝说出"跳跳，呱呱"与"跳跳跳，呱呱呱"这两个关键的节奏与字词，并带入歌曲进行反复练习。

(2) 亲子游戏，熟悉节奏

(语言指导：宝贝们，现在我们一起去帮助小青蛙找到它的家吧！)

教师宣布游戏规则，家长引导宝宝一起进行游戏。

游戏规则：宝宝扮演小青蛙，每当唱到"呱""呱呱"或"呱呱呱"时，宝宝五指扩开模仿小青蛙原地小跳。家长扮演者指路者，每当唱到"跳跳"或"跳跳跳"时跟着节奏原地小跳。

两轮游戏过后宝宝与家长可以交换角色进行游戏。

2. 亲子互动

(1) 乐器探索

(语言指导：现在我们请出乐器宝宝一起来帮助小青蛙找家吧！)

教师出示奥尔夫乐器蛙鸣筒和碰钟，并让宝宝思考，哪种乐器的声音比较像小青蛙"呱呱"的叫声，哪种乐器像指路者在说"跳跳"。家长引导宝宝对乐器进行探索。

(2) 乐器演奏游戏

宝宝继续扮演小青蛙，并选取蛙鸣筒根据小青蛙的节奏进行演奏。家长扮演指路者,并选取碰钟根据节奏进行演奏。1~2遍后宝宝与家长可以互相交换乐器继续游戏。

3. 活动结束与延伸

(语言指导:小青蛙终于顺利地找到了家,小青蛙想和宝宝们、家长们,还有乐器宝宝们说谢谢大家!现在我们请乐器宝宝回家休息吧!在平时的生活中,家长要多引导宝宝去观察倾听一些小动物的声音,并尝试用打击乐器或自制乐器进行模仿,这能让宝宝对各类音色更加敏感。)

家长引导宝宝将乐器归还到教师指定位置。家长对宝宝的表现给予表扬和鼓励。

活动指导:

乐器演奏活动《小青蛙找家》趣味性浓,但演奏中的配合度要求也很高。在动作游戏环节,一定要反复多次地让宝宝感知并掌握每种角色的节奏,宝宝才能在乐器演奏环节更好地与家长或同伴进行合作演奏。

乐器演奏《高人与矮人》

1 = F　2/4

0　　0　|　0　0 1 3　‖: 5 5 5　5 2 3　|　4 4 4 4　3 1 3　|

5 5 5　5 2 3　|　4 4 4 4　3 1 3　|　2 1 7 6　5 6 6　|　5 1 2 7　1 1 3　|

2 1 7 6　5 6 6　|　5 1 2 7　1 1 3　|　5 5　5 2 3　|　4 4　3 1 3　|

5 5　5 2 3　|　4 4　3 1 3　|　2 1 7 6　5 6 6　|　5 1 2 7　1 1 3　|

2 1 7 6　5 6 6　|　5 1 2 7　1 1 3　:‖

活动目标:

1. 能用节奏"× × × ×"做"高人"和"矮人"的动作。

2. 探索感知打击乐器三角铁、碰钟、音条琴、小鼓、棒棒糖鼓、铃鼓的音色与使用方法,并尝试进行分类。

3. 能与家长合作进行乐器演奏游戏。

活动价值:

31—36个月的宝宝动作灵活,肢体协调,他们喜欢在听音乐时做简单的肢体动作,还能分辨各种乐器的音色。乐器演奏活动《高人和矮人》音乐欢快,高低音特色明显,游戏动作有趣,乐器演奏的节奏简单。宝宝在该活动中能通过游戏让肢体动作更加协调,通过乐器探索与演奏培养观察力,以及与他人的合作能力。

活动过程:

1. 示范互动

(1) 图片导入,动作模仿

(语言指导:宝贝们,今天老师带来了两位小伙伴跟我们一起做游戏,大家来看一看它们是谁吧!)

教师出示"高人""矮人"的图片,引导宝宝用多种动作进行模仿。

(2) 模仿游戏,感知节奏

(语言指导:老师这里有位"高人"和两位"矮人"。现在我们和"高人""矮人"一起玩游戏吧!)

教师出示图谱,并对照图谱喊口令"高人高高高,高人高高高,高人高高高,高人高高高,矮人矮矮矮,高人高高高,矮人矮矮矮"。

然后教师一边喊口令,一边示范动作。家长与宝宝跟在教师身后进行模仿。

"高人高高高"——动作节奏为"× × × ×",可做向上拍手、拍肩、立直踏步、踮脚走等动作。

"矮人矮矮矮"——动作节奏为"× × × ×",可对应高人做向下拍手、拍腿、弯腰踏步、屈膝走等动作。

(3) 亲子游戏,感知音乐

(语言指导:现在请我们的家长扮演"高人",宝宝扮演"矮人",一起来进行游戏吧!)

教师播放音乐,并用图谱引导家长和宝宝完成游戏。"高人"和"矮人"分别可以从刚才的练习动作中任选一个来进行游戏。两轮过后可以尝试让家长和宝宝交换角色。

2. 亲子互动

(1) 乐器探索

(语言指导:"高人"和"矮人"今天还带来了他们的乐器小伙伴跟我们一起做游戏,我们来看看他们都是谁?)

教师出示奥尔夫乐器三角铁、碰钟、音条琴、小鼓、棒棒糖鼓、铃鼓等,并让宝宝思考,哪种乐器是"高人"带来的,哪种乐器是"矮人"带来的。家长引导宝宝对乐器进行探索并分类。

(2) 乐器演奏游戏

家长先扮演"高人",并选取相应乐器。宝宝扮演"矮人",并选取相应乐器。家长与宝宝进行乐器演奏,教师用图谱进行提示指导。1~2遍后宝宝与家长可以互相交换乐器继续游戏。

3. 活动结束与延伸

(语言指导:"高人"和"矮人"今天跟大家玩得真开心!现在他们要带着乐器宝宝一起回家休息了,我们跟他们说再见吧!回家后家长可以用两个铁勺代表"高人",用两个矿泉水瓶代表"矮人",继续与宝宝进行游戏!)

家长引导宝宝将乐器归还到教师指定位置。家长对宝宝的表现给予表扬和鼓励。

活动指导:

乐器演奏活动《高人和矮人》中为宝宝选择的乐器还可以更丰富一些,主要以高音类和低音类为主,对比明显的多种乐器能激发宝宝对事物的观察、探索及思考。活动中"高人"和"矮人"的动作也可由宝宝自己创编,不一定要用教师规定的动作。

乐器演奏《鞋匠之舞》

$1 = F$ $\frac{2}{4}$

活动目标：

1. 能合音乐节奏完成"粘鞋胶"和"钉鞋钉"的修鞋动作。

2. 探索感知打击乐器三角铁、碰钟、音条琴、蛙鸣筒、圆舞板等的音色与演奏方式。

3. 能与家长合作完成乐器演奏游戏。

活动价值：

31—36 个月的宝宝动作模仿能力强，且能跟随简单的节奏做动作，身体动作协调能力也进一步提高。乐器演奏《鞋匠之舞》音乐情境感强，动作有趣，乐器演奏节奏简单。该活动能促进宝宝合拍做动作及合拍演奏能力，并在游戏和演奏中增进亲子之间的互动。

活动过程：

1. 示范互动

（1）情境导入，动作模仿

（语言指导：宝贝们，今天老师请来了一位技术高超的修鞋匠，他要将他高超的修鞋技术传授给宝贝们，我们先来看一看他是怎么修鞋的吧！）

教师出示"布鞋"模型，并演示"粘鞋胶"和"钉鞋钉"的修鞋动作。

家长引导宝宝先观察，再进行模仿。

（2）亲子游戏，感知节奏

（语言指导：现在我们也学着修鞋匠的动作来试一试！）

然后教师喊口令"粘粘粘粘，钉，钉"和"粘粘粘粘粘粘粘粘，钉钉钉钉钉钉钉钉"，并分别示范动作。家长引导宝宝进行模仿。

"粘粘粘粘"——动作节奏为"×× ××"，动作为双手拍手 4 次。

"钉，钉"——动作节奏为"× ×"，动作为双手握拳，敲腿 2 次。

"粘粘粘粘粘粘粘粘"——动作节奏为"×× ×× ×× ××"，动作为双手拍手 8 次。

"钉钉钉钉钉钉钉钉"——动作节奏为"×× ×× ×× ××"，动作为双手握拳，敲腿 8 次。

（3）亲子游戏，感知音乐

（语言指导：哇，宝宝们修鞋的技术真是棒！现在让我们加入一点音乐跟爸爸妈妈们一起合作修鞋吧！）

教师播放音乐，并继续跟随音乐喊口令，引导宝宝与家长进行互动游戏。

首先由宝宝根据音乐完成所有"粘鞋胶"的动作，家长完成"钉鞋钉"的动作。1～

2轮后家长与宝宝交换动作再进行游戏1～2遍。

2. 亲子互动

（1）乐器探索

（语言指导：看大家玩得这么开心，乐器宝宝们也要加入我们的游戏了。）

教师出示奥尔夫乐器三角铁、碰钟、音条琴、蛙鸣筒、圆舞板等，并让宝宝思考，哪些乐器适合用来表示"粘鞋胶"，哪些乐器适合用来表示"钉鞋钉"。家长引导宝宝对乐器进行探索。

（2）乐器演奏游戏

宝宝根据"粘鞋胶"动作的节奏选择乐器进行演奏，家长根据"钉鞋钉"动作的节奏选择乐器进行演奏。1～2遍后宝宝与家长可以互相交换两个动作继续游戏。

3. 活动结束与延伸

（语言指导：今天大家都成为修鞋高手了，真棒！现在我们也要和乐器宝宝们说再见了！生活中还有很多事情或事物都有自己不同的节奏，如下雨声"沙沙沙沙"，打雷声"轰隆——"，家长可以多引导宝宝进行倾听与观察，并寻找合适的乐器进行模仿。）

家长引导宝宝将乐器归还到教师指定位置。家长对宝宝的表现进行鼓励与肯定。

活动指导：

乐器演奏活动《鞋匠之舞》情境感强，教师需要在活动的最开始用"布鞋"道具尽量逼真地演示修鞋的动作，将宝宝带入修鞋情境，才能让宝宝对整个活动始终保持兴趣，并会对自己的角色定位更加准确。在乐器探索环节，没有固定哪种乐器一定适合哪个修鞋动作，宝宝可以根据自己思考与探索的结果自由选择，家长与教师不需要过多干预。

家庭音乐训练指导

1. 动一动，响一响

玩法：该游戏适合0—3个月婴儿，时间2～3分钟，婴儿睡醒后躺在床上，每天玩2～3次为宜。

（1）家长准备一对铃铛分别缝在婴儿的裤脚上、袜子上以及手腕上。

（2）将婴儿放在床上，播放婴儿熟悉的音乐，婴儿手脚舞动时，铃铛会发出"叮当"声。

（3）如果婴儿不动,家长可以提示,故意提动他的手和脚暗示婴儿。

（4）经常将铃铛互换不同的手脚,让婴儿明确不一样的位置发出的声响。

（5）游戏时间不宜过长,一次 2～3 分钟即可,每天玩 2～3 次。

2. 歌曲《叮铃铃》

叮铃铃

1=♭B 3/4

3 5 5 | 3 5 5 | 6. 5 6 | 5 — — | (6. 5 6 | 5 — —)|
叮 铃 铃, 叮 铃 铃, 叮 铃 叮 铃

1 3 3 | 1 3 3 | 5. 1 3 | 2 — — | (5. 1 3 | 2 — —)|
叮 铃 铃, 叮 铃 铃, 叮 铃 叮 铃

1 1 1 | 3 3 3 | 2 2 2 | 5 5 5 ‖ 3. 1 2 | 1 — 0 ‖
叮 铃 铃, 叮 铃 铃, 叮 铃 铃 叮 铃 铃 叮 铃 叮 铃。

玩法一:该玩法适宜 0—6 个月的婴儿,时间:婴儿精力较为充沛时。妈妈或照顾宝宝的其他人,可以在宝宝旁边给宝宝唱这首歌,并注意表达这首歌的欢快之情,让宝宝感受妈妈的音色和铃铛的音色。

玩法二:该玩法适宜 0—6 个月的婴儿,时间:婴儿精力较为充沛时。妈妈可以选用颜色鲜艳或结构简单的铃铛,然后横抱着婴儿,一边唱歌一边摇铃铛。

玩法三:该玩法适宜 5—12 个月的婴儿,时间:婴儿精力较为充沛时。妈妈可以横抱着儿童,然后将颜色鲜艳、结构简单、大小适宜的铃铛放在宝宝的手中,握着宝宝的手一起摇铃铛,还可以鼓励宝宝用自己的方式去抓和弄响铃铛。

3. 歌曲《摇荡鼓》

摇荡鼓

1=♭B 2/4

3 5 5 | 3 5 5 | 4 4 3 2 | 1 2 |
咚 嗒 嗒 咚 嗒 嗒 咚 咚 嗒 嗒 咚 嗒,

3 5 5 | 3 5 5 | 4 4 3 2 | 1 0 ‖
咚 嗒 嗒 咚 嗒 嗒 咚 咚 嗒 嗒 咚。

玩法一:该玩法适宜0—6个月的婴儿,时间:宝宝精力较好时。横抱着婴儿给宝宝唱这首歌,唱歌的时候模仿鼓声,速度可以由慢到快。

玩法二:该玩法适宜0—6个月的婴儿,时间:吃奶后临睡前,婴儿精力较为充沛的时间。妈妈可以选用颜色鲜艳的拨浪鼓,然后横抱着婴儿或把婴儿放在摇篮里,一边唱歌一边摇拨浪鼓,在摇拨浪鼓的同时鼓励宝宝用眼睛跟踪。

玩法三:该玩法适宜0—6个月的婴儿,时间:婴儿精力较为充沛时。妈妈可以横抱着宝宝,然后将颜色鲜艳、大小适宜的拨浪鼓放在宝宝手中,握着宝宝的手一起摇,还可以鼓励宝宝自己玩弄拨浪鼓,使拨浪鼓发出声音。

以上玩法中的拨浪鼓还可以换成其他的乐器或其他能发出声音的物体。

4. 歌曲《小口琴吹支歌》

小口琴吹支歌

1 = F 2/4

5 6 5 4 | 3 3 1 | 2 3 2 1 | 7 7 5 | 1·2 3 4 | 5 - | 4·5 4 3 | 2 - ‖

小口琴呀 口儿多,我用 口琴 吹支歌 Do re mi fa sol fa sol fa mi re

玩法:该游戏适宜0—6个月婴儿。游戏时间:宝宝精神状态较好时。这首歌曲的前四小节可以由妈妈唱给宝宝听,后面四小节可以由妈妈用口琴吹给宝宝听,为了能长时间吸引宝宝,妈妈还可以把小口琴变成小喇叭、木琴、电子琴、钢琴、竖笛等,或者变换乐器的节奏来吹。

5. 歌曲《抬抬头》

抬抬头

1 = C 2/4

5 5 | 5 - | 5 5 | 5 - | 6·5 4 3 | 2 1 | 2 - |

小 宝 宝, 趴 趴 好, 妈 妈 摇 铃 把 你 叫,

6 1 | 2 - | 2 3 | 5 - | X X | X X | 5 3 | 1 0 ‖

抬 起 头, 找 一 找, (白)玩 具 玩 具 在 这 里。

玩法:该游戏适宜7—9个月的婴儿,时间:在宝宝睡醒后。妈妈唱婴儿听,唱到说白"玩具"时,加重语气,并将玩具摇铃摇响,让婴儿抬头听。

6. 歌曲《下雨歌》

下雨歌

1 = F　4/4

| 3 3 2 2 1 0 | 3 3 2 2 1 0 | 3 3 2 2 3 3 2 2 | 3 3 2 2 1 0 ‖

雨水落下来　　雨水落下来，　滴答滴答滴答滴答雨水落下来。

玩法一:该游戏适宜25—36个月的儿童,游戏时间:儿童精力较好时,时长5~10分钟左右。妈妈先把歌曲唱给宝宝听,让宝宝熟悉歌曲。然后和宝宝一起选用打击乐器或者家里能发出声音的东西,演奏雨水的声音。妈妈引导儿童演奏大雨的声音,也可以演奏小雨的声音。

玩法二:该游戏适宜28—36个月的儿童,游戏时间:儿童精神状态好的时候。妈妈可以先让宝宝熟悉铃鼓、三角铁、双响筒、木鱼几种乐器的音色。然后在布后面用这些乐器的声音代表雨滴声,然后请宝宝猜一猜,在神秘的布后面唱歌的是谁? 如果宝宝猜对了,要及时鼓励宝宝。游戏结束结束之后,还可以让宝宝自己玩弄这些打击乐器。

玩法三:该游戏适宜25—36个月的儿童,游戏时间:儿童精神状态好的时候。碰上雨天,爸爸或妈妈可以抱着宝宝一边唱歌,一边引导宝宝听雨滴的声音,这样感受大自然中原始音色的方式是最值得倡导的了。

思考与实践

1. 0—3岁不同年龄段婴幼儿在乐器训练相关能力上各有什么发展特点?

2. 0—3岁不同年龄段婴幼儿乐器训练的方式各是什么?

3. 设计一个0—3岁婴幼儿奥尔夫乐器训练活动。

4. 评价一个0—3岁婴幼儿奥尔夫乐器训练活动。

第五章

奥尔夫综合训练

"综合性"是奥尔夫音乐教育的主要特点之一。奥尔夫音乐教育从人的音乐天性出发，从音乐最起码、最简单的元素出发，但一切又都讲究高度完美的艺术性与综合性，音乐在儿童身上表现出来的自然形态是动作、舞蹈、语言，三者密不可分。奥尔夫音乐教育的主要内容包括嗓音训练、动作训练和器乐训练三个方面，这三个方面的内容是相辅相成的。在具体的音乐训练中，节奏、音色、音乐力度、音乐速度等都是儿童感知与训练的内容，这些内容可以通过综合性较强的音乐游戏、音乐剧等形式，为儿童带来多元的艺术感知与体验。

学习目标

1. 了解奥尔夫综合训练的内容与意义。

2. 了解0—3岁婴幼儿奥尔夫综合训练的方法。

3. 掌握0—3岁婴幼儿综合训练的设计方法及组织方法。

第一节 奥尔夫综合训练概述

案例导入

妈妈与三岁的安安玩小火车游戏，妈妈发"呜"音，右手上举，声音由强到弱，并鼓励安安跟着妈妈也学学火车声。接着妈妈踩脚一拍一下，发出"咔嚓、咔嚓"的声音，由弱到强,再由强到弱。再接着发出"轰隆,隆隆,轰隆,隆隆"的声音,代表火车到处跑起来。最后发出"呜"的声音,表示停车,火车到站啦。游戏重新开始。

一、奥尔夫综合训练的内容

奥尔夫综合训练的主要内容有音色感知与体验、节奏感知与体验、音乐力度感知与体验、音乐速度感知与体验等。主要通过音乐游戏和儿童音乐剧来进行训练。

音色又名音品,它是声音的色彩特性。一般说来,音调的高低决定于发声体振动的频率,响度的大小取决于发声体振动的振幅,而音色的差异则主要取决于发声体在材料、结构上的不同。例如我们通常感觉女高音的声音嘹亮柔美,女中音浑厚温暖,男低音庄重敦实,小提琴纤柔灵巧,大提琴深沉醇厚,这些直观的感觉都反映着声音的色彩特征——音色。日常生活中,我们可以通过音色分辨不同的发声体,也可以运用不同材质和结构的物体发出不同音色的声音。在音乐欣赏与表达中,音色感知能力有着极为重要的意义和作用。欣赏音乐时,听者的欣赏本身就包含着对音色的感知,良好的音色感知能力也显然有助于欣赏者更好地感受音乐;表达音乐时,音色感知能力的高低又直接影响着音乐作品的最终效果。儿童怀着好奇心来到世界上,他们竖着耳朵聆听着大自然和现实生活中丰富多彩的声音,妈妈关爱的话语、鸟叫、蛙鸣、狂风的呼啸、雷鸣、淅沥沥的雨声、汽笛声等无时无处不萦绕着儿童的生活。与此同时,儿童也无时无刻不在运用自己对于音色的感知经验展现他们对于生活的理解,如模仿小鸡、小鸭的叫声,模仿汽车、火车运行的声音。我们处处能看到儿童对各种音色声音的兴趣,音色感知能力的发展必然是 0—3 岁儿童奥尔夫音乐教育应有的内容。

将长短相同或不同的音,按一定的规律组织起来叫作"节奏",节奏是音乐中最重要的表现手段之一。音乐作品中音高固然重要,但它只有和节奏结合起来才能塑造形象,表达情感。节奏包括节拍和速度,前者是指音乐规律性的强弱交替的运动,即拍点的组合,后者是指这种律动的速率。学音乐的人都知道节奏的重要性,在奥尔夫音乐教育体系的课程内容中,"节奏是最基本、最重要的内容。"音乐中各种不同的节奏能表达不同的情绪情感,通常快的节奏是比较令人兴奋的,它和我们激烈运动时的心跳、呼吸相对应,而慢的节奏则使人心态平和,情绪稳定。一般来说,表现激动、兴奋、欢乐、活泼的情绪,是与快速度相配合的;表现阳光明媚、春色满园的大自然风光时则往往和适中的速度相配合;而宏大的颂歌、沉痛的挽歌、深深的回忆等则多与慢速度相配合。

力度是音响强弱的程度,力度变化是重要的音乐表现手段。它可以表达丰富的情感,并造成音乐的对比和发展。一般来说,力度的表现力是相当丰富的,可以说它是一种富有"魔力"的音乐要素。力度越强,音乐越紧张、雄壮;力度越弱,音乐越缓和、委婉。0—3岁儿童要经常倾听音乐,感知音乐力度变化,产生对音响效果的敏感,从而逐渐理解音乐表达的情绪情感,如音乐力度的不同可以表达愤怒呼号、疾风骤雨、雄伟悲壮、奔腾豪放、果敢刚烈等强烈的情感,也可以表达低声倾诉、喃喃细语、安慰爱抚、叹息抽泣、甜蜜幸福等内心的微妙感受,还可以表达空谷回声、黄昏钟鸣、高山流水、小溪潺潺等大自然的奇观美景,甚至阳光、月色、云彩、微风等。

音乐进行的快慢叫速度。在音乐理论中,速度是一个非常重要的音乐元素,它影响了作品的情感与演奏难度,标记音乐速度的记号很多,它是由乐曲的内容、风格而决定的,大致可以分为慢速、中速和快速三类。速度的快慢表达人类不同的情绪、情感状态,所以有人喜欢把速度作为音乐情感表现的重要形式因素。优美、柔和的音乐一般采用中速表现;活泼、欢快、激动的音乐一般采用比较快速或快速来表现;庄重、悲伤、安静、和平的音乐一般采用比较慢速的音乐表现。儿童阶段除了用倾听感知音乐速度以外,还经常用肢体动作去体验音乐速度。

1. 音乐游戏

音乐游戏指在有音乐的伴奏下进行的有一定规则的游戏。其游戏规则简单化,游戏主题儿童化,游戏内容多元化。在游戏中可以加入嗓音、动作、乐器、道具,甚至画笔和彩色颜料,这些元素都可以成为在游戏中感知与体验音乐的媒介。

2. 儿童音乐剧

儿童音乐剧是一种以儿童为受众的舞台艺术形式,结合了歌唱、对白、表演、舞蹈等艺术形式,通过歌曲、台词、音乐、肢体动作、乐器演奏等的紧密结合,把故事情节以及其中所蕴含的情感表现出来。针对0—3岁婴幼儿开展的儿童音乐剧情节较单一,表演内容较简单,且多为亲子音乐剧。

二、奥尔夫综合训练的意义

1. 促进儿童全面发展

奥尔夫综合训练是一种多元素的音乐训练。儿童通过听觉对音乐进行感知,通过嗓音、动作等对音乐进行体验与表达,通过人际交往达到音乐合作,通过思考与想象达到音乐创造。这一系列过程,使得儿童的听力、智力、思维能力、运动能力、语言能力、社会能力等方面得到全面发展。

2. 提高儿童综合艺术素养

艺术素养是人的基本素养之一,它对孩子一生的发展都起着积极的促进作用。奥尔夫音乐综合训练将歌唱、朗诵、舞蹈、律动、乐器、表演等艺术形式相结合,在有趣的游戏与活动中,潜移默化地提高儿童的艺术感知能力、欣赏能力、操作能力,为今后成为新时代优秀的综合性人才打下基础。

第二节　0—3岁婴幼儿奥尔夫综合训练

案例导入

娇娇奶奶不明白,孩子这么小就去接受音乐教育,究竟对孩子今后的发展好什么好处。那么0—3岁儿童接受奥尔夫音乐教育有什么积极作用呢?

丰富多彩的音色、力度、速度、旋律、节奏对儿童的记忆力、想象力、创造力、敏锐力以及听觉、大脑发育、性情养成、思维品质、意志品质等身心各方面的全面发展,开启生命本有的潜能,有着不可估量的作用。乔治·艾略特说过一句话:"如果我能拥有音乐,我别无所求,因为音乐给予我无穷的力量和丰富的思想。有了音乐,生活不用付出艰辛的努力就会变得丰富多彩。"

我们对儿童音乐智力的开发和培养,其目标不在于培养音乐家、演奏家、歌唱家,也不在于对儿童音乐技巧的训练及知识的灌输,而是以音乐为手段,培养其心灵的美感,对音乐的兴趣和欣赏的能力,陶冶其情感,激发智力和创造性,以发挥音乐活动在身心两方面发展的特殊功能。

一、0—1岁婴幼儿奥尔夫综合训练

(一) 0—1岁婴幼儿综合训练方法

0—1岁宝宝处于各方面初步发展的特殊阶段,对于他们而言,奥尔夫综合训练中的音乐游戏是比较适合他们的活动类型。根据各个游戏的不同内容,可以采用前面几章介绍过的"倾听感受法""被动感受法""探索感受法"等活动方法对宝宝进行音乐游戏训练。

0—1岁婴幼儿集体奥尔夫综合活动一般分为示范互动、亲子互动、亲子游戏等步骤，一般有活动导入、音乐感知、亲子音乐游戏等内容。首先，教师要为宝宝和家长营造良好的活动氛围，并用有趣的游戏或玩具进行活动的导入。例如，在7—9月龄音乐游戏《变变变》中，用颜色鲜艳的丝巾来导入活动，能迅速吸引宝宝的注意力。其次，教师在游戏开始前一定要进行详细清晰的示范，并强调游戏中的注意事项。例如，在1—3月龄音乐游戏《小跳蚤》中，教师在示范动作之前，就要提醒家长检查自己的手指甲是否修剪干净，并强调是用手指的指腹部位去抚摸宝宝的身体，这样才能避免活动中出现家长手指划伤宝宝的情况发生。再次，在活动过程中要多设计一些亲子互动的环节，给家长和宝宝提供增进亲子感情的机会。例如，在4—6月龄音乐游戏《交朋友》活动中，教师引导家长抱着宝宝根据音乐的变化进行"小跑"和"停止"的游戏，宝宝在家长的怀抱中充满安全感，同时在音乐游戏中也会感觉非常有趣、开心。最后，活动结束与延伸时，教师要对相关家庭活动进行简单的延伸，并对宝宝和家长的表现给予肯定，让宝宝和家长对下一次的活动更加充满期待。

为0—1岁宝宝选择或设计的音乐游戏要尽量简单、简短，并具有重复性。游戏中的音乐应选择中速、活泼的类型，且播放时音量不要过大。游戏中使用的道具应安全轻便、大小适宜。应选择宝宝在饱腹和睡醒后进行游戏，并在游戏的过程中多关注宝宝情绪变化，适当调整游戏节奏。

（二）0—1岁婴幼儿综合训练案例

1. 0—3个月

音乐游戏《抱一抱》

活动目标：

1. 初步感知音乐优美舒缓的旋律。

2. 增进亲子互动。

活动价值：

0—3个月的宝宝动作能力发展较缓慢，他们喜欢被爱抚、被拥抱，见到经常接触的人会微笑。音乐游戏《抱一抱》音乐优美，节奏明朗，亲子互动性强。宝宝在游戏中能初步感知音乐节奏，感受被妈妈环抱的温暖与快乐，游戏能增强宝宝安全感，并增进亲子感情。

活动过程：

（语言指导：亲爱的宝贝，我们一起来做游戏吧！）

音乐第一小节——以左手为例，左臂弯曲，妈妈将宝宝的头颈部放于妈妈左臂手肘处，右手由前向下用手掌托住宝宝的臀背部，将宝宝向左慢慢推出。

音乐第二小节——将宝宝慢慢向右推出。

音乐第三小节——用左手手掌托住宝宝的头颈部，右手手掌托住宝宝臀背部，将宝宝竖抱。跟随音乐缓慢将宝宝向前推出。

音乐第四小节——将宝宝向后收回。

音乐第五小节——竖抱宝宝，将宝宝头面部放于肩膀上，左手轻拍宝宝背部。

可重复 3～4 遍。

活动指导：

妈妈与宝宝进行音乐游戏《抱一抱》时，尽量选择宝宝在饱腹和情绪饱满时进行。宝宝刚喝完奶时避免做这个游戏，以防宝宝吐奶。游戏中，妈妈的眼神要始终与宝宝对视，要给宝宝足够的安全感，且动作缓慢，不可过快。游戏进行 3～4 遍即可，且不超过 4 遍为好。

音乐游戏《小跳蚤》

1 = C 2/4

1 1	1 1	2 2	2	3 3	3 3	4 4	4
爬 呀	爬 呀	小 跳	蚤，	爬 过	膝 盖	还 有	腰，

5 5	5 6	6 6	6	7 7	7 7	i i	i
爬 到	我 的	肩 膀	上，	爬 上	头 顶	站 得	高。

i i	i i	7 7	7	6 6	6 6	5 5	5
现 在	它 又	往 下	爬，	爬 过	膝 盖	到 腰	下，

4 4	4 4	3 3	3	2 2	2 2	1 1	1
又 到	我 的	膝 盖	上，	最 后	咬 了	小 脚	丫。

活动目标：

1. 初步感知儿歌活泼有趣的特点。

2. 用抚触刺激身体感官发展。

3. 增进亲子互动。

活动价值：

1—3个月的宝宝喜欢看到熟悉的看护者，且他们懂得成人的逗引，会表现出微笑、伸舌头、动嘴巴等行为。音乐游戏《小跳蚤》歌曲旋律活泼，歌词内容有趣，宝宝听到音乐会表现出开心的情绪。加上妈妈的手指在宝宝身上轻轻地做抚触游戏，宝宝能在初步感知美妙音乐的同时体会到愉快的亲子互动。

活动过程：

（语言指导：亲爱的宝贝，妈妈要给你变个魔术！两根手指变呀变，变成跳蚤爬呀爬！我们一起和小跳蚤做游戏吧！）

妈妈边唱儿歌，一边用双手食指与中指的指腹，在宝宝身上轻轻地抚触按摩。

"爬呀爬呀小跳蚤"——从宝宝的小脚开始，顺着小腿往上触摸到宝宝的膝盖下方。

"爬过膝盖还有腰"——先触摸宝宝的膝盖，再由大腿向上触摸宝宝的侧腰部。

"爬到我的肩膀上"——由宝宝体侧慢慢向上触碰双肩。

"爬上头顶站得高"——由宝宝脸颊的两侧向上，避开宝宝囟门，轻轻触碰头上部。

"现在它又往下爬"——由宝宝的脸颊两侧慢慢向下抚触。

"爬到肩膀到腰下"——轻触宝宝肩膀，再迅速由体侧向侧腰抚触。

"又到我的膝盖上"——经大腿前侧慢慢向下，轻轻触摸膝盖。

"最后咬了小脚丫"——顺着小腿向下，轻轻触碰宝宝脚丫。

可重复2～3遍。

活动指导：

妈妈在做该游戏前要先修剪好指甲，避免指甲过长划伤宝宝。并且游戏的过程中始终是用手指的指腹去轻触宝宝的身体，面带微笑，眼神要时刻保持与宝宝的交流与互动。

2. 4—6个月

音乐游戏《交朋友》

活动目标：

1. 初步感知音乐的"开始"与"停止"。
2. 增进亲子互动。

3. 初步感知"交朋友"的乐趣。

活动价值:

4—6 个月的宝宝听到歌谣和摇篮曲会手舞足蹈,且他们喜欢跟大人玩游戏。音乐游戏《交朋友》音乐选择奥尔夫乐曲《开始与停止》。乐曲旋律活泼,节奏明朗,休止段落的静止游戏能让宝宝在好听的音乐中初步感知与他人游戏的乐趣。

活动过程:

1. 示范互动

(语言指导:哇,今天有这么多小宝贝来到这里做游戏,我们先互相打个招呼吧!)

家长带着宝宝围圈坐下。教师引导家长轮流为宝宝做自我介绍。家长先向大家介绍宝宝的名字、性别、月龄等,并握住宝宝的小手与其他宝宝、家长打招呼。

2. 亲子游戏

(语言指导:现在请爸爸妈妈带着宝贝们站起来,在音乐中来玩交朋友的游戏吧!)

教师宣布游戏规则:每当音乐响起时,家长抱着宝宝在教室自由走动或舞蹈;每当音乐停止时,马上要找到另一对家长与宝宝,并互相打招呼问好。以此循环。

家长抱着宝宝进行游戏,并在游戏中握住宝宝小手学习"打招呼"。

3. 活动结束与延伸

(语言指导:宝贝们今天都交到了这么多好朋友,这真是一件高兴的事情! 家长平时在家也可以多播放一些各种类型的音乐给宝宝听哦!)

家长抱着宝宝回到围圈坐立的位置,安抚宝宝,并对宝宝的表现给予鼓励和表扬。

活动指导:

当音乐响起,家长在抱着宝宝进行走动或舞蹈时,动作幅度不要太大,同时在舞蹈的过程中就要开始寻找"目标朋友",这样在音乐停止时才能迅速找到打招呼的对象。且每次打招呼的对象最好不同,让宝宝慢慢熟悉更多面孔。

3. 7—9 个月

音乐游戏《变变变》

活动目标:

1. 初步感知音乐的变化,感知丝巾的材质与颜色。

2. 在游戏中增进亲子互动。

活动价值：

7—9个月的宝宝已经能够独坐自如了，他们喜欢颜色鲜艳的玩具，且他们喜欢和成人玩"躲猫猫"一类的游戏。音乐游戏《变变变》在活泼有趣的音乐中，用一块丝巾与宝宝玩"躲猫猫"的游戏。宝宝在游戏中不仅能锻炼独坐能力，还能在亲子互动游戏中初步感受音乐的节奏。

活动过程：

1. 示范互动

（语言指导：宝贝们，看看这是什么？这是漂亮的丝巾！有红色的、黄色的、绿色的、紫色的，我们一起和漂亮的丝巾玩游戏吧。）

教师先示范将丝巾上下甩动、向上抛出，或将丝巾藏于背后、用丝巾挡住脸等动作。

宝宝与家长面对面坐立。教师给每组家庭分发一条丝巾，并引导家长先让宝宝对丝巾进行探索，然后家长模仿教师上述动作与宝宝初步进行游戏。

2. 亲子游戏

（语言指导：现在让我们在好听的音乐里，跟爸爸妈妈一起拿着丝巾做游戏吧！）

教师播放音乐并示范游戏动作，家长模仿。

音乐第1~8小节——分别向左、右上方挥动丝巾4次。

音乐第9~10小节——将丝巾藏于身后再拿回身前，重复2次。

音乐第11~18小节——重复1~8小节动作。

音乐第19~21小节——用丝巾遮住家长的脸再放下，重复3次。

以此循环。

3. 活动结束与延伸

（语言指导：爸爸妈妈变成的魔术师真棒，宝宝玩得真开心！现在我们让丝巾回来休息一会儿吧！回家后家长还可以将丝巾换成其他的小玩具来跟宝宝玩"变变变"的游戏哦！）

家长将丝巾归还到老师指定位置，并引导宝宝向丝巾挥手再见。

活动指导：

音乐游戏《变变变》改编自传统游戏"躲猫猫"。活动中家长要营造出一种神秘感，表情和肢体动作要尽量夸张，甚至可以用一些有趣的语音来丰富丝巾的"神奇"变化。

4. 10—12个月

音乐游戏《彩虹伞》

杜鹃圆舞曲

约纳森 曲

1=♭B 3/4

```
0  0  3 | 1  0  3 | 1  0  13 | 5  5313 | 2  0  4 |

7  0  2 | 5  0572 | 4  4272 | 1  0  3 | 1  0  3 |

1  0  3 | 5  5313 | 2  0  4 | 7  0  2 | 5  0572 |

4  4272 | 11 2345 | 6  -  - | 6  -  - | 6 #5 6 1 6 |

2 1 7 2 1 6 | 5  3  1 | 0  3  1 | 0  3  1 | 5 #4 6 5 ♮4 3 |

2  754 | 0  754 | 05 72 56 | 76 54 32 | 1  1  5  3 |

0  315 | 0  53  1 | 1 35 1 77 | 6  -  - | 6  -  - | 6 #5 6 1 6 |

2 1 7 2 1 6 | 5  3  1 | 0  3  1 | 0  3  1 | 5 #4 6 5 ♮4 3 | 2  754 |

0  754 | 05 72 56 | 76 54 32 | 1  0  5 | 1  0  0 ‖
```

活动目标：

1. 感知音乐优美、舒缓的旋律。

2. 感知彩虹伞缤纷多彩的颜色。

3. 增进亲子互动与初步的人际交流。

活动价值：

10—12个月的宝宝能自己坐下、站起，他们喜欢颜色鲜艳的物体，且喜欢玩情感交流活动。音乐游戏《彩虹伞》音乐选自《杜鹃圆舞曲》，音乐优美、舒缓，游戏互动性强，彩虹伞道具颜色丰富，能迅速吸引宝宝的注意力。宝宝在该游戏中能感知多彩颜色的变化，能与其他儿童共同在音乐中进行交流，还能与家长或其他宝宝的家长进行互动。

活动过程:

1. 示范互动

(语言指导:宝贝们,听! 优美的音乐响起了! 今天让我们的爸爸妈妈带着我们来跳一支优雅的舞蹈吧。)

教师播放音乐《杜鹃圆舞曲》,并示范舞蹈舞步动作。家长抱着宝宝与教师围圈站好,并模仿教师的舞步。

音乐第1~16小节——向前、向后交替进退步,两拍一动。

音乐第17~32小节——抱着宝宝向右走动。

音乐第33~48小节——抱着宝宝反方向向左走动。

音乐第49~54小节——与宝宝原地交流。

2. 亲子游戏

(语言指导:宝宝们和家长们的舞步真优美! 现在我们要请出我们的"彩虹伞"一起加入舞蹈了!)

教师出示"彩虹伞",家长们分别拉住彩虹伞的边缘,将伞布伸展开。家长先引导宝宝对彩虹伞进行触摸探索,并初步介绍彩虹伞的颜色。

接着家长让宝宝们自由坐在伞下。教师指导家长一起跟随音乐用彩虹伞进行舞蹈。

音乐第1~16小节——分别向上抬高、向下放低彩虹伞,两拍一动。

音乐第17~32小节——拉着彩虹伞向右走动。

音乐第33~48小节——拉着彩虹伞反方向向左走动。

音乐第49~54小节——家长一起钻入伞内蹲下与宝宝交流,再一起回到伞外站立。重复一次。

3. 活动结束与延伸

(语言指导:我们今天跟彩虹伞玩得真开心,现在我们跟它说再见吧! 回家后家长可以多用一些颜色鲜艳的玩具,跟随音乐节奏进行摆动,吸引宝宝注意力,并尝试让宝宝自己初步跟节奏舞动玩具哦!)

教师收回彩虹伞。家长引导宝宝对彩虹伞挥手再见,并对宝宝进行安抚与表扬。

活动指导:

音乐游戏《彩虹伞》中,前面的热身舞蹈能让宝宝和家长对音乐进行初步的感知,尤其是可以让家长对接下来握住彩虹伞进行舞蹈的动作有一个提前的预习。彩虹伞游戏正式进行时,注意第一组动作中,彩虹伞向下时伞尽量不要碰触到宝宝的头部,以防宝宝重心不稳而摔倒。最后一组动作,家长钻入伞内与宝宝互动时,不一定要刚好对着自己的宝宝,家长也可以跟其他宝宝进行互动,帮助宝宝建立初步的人际交往。但如果有个别宝宝出现分离焦虑时,家长要及时更换位置,到自己的宝宝身边进行互动与安抚。

二、1—2 岁婴幼儿奥尔夫综合训练

(一) 1—2 岁婴幼儿综合训练方法

1—2 岁的宝宝已经能独立行走,他们能用语言进行简单的交流,能按简单的指示完成任务,还喜欢模仿成人的动作,并能跟着音乐节奏做动作。他们在动作、语言、认知、社会性以及音乐能力上正发展迅速。该阶段的宝宝在奥尔夫音乐训练时应采用**"模仿、探索"**的学习方式,可以选择奥尔夫音乐游戏对他们进行综合训练,同时还可以让他们适当体验简单的奥尔夫亲子音乐剧。

1—2 岁婴幼儿集体奥尔夫综合音乐游戏训练有示范互动、亲子互动、亲子游戏等环节,主要包括活动的导入、音乐的感知、动作或乐器的模仿与探索,以及游戏表演等内容。首先,根据 1—2 岁儿童身心发展特点,导入环节可以用游戏法、道具法、情境法等活动方法。例如在 13—18 月龄音乐游戏《丝巾舞》中,教师用"变魔术"的情境"变"出活动的主要道具,能迅速吸引宝宝的注意力。其次,要对活动中的音乐、儿歌进行感知才能进行音乐游戏的开展。根据活动内容的不同,感知儿歌或音乐的方法也会有所不同。例如 13—18 月龄音乐游戏《我的身体都会响》中,儿歌歌词里的身体部位比较多,所以可以采用分段游戏的方式将儿歌分为两段分别进行感知。又如 19—24 月龄音乐游戏《赏花》中,歌曲简短,且曲调与歌词重复性强,但歌词内容趣味性不大。为了吸引宝宝对歌曲的学习兴趣,可以利用道具在"魔术"中感知歌曲的旋律与歌词内容。再次,如果游戏中有道具或是乐器,则要对道具或乐器进行充分的探索。例如 13—18 月龄音乐游戏《丝巾舞》,探索环节家长可以引导宝宝对丝巾的颜色、材质、玩法进行探索,为接下来用丝巾进行的游戏打下基础。然后,足够的亲子互动环节是必不可少的。许多音乐游戏中都包含即兴表演的内容,2 岁左右的宝宝对即兴表演还不是特别擅长,家长的加入不仅能为宝宝提供亲身示范,提高宝宝的活动兴趣,同时还能帮助宝宝分担一些相对稍难掌握的部分,为宝宝减轻难度。例如,13—18 月龄音乐游戏《我的身体都会响》中,主要训练宝宝对节奏"× ×"的掌握。教师在最初指认游戏中要适当放慢发出指令的速度,尽量多留一些时间让宝宝探索正确的身体部位,及如何有节奏地说出"在这儿"。而这个过程中,家长尽量多地进行示范说出"在这儿",能让宝宝从模仿到初步掌握,在完整游戏和乐器演奏中灵活运用。

最后,在活动结束前,还要培养宝宝将道具、乐器等进行归还的好习惯。活动的结束即家庭延伸活动的开始,教师要根据本次活动内容为家长介绍家庭中继续训练的方法。在这个环节,家长还要对宝宝和家长的表现给予肯定,让宝宝和家长对下一次的活动更加充满期待。

1—2岁婴幼儿集体奥尔夫综合音乐剧训练有示范互动、亲子互动、亲子游戏等环节,主要包括故事讲述、基本动作与台词学习、互动表演等内容。故事讲述的目的是为了帮助宝宝理解音乐剧的大致内容,故事不必太长,以简短易懂为好。基本动作与台词的学习不可生硬教授,应在故事情境中自然进行。互动表演要包括宝宝与家长之间的互动表演,以及宝宝与其他儿童之间的互动表演。音乐剧中,应根据内容需要配备丰富的服饰、道具,这能帮助宝宝更好地进入情境,寻找角色定位。

由于1—2岁的宝宝身体各方面发展较强于0—1岁的宝宝,因此,为1—2岁宝宝选择或设计的音乐游戏可以相比上阶段稍丰富一些,但仍然遵循简单、重复的原则。在奥尔夫亲子音乐剧活动中,要根据宝宝实际的运动能力、语言能力、认知能力等选择适宜的活动内容,且多以家长或老师表演为主,儿童表演为辅,重在提升儿童的活动参与感和体验感。

(二)1—2岁婴幼儿综合训练案例

1. 13—18个月

音乐游戏《丝巾舞》

```
6  6   6 5 4 | 5  5  5 5 4 3 |  4  4  4 4 3 2 |  1 3 1 3    1 :|
6     6 5 4 | 5   5 4 3 |  4   4 3 2 |  1 3   5 1 3 |
6     6 5 4 | 5   5 4 3 |  4   4 3 2 |  0     0 |
1 3   1    ‖
```

活动目标：

1. 感知音乐优美、活泼的节奏与风格。
2. 探索丝巾，并能用丝巾即兴舞蹈。
3. 能与家长进行互动舞蹈。

活动价值：

13—18个月的宝宝走得稳，能停、能走，也能改变方向。他们能模仿成人的动作，且能遵从简单的规则。音乐游戏《丝巾舞》音乐选择奥尔夫音乐《活泼欢快的音乐》，游戏材料选择颜色丰富、轻柔漂亮的丝巾。宝宝在游戏中跟随音乐用丝巾做出任意动作，初步培养宝宝动作的即兴性，并感知音乐的优美。亲子互动舞蹈中还能增进亲子感情。

活动过程：

1. 示范互动

（1）情境导入

（语言指导：宝贝们，老师要来变魔术啦，看老师变出一个什么有趣的东西呢？哦，原来是漂亮的丝巾呀！这条丝巾是黄色的，它还带来了它的小伙伴们，我们一起来探索探索吧！）

教师拿出丝巾，家长引导宝宝对丝巾进行探索。

（2）感知音乐

（语言指导：美丽的丝巾想给大家跳一支舞，大家一起来欣赏吧！）

播放音乐《活泼快乐的音乐》，并示范将丝巾在音乐第1小节时向上抛起，第2小节让丝巾慢慢落下，然后第3小节再次将丝巾向上抛起，第4小节时慢慢落下。循环重复动作。

家长引导宝宝挑选自己喜欢的丝巾。然后家长模仿教师动作，并引导宝宝观察丝巾慢慢落下的样子。

2. 亲子互动

（1）即兴舞蹈

（语言指导：哇！丝巾宝宝跳的舞可真好看呀！我们宝贝们也可以试着拿丝巾来跳出美丽的舞蹈哦！）

教师播放音乐，家长与宝贝站起来，跟随音乐自由舞蹈。

（2）亲子舞蹈

（语言指导：现在我们还可以用丝巾跟爸爸妈妈一起跳双人舞哦！）

教师示范"双人舞"动作：

动作一——家长与宝宝分别拉住丝巾的一端，同时将丝巾向上举起再向下放回。

动作二——家长与宝宝分别拉住丝巾的一端，先由一方用力将丝巾往自己这端收回，再右另一方往反方向拉回。

动作三——宝宝拿着两条丝巾，家长抱起宝宝转圈。

教师播放音乐，家长与宝宝跟随音乐完成教师示范的任意动作。

3. 活动结束与延伸

（语言指导：宝宝们和家长们的舞蹈简直太美了！大家都累了，我们也让"丝巾宝宝"先回去休息吧！生活中很多类似丝巾的物品都可以用来让宝宝进行舞蹈，例如纸巾、鞋带等，家长回去后可以多用此类物品结合好听的音乐，对宝宝动作的即兴力进行训练。）

家长引导宝宝将丝巾归还到老师指定位置。家长对宝宝进行安抚与表扬。

活动指导：

音乐游戏《丝巾舞》中，如果发现宝宝在即兴舞蹈环节显得很为难，家长可以多用丝巾进行各种动作的示范，并引导宝宝进行模仿。在亲子舞蹈中，除了教师示范的几组"双人舞"动作之外，家长还可以与宝宝创造更多有趣的、互动性强的动作来进行舞蹈。

音乐游戏《我的身体都会响》

我的小脚　 ××，我的肚子　 ××，

我的小手　 ××，我的嘴巴　 ××，

我的舌头　 ××，我的牙齿　 ××，

我的鼻子　 ××，我的眼睛　 ××，

我的鼻子　 ××，我的眼睛　 ××。

活动目标：

1. 能认识歌词中的身体部位，并在指认时能有节奏地说出"在这儿"。

2. 初步能用节奏"× ×"进行律动模仿和乐器演奏。

3. 能与家长共同完成乐器游戏。

活动价值：

13—18个月的宝宝能认识基本的身体部位,他们开始喜欢重复别人说的话,能初步感知并掌握简单的节奏,且他们开始能理解并遵从简单的规则了。音乐游戏《我的身体都会响》节奏简单,游戏有趣,能吸引宝宝的活动兴趣。在该活动中,宝宝能进一步认识自己的身体部位,在有趣的音乐游戏中,加强肢体动作与乐器演奏的节奏感,增进亲子之间的互动。

活动过程：

1. 示范互动

(1) 游戏导入

(语言指导:宝贝们,今天布偶小熊到我们班里来做客啦! 布偶小熊要和大家玩一个游戏,老师说到哪个身体部位,宝宝就要在布偶小熊身体上指出这些身体部位,并回答"在这儿"。)

教师出示布偶小熊,并分别提问小熊的"小脚""肚子""小手""嘴巴"在哪里。

家长引导宝宝进行指认,并用节奏"× ×"回答"在这儿"。

(2) 游戏升级

(语言指导:哇! 看来这个游戏难不倒宝宝们。接下来我们加入更多其他的身体部位了! 请宝宝们听到指令后,在爸爸妈妈的身上去指出这些身体部位,并回答"在这儿"。)

教师分别提问家长的"舌头""牙齿""鼻子""眼睛"在哪里?

家长引导宝宝在家长自己身上指认这些部位,并用节奏"× ×"回答"在这儿"。

(3) 完整游戏

(语言指导:宝宝们都在爸爸妈妈身上找到老师提出的这些身体部位了,接下来我们要在自己身上找到老师说出的身体部位,并请宝宝找到后继续回答"在这儿"哦!)

教师唱念儿歌歌词中的身体部位,并在"× ×"处稍作停留,等待宝宝正确指认相应部位,并有节奏地说出"在这儿"。

家长帮助宝宝正确指认,并引导宝宝有节奏地说出"在这儿"。当宝宝指认正确时要及时对宝宝进行表扬。

2. 亲子互动

(1) 亲子游戏

(语言指导:现在家长和宝宝可以在游戏中相互指出对方的这些身体部位在哪里哦!)

教师播放音乐,家长与宝贝面对面坐立,根据歌词意思互相指认对方的身体部位,并同时说出"在这儿"。

（2）亲子演奏

（语言指导:看大家玩得这么开心,我们的乐器朋友也要加入我们了!）

教师出示沙锤、砂蛋、手摇铃等乐器。家长引导宝宝对乐器进行探索,包括乐器的音色及使用方法等。

教师讲解游戏规则:家长与教师跟随音乐唱念儿歌,当念"××"处时,引导宝宝用乐器演奏相同节奏。

教师播放音乐,家长引导宝宝进行演奏。

3. 活动结束与延伸

（语言指导:宝宝们的演奏真好听! 今天我们跟这么多身体部位以及乐器朋友一起玩了游戏,真有趣! 乐器朋友们现在要休息啦! 回家后,家长还可以让宝宝继续指认其他身体部位,并巩固节奏,说出"在这儿"。）

家长引导宝宝将乐器归还到老师指定位置。家长对宝宝进行安抚与表扬。

活动指导:

音乐游戏《我得身体都会响》综合性强,活动内容丰富,主要训练宝宝对节奏"××"的掌握。教师在最初指认游戏中要适当放慢发出指令的速度,尽量多留一些时间让宝宝探索正确的身体部位,及如何有节奏地说出"在这儿"。而这个过程中,家长也要尽量多地进行示范说出"在这儿",让宝宝从模仿到初步掌握,最后在完整游戏和乐器演奏中灵活运用。

2. 19—24个月

音乐游戏《赏花》

1 = ♭B 2/4

(i 5　6 3 | 5 2　3 | i 5　6 3 | 5 6　i)

‖: 3 5　6 | 5 3　6 | 3 5　6 | 5 3　6 |
一朵　花　两朵　花,　三朵　花,　什么　花,
杜鹃　花　杜鹃　花,　杜鹃　花,　送爸　爸,
一朵　花　两朵　花,　三朵　花,　什么　花,
玫瑰　花　玫瑰　花,　玫瑰　花,　送爸　爸,

<u>3 5</u> 6	<u>5 3</u> 6	<u>3 5</u> 6	<u>5 i</u> i
四 朵 花	五 朵 花，	什 么 花，	杜 鹃 花。
杜 鹃 花	杜 鹃 花，	杜 鹃 花，	送 妈 妈。
四 朵 花	五 朵 花，	什 么 花，	玫 瑰 花。
玫 瑰 花	玫 瑰 花，	玫 瑰 花，	送 妈 妈。

i — | i — :‖

活动目标：

1. 能从"一朵花"数到"五朵花"。

2. 能根据歌词意思用"花瓣"道具摆出花朵的形状。

3. 能用节奏"× ×"完成"点数""花手""拿彩纸""揉彩纸"的动作。

4. 能在亲子互动中表达对家长的情感，并在游戏中增加与其他宝宝的交流。

活动价值：

19—24 个月的宝宝能口数 1～5，他们能根据音乐节奏做动作，动作能力进一步发展，且他们对重复的旋律或声音充满模仿兴趣。音乐游戏《赏花》歌词内容简单，旋律重复性强，游戏活动丰富有趣。宝宝在该活动中能进一步锻炼手眼协调，并促进其合拍做动作的能力发展。在亲子游戏与舞蹈中，还能增进宝宝对家长的爱。

活动过程：

1. 示范互动

（1）游戏导入

（语言指导：宝贝们，老师今天要给大家变一个魔术，仔细看哦，老师会变出什么来？）

教师一边演唱儿歌第一段，一边用花瓣道具演示游戏。家长引导宝宝仔细观察，并跟随音乐节奏拍手。

游戏动作指导：当唱到"一朵花，两朵花，三朵花"时，分别摆出三朵花瓣道具。当唱到第一个"什么花"时，双手掌心向上，掌根相对。当唱到"四朵花，五朵花"时，继续摆出两朵花瓣道具，使五片花瓣组合成一朵花的形状。再次唱到"什么花"时重复双手掌心向上，掌根相对的动作。唱到"杜鹃花"时，双手手指稍弯曲，变成"花型手"。第二段，当唱到"杜鹃花，杜鹃花，杜鹃花"时，左右摆动"花型手"。当唱到"送爸爸"时，双手向前推出。再次唱到"杜鹃花，杜鹃花，杜鹃花"时，继续左右摆动"花型手"。当唱到"送妈妈"时，再次将双手向前推出。

（2）摆花游戏

（语言指导：原来老师变出的是杜鹃花呀！宝宝们也来试一试吧！。）

教师分别给每组家庭分发"花瓣"道具。教师一边演唱歌曲，一边继续示范游戏。家长引导宝宝模仿教师的动作。重复2～3次。

2. 亲子互动

（1）彩纸游戏示范

（语言指导：宝贝们变出来的花也都非常漂亮呢！接下来，我们要变一朵更漂亮的花了！）

教师一边演唱歌曲第二段，一边用"彩纸"道具演示游戏。家长引导宝宝仔细观察。

游戏动作指导：当唱到"一朵花，两朵花，三朵花"时，分别用一只手拿起三条彩纸放在另一只手里。当唱到第一个"什么花"时，双手将彩纸握紧。当唱到"四朵花，五朵花"时，继续用拿起两条彩纸。再次唱到"什么花"时双手将五条彩纸搓揉握紧。唱到"玫瑰花"时，打开手掌，捧起"彩纸花"。第二段，当唱到"玫瑰花，玫瑰花，玫瑰花"时，左右摆动"彩纸花"。当唱到"送爸爸"时，将"彩纸花"推向家长的方向。再次唱到"玫瑰花，玫瑰花，玫瑰花"时，继续左右摆动"彩纸花"。当唱到"送妈妈"时，再次将"彩纸花"推向家长的方向。

（2）亲子彩纸游戏

（语言指导：现在我们的宝宝们也来变一朵美丽的玫瑰花送给爸爸妈妈吧！）

教师分别给每组家庭分发"彩纸"道具。教师一边演唱歌曲，一边继续示范游戏。家长引导宝宝模仿教师的动作，最后将宝宝制作的纸花送给家长。重复2～3次。

（3）互动游戏

（语言指导：爸爸妈妈们都收到宝宝们的花朵了！最后，我们再来做一朵美丽的花送给班里你最喜欢的小伙伴吧！）

家长引导宝宝再次进行"彩纸"游戏，并引导宝宝将做好的"彩纸花"送给班里自己喜欢的小朋友。

3. 活动结束与延伸

（语言指导：今天大家的收获可真丰富呢！回家后，家长还可以用家里的抽纸带着宝宝继续玩赏花的游戏哦！）

家长引导宝宝将道具归还到老师指定位置。家长对宝宝进行鼓励与表扬。

活动指导：

音乐游戏《赏花》内容有趣，情感体验丰富，创造性强。在摆花游戏中，宝宝既可以模仿教师的摆法将五片花瓣围城一个圆形,也可以任由宝宝自由组合花瓣的位置,家长不要过多干预。在彩纸游戏的最后的全班互动环节中,教师要观察宝宝们是否都收到了"彩纸花",如果有宝宝没有收到的话,教师要及时将自己的花朵送给他,以防宝宝出现失落的情绪。宝宝收到花后,家长要引导宝宝说"谢谢"。

亲子音乐剧《动物舞会》

吴金黛　曲

活动目标:

1. 能模仿小猫、小狗、大公鸡、小鸭子、小鸟、小羊等动物的叫声及动作。

2. 能完整说出台词"大家好,我们是……,我们要给大家表演……",以及"你好,我能和你一起跳舞吗"。

3. 能与家长和小伙伴一起跟随《森林狂想曲》的音乐扮演小动物进行舞会。

4. 对小动物更加喜爱。

活动价值：

19—24 个月的宝宝基本认识了生活中常见的动物，他们能根据音乐的节奏做动作，交际性增强，开始和其他小朋友一起游戏，游戏时能模仿家长更多的细节动作，想象力也更加丰富。亲子音乐剧《动物舞会》情节有趣，台词简单，内容丰富。音乐剧选取了宝宝喜欢的动物题材，在动物出场、自我介绍、独舞表演、邀请舞伴、双人舞表演和集体舞会的情境中，宝宝不仅能提高语言表达能力与肢体协调能力，还能提高想象力与人际交往能力。

活动过程：

1. 示范互动

（1）故事导入

（语言指导：宝贝们，老师今天要给大家讲一个故事。）

教师讲述故事，家长与宝宝围圈坐下，家长引导宝宝仔细听故事。

故事内容参考：夜晚，2 岁的丁丁在听妈妈给他讲故事。妈妈讲的故事中有许多可爱的小动物，有小猫、小狗、大公鸡、小羊等。小动物们在故事中玩得可开心了！丁丁听着故事慢慢进入了梦乡……他梦见自己来到了一片美丽、茂密的森林，高高的大树、翠绿的小草、鲜艳的花朵，丁丁觉得这里漂亮极了！突然，他听到了音乐声传来，大家仔细听哦，音乐里都有谁来啦？

（2）动物模仿

教师播放音乐《猜猜现在谁出场》，家长引导宝宝仔细聆听。

（语言指导：宝宝们听到音乐中都有什么小动物来了吗？大家一起来猜一猜、学一学吧！）

家长先引导宝宝说出刚才听到了哪些动物的声音。然后教师分段播放音乐，引导宝宝对音乐中的动物逐个进行声音与基本动作模仿。

2. 亲子互动

（1）音乐剧第一幕：小动物出场

（语言指导：哇，森林里来了这么多可爱的小动物，丁丁小朋友听到小花猫说，它们在举行一场盛大的舞会！听起来真有趣！现在请家长们和宝宝们挑选自己喜欢的小动物头饰，我们也去参加舞会吧！）

家长引导宝宝挑选好自己喜欢的动物头饰佩戴，然后家长与宝宝围圈站好。

教师分段播放音乐,家长引导宝宝在听到自己所扮演的动物声音时站到圆圈中间,模仿该动物的叫声与即兴动作,并模仿后引导宝宝说出"大家好,我们是……,我们要为大家表演好看的舞蹈!"

(2)音乐剧第二幕:舞会开始

(语言指导:舞会现在要开始啦! 当音乐响起时,请小动物们跟随音乐自由舞蹈吧!)

教师播放音乐《森林狂想曲》,家长引导宝宝在音乐中感知音乐节奏,并用相应动物的形象动作自由舞蹈。

(3)音乐剧第三幕:独舞表演

(语言指导:各位优雅的舞者们,接下来是个人独舞时间,请大家在音乐中轮流到中间来进行独舞表演哦!)

宝宝们与家长们原地坐下。教师再次播放音乐《森林狂想曲》,家长引导宝宝在轮到自己时与家长一起站到中间进行"独舞"表演,在未轮到自己时跟随音乐节奏为其他宝宝鼓掌。

(4)音乐剧第三幕:双人舞蹈

(语言指导:哇,大家的独舞表演可真精彩! 接下来是我们要寻找一位舞伴,一起进行双人舞舞蹈啦!)

家长先引导宝宝去寻找舞伴,可在找舞伴时引导宝宝说出"你好,我能和你一起跳舞吗?"

宝宝们和家长们都找好舞伴后,教师继续播放《森林狂想曲》,宝宝们根据音乐模仿家长的动作,或自由创造"双人舞"动作。

(5)音乐剧第五幕:集体舞蹈

(语言指导:丁丁小朋友看到大家跳得这么开心,也想加入我们的舞蹈中! 现在请大家围在一起,我们手牵手,邀请丁丁一起加入我们吧!)

教师拿出人偶"丁丁",播放音乐,与家长和宝宝一起集体舞蹈。

3. 活动结束与延伸

(语言指导:舞会结束了,丁丁和大家跳得真开心! 早晨到了,丁丁的梦也醒了,他对妈妈说,妈妈,我在梦里交到了好多动物朋友! 大家都是丁丁的好朋友了哦! 回家后,家长们可以带宝宝多去观察小动物,和小动物玩耍,并模仿小动物的动作,这能让宝宝对动物们更加热爱!)

家长引导宝宝将道具归还到老师指定位置。家长对宝宝进行鼓励与表扬。

活动指导:

亲子音乐剧《森林舞会》互动性强,综合性强。音乐剧表演中,家长的示范是尤为重要的。因为音乐剧中没有固定的动作与节奏要求,宝宝的语言、动作、交往等行为模仿的对象就是家长。活动中的找舞伴环节,如果有多名宝宝共同邀请同一个舞伴的情况时,家长要对宝宝进行引导,可以去找其他舞伴。而出现个别宝宝找不到舞伴,或教室里的宝宝成单数时,教师和助教要及时与单出来的宝宝和家长组成舞伴。

三、2—3岁婴幼儿奥尔夫综合训练

(一) 2—3岁婴幼儿综合训练方法

2—3岁宝宝对周围的各种事物和现象都很感兴趣,爱思考与创造。他们开始能说完整的短句和简单的复合句,并能使用生活中的一些常用形容词。他们喜欢和同伴玩游戏,并开始有角色扮演的意识。因此,针对2—3岁的宝宝的奥尔夫综合训练既可以选择有趣的各类音乐游戏,也可以选择简单的奥尔夫儿童音乐剧。根据音乐游戏和儿童音乐剧的实际内容,可选用**"模仿—表演—简单创造"**的活动方式。

2—3岁婴幼儿集体奥尔夫综合音乐游戏训练,基本都具有综合性强的特点,更多的是培养宝宝从模仿到创造的能力。活动一般有示范互动、亲子互动、亲子游戏等环节,主要包括活动的导入、音乐的感知、动作或乐器的模仿与探索,以及游戏表演等内容。首先,导入环节可以用游戏法、道具法、情境法等活动方法激发宝宝的活动兴趣。例如在25—30月龄音乐游戏《库企企》中,教师用"要去果园摘果子"的情境迅速吸引宝宝的注意力及活动兴趣,既富有趣味性,又富有功能性。其次,要对活动中的音乐、儿歌进行感知才能进行音乐游戏的开展。根据活动内容的不同,感知儿歌或音乐的方法也会有所不同。例如25—30月龄音乐游戏《伊比亚亚》中,儿歌歌词虽简单,但要让宝宝感知到歌曲中的长音和短音并不是一件容易的事,这需要在对歌曲反复进行聆听与感知后才有可能准确获得。而枯燥乏味的反复吟唱显然不适合该年龄段宝宝的学习特点。因此,活动中设置了小玩偶"伊比亚"跟宝宝们亲密接触的游戏,在游戏中一边反复演唱歌曲,一边用游戏动作帮助宝宝体验长短音的变化,既有趣又有用。再次,如果游戏中有道具或是乐器,则要对道具或乐器进行充分的探索。例如25—30月龄音乐游戏《库企企》中,最后一个环节是乐器演奏,也是将活动中"× ×|×× ×|"的节奏在此环节进行运用。在乐器探索环节,家长除了引导宝宝探索各种乐器的音色及使用方法外,还可以引导宝宝用"× ×|×× ×|"的节奏进行训练,为接下来的正式演奏打下基础。然后,足够的亲子互动环节是必不可少的。许多音乐游戏中都包含即兴表演的内容,家长的加入不仅能为宝宝提供亲身示范,提高宝宝的活动兴趣,同时还能帮助宝宝分担一些相对稍难掌握的部分,为宝宝减轻难度。

最后,在活动结束前,还要培养宝宝将道具、乐器等进行归还的好习惯。活动的结束即家庭延伸活动的开始,教师要根据本次活动内容为家长介绍家庭中继续训练的方法。在这个环节,家长还要对宝宝和家长的表现给予肯定,让宝宝和家长对下一次的活动更加充满期待。

2—3岁婴幼儿集体奥尔夫综合音乐剧训练有示范互动、亲子互动、亲子游戏等环节,主要包括故事讲述、基本动作与台词学习、互动表演等内容。首先,故事讲述的目的是为了帮助宝宝理解音乐剧的大致内容,故事不必太长,以简短易懂为好。故事讲述即故事导入法。如果有需要,也可以在故事讲述前加入其他的导入方法吸引宝宝的注意力。例如在31—36月龄段亲子音乐剧《毛毛虫变蝴蝶》中,教师以一个有关毛毛虫的手指游戏导入活动,激发了宝宝对活动浓厚的兴趣。其次,基本动作与台词的学习应在故事情境中自然进行,不可枯燥无味地生硬教授。例如在31—36月龄亲子音乐剧《圣诞舞会》中,"并步"舞步的学习就是在情境中进行的。再次,互动表演要包括宝宝与家长之间的互动表演,以及宝宝与其他儿童之间的互动表演。由于亲子音乐剧中很多时候需要宝宝自己创造一些肢体动作,因此,家长的示范特别重要,这既能给宝宝提供参考的对象,也能让宝宝在活动中更有安全感,更加自信。

总之,2—3岁宝宝的音乐游戏活动要内容丰富,形式多样,可以结合嗓音、动作、乐器、道具、绘画等各类元素,并初步尝试对儿童进行合作与创造能力的训练。针对2—3岁宝宝的儿童音乐剧的内容可源自宝宝熟知的绘本故事,它们往往情节简单、有趣,能激发儿童的表演欲望。在音乐剧表演中融合较为熟悉的演唱与舞蹈、较为简短的台词与表演,还可加入服饰道具的装扮。在角色的选择上应尽量遵循宝宝自己的意愿,家长或老师可以适当地给予宝宝一些帮助。

(二) 2—3岁婴幼儿综合训练案例

1. 25—30个月

音乐游戏《库企企》

活动目标:

1. 能根据音乐提示玩"摘果子"的游戏。

2. 能在音乐"库,库,库企企"的口令中完成"拍手"与即兴舞蹈动作。

3. 能用"$\times$ $\times$ | $\underline{\times\times}$ $\times$ |"的节奏与家长一起进行乐器演奏。

活动价值:

25—30个月的宝宝能理解一定的故事情节,并能了解简单的游戏规则。他们动作的模仿能力进一步提高,动作的即兴创造能力也有所发展。音乐游戏《库企企》内容丰富,情境感强。宝宝在唱念口令与游戏中能养成良好的节奏听辨能力及模仿能力,并能提高动作即兴创编能力和合拍演奏乐器的能力。

活动过程:

1. 示范互动

(1) 情境导入

(语言指导:宝贝们,昨天老师收到果园老板的电话,他说果园里的水果都成熟了,想邀请我们的宝贝们和家长们一同去摘水果。我们待会要一起开火车去果园,现在先让我们练习一下开火车吧!)

教师播放音乐《库企企》,并示范动作。家长引导宝宝共同模仿。

音乐第1~4小节——原地小跑,口令"跑跑跑跑,跑跑跑跑"。

音乐第5~8小节——双手握拳屈臂交替绕圈,模仿火车轮子,口令"轰隆隆隆,轰隆隆隆"。

音乐第9小节——原地半蹲4次,口令"去果园啦"。

音乐第10~13小节——跟随节奏"× × |×× ×|"进行拍手2次。口令"库,库,库企企"。

(2) "摘水果"游戏

(语言指导:现在我们要正式去果园摘果子啦。果园里有各种水果,由于时间有限,我们每到一种水果的园地时,大家都只能在音乐中念到"库,库,库企企"的口号时迅速将水果放入自己的水果篮里,然后我们的火车又要开往下一种水果的园地啦!)

教师分别给每组家庭分发"水果篮"道具。

教师引导宝宝与家长站在老师身后,跟随音乐在行径间做"开火车"的动作。在音乐第9小节时带领宝宝和家长来到活动前布置好的"苹果果园",并提醒宝宝准备开始"摘水果"。在音乐第10~13小节时,家长引导宝宝迅速将"苹果"道具装进果篮中,家长继续跟随节奏做拍手动作。当音乐第1小节响起时,大家继续跟随教师"开火车"去往"橘子果园"。以此循环,分别还将去到"西瓜果园""梨子果园""香蕉果园"等目的地。

2. 亲子互动

(1) 即兴舞蹈

(语言指导:宝贝们都采摘了这么多新鲜的水果了! 为了感谢果园的老板,我们一起为他跳一支舞吧!)

教师播放音乐,示范舞蹈动作。家长引导宝宝将果篮放于一旁,并模仿教师动作。在"库,库,库企企"时引导宝宝自己根据音乐节奏即兴创编动作。

(2) 乐器演奏

(语言指导:我们还可以加入一些乐器来进行乐器演奏哦!)

教师出示奥尔夫乐器木鱼、节奏棒、圆舞板、碰铃、沙锤等。家长先引导宝宝对乐器进行探索,包括乐器的音色及演奏方法。

教师播放音乐,家长与宝宝选取乐器跟随音乐进行演奏。家长在音乐第10～13小节"库,库,库企企"时,要引导宝宝尽量跟节奏进行演奏。

3. 活动结束与延伸

(语言指导:今天大家摘到了美味的水果,表演了优美的舞蹈,还进行了精彩的乐器演奏,真是开心!回家后家长还可以用音乐中"库,库,库企企"的节奏,继续与玩动作创编游戏哦!)

家长引导宝宝将道具归还到老师指定位置。家长对宝宝进行鼓励与表扬。

活动指导:

音乐游戏《库企企》情境感强,且音乐节奏明朗。活动主要训练宝宝掌握"× × |×× ×|"的节奏。因此,在初次"开火车"环节,教师要着重提醒宝宝们在音乐第10～13小节处合拍完成拍手动作,家长在这里也可以通过准确的示范给宝宝提供模仿对象。在"摘水果"环节,家长要引导宝宝在规定时间内摘完水果,既能帮助宝宝初步具备规则意识,同时也能让宝宝对该句段音乐节奏的时长把握更加准确。另外,即兴舞蹈和乐器演奏环节仍需要家长投入地与宝宝共同表演,以增加宝宝的活动与表演兴趣。

音乐游戏《伊比亚亚》

活动目标：

1. 能初步跟唱儿歌。

2. 能通过弹力带感知短音与长音。

3. 能根据音乐节奏进行亲子拍手游戏、按摩游戏与举高高游戏。

4. 能根据音乐节奏进行乐器演奏。

活动价值：

25—30个月的宝宝的语言能力与理解能力进一步提高，他们能与成人完成音乐游戏，并能在游戏中听从规则，他们能演唱简单的儿歌。音乐游戏《伊比亚亚》歌词简单，旋律活泼，游戏有趣，且互动性强。宝宝在活动中能通过歌曲的演唱与亲子游戏感知长音与短音，还能增进亲子互动。

活动过程：

1. 示范互动

（1）情境导入

（语言指导：宝贝们，老师今天带了一位新朋友来跟大家做游戏，他的名字叫"伊比亚"，我们一起喊出他的名字，邀请他出来和大家见面吧！）

家长引导宝宝喊出"伊比亚"几个字，教师出示小玩偶。

（2）初步感知儿歌与节奏

（语言指导：可爱的"伊比亚"要亲一亲宝宝们！他唱着歌过来了！）

教师一边演唱歌曲，一边拿着玩偶跟宝宝们互动。

每次唱到"伊比亚"的最后一个长音"亚"字时，用玩偶在宝宝怀里轻轻逗宝宝。重复演唱，直到每位宝宝都和小玩偶有亲密的接触。

家长引导宝宝跟随教师尝试学唱歌曲。

2. 亲子互动

（1）"弹力带"游戏

（语言指导：可爱的"伊比亚"还带来了他的玩具跟宝贝们一起分享呢！我们来看一看是什么？）

教师出示道具"弹力带"，一边演唱歌曲，一边与助教老师示范游戏玩法。

第一句——两人相互交替拉扯弹力带，最后一个长音"亚——"刚好拉扯到的那一方要停留3拍。

第二句——同第一句。

第三句——两人交替拉扯弹力带。

第四句——同第一句。

家长引导宝宝观察教师的动作。

然后教师给每组家庭分发弹力带，家长先带着宝宝对弹力带进行探索，包括对弹力带进行触摸、探索弹力带的颜色、尝试自己拉拽弹力带、尝试与家长交替拉扯弹力带等。

探索结束后，教师演唱歌曲并继续与助教示范游戏动作，家长与宝宝用弹力带进行游戏模仿，家长还可以引导宝宝试着边唱歌曲边玩游戏。重复2～3遍。

（2）亲子游戏

（语言指导：宝宝们和家长们配合得真不错！"伊比亚"还给我们推荐了几个更有趣的游戏呢！我先把弹力带交还给"伊比亚"吧！）

家长引导宝宝将"弹力带"归还到指导位置。

教师与助教示范。

亲子游戏一：两人跟随音乐节奏拍手，在歌曲长音"亚——"处时，两人双手互相击掌并停留3拍。

亲子游戏二：一人跟随音乐节拍给另一人"拍背按摩"，在歌曲长音"亚——"处时，按摩的人双手按于另一人背上并停留3拍。下一轮游戏时交换角色。

亲子游戏三：两人跟随音乐牵手自由舞蹈，在歌曲长音"亚——"处时，一人将另一人抱起停留3拍。

家长先引导宝宝观察教师的示范。

教师播放音乐，家长与宝宝可以在循环的音乐中任意完成三个亲子游戏。

（3）乐器演奏

（语言指导：宝宝们和家长们玩得真开心！我们的"伊比亚"还给大家带来了一些乐器朋友加入游戏哦！）

教师出示奥尔夫乐器沙锤、手摇铃、铃鼓等。家长先引导宝宝对乐器进行探索，包括乐器的音色及演奏方法。

教师播放音乐，家长与宝宝选取乐器跟随音乐进行演奏。家长在歌曲长音"亚——"处时，要引导宝宝连续摇响乐器持续3拍。

3. 活动结束与延伸

（语言指导：我们今天和"伊比亚"玩得真开心！谢谢他给我们介绍了这么多好玩的游戏！回家后家长还可以引导宝宝用这个音乐进行即兴舞蹈训练，巩固宝宝对音乐中长短音的认识。）

家长引导宝宝将乐器归还到老师指定位置。家长对宝宝进行鼓励与表扬。

活动指导：

音乐游戏《伊比亚亚》活动内容有趣，活动材料丰富。活动主要训练宝宝对长短音的感知与运用。活动中弹力带的使用是为了帮助宝宝感受长音的时值,为接下来的亲子游戏与乐器演奏打下基础。因此,弹力带环节首先要给宝宝与家长留有足够长的探索时间,并指导家长要耐心地引导宝宝体会两人拉拽弹力带时的感觉,然后再在音乐中反复体验与训练。另外,乐器演奏环节为宝宝选取的乐器尽量是散响类的打击乐器,方便宝宝在表示长音时进行操作。

2. 31—36个月

亲子音乐剧《圣诞舞会》

1 = D 2/4

| 6 6 6 6 | 5 i | 5 4 3 1 | 6 6 6 6 | 5 i | 5 6 7 i |

| 5 . 4 | 3 2 | 1 2 3 1 | 2 3 4 2 | 3 2 | 1 7 1 |

圣 诞 舞 会 就 要 开 始, 啦……
围 个 圆 圈 来 跳 舞 呀, 啦……
找 个 同 伴 来 跳 舞 呀, 啦……
圣 诞 舞 会 就 要 结 束, 啦……

(第四段渐慢)

| 5 . 4 | 3 2 | 1 2 3 1 | 6 6 6 6 5 . 4 | 3 2 1 |

圣 诞 舞 会 就 要 开 始, 啦……
围 个 圆 圈 来 跳 舞 呀, 啦……
找 个 同 伴 来 跳 舞 呀, 啦……
圣 诞 舞 会 就 要 结 束, 啦……

(| 2 . 3 4 2 | 3 . 4 5 2 | 3 4 5 6 7 i | 7 6 5 |)

| 5 . 4 | 3 2 | 1 2 3 1 | 6 6 6 6 5 . 4 | 3 2 1 :|

圣 诞 舞 会 就 要 开 始, 啦……
围 个 圆 圈 来 跳 舞 呀, 啦……
找 个 同 伴 来 跳 舞 呀, 啦……
圣 诞 舞 会 就 要 结 束, 啦……

活动目标:

1. 能对圣诞节有基本的了解。

2. 能合拍完成"并步舞步"。

3. 能在"舞会"开始前自我介绍,"舞会"过程中能与同伴围圈跳舞,并在"舞会"

结束后互相告别。

活动价值：

31—36个月的宝宝能双脚交替灵活地完成简单的舞步,理解简单的故事情节,用语言进行简单的表达,与同伴进行角色表演游戏。亲子音乐剧《圣诞舞会》故事情节简单,台词富有自创性,舞蹈动作互动性强。宝宝在活动中能锻炼语言表达能力,提高肢体协调性,并能增加亲子互动与人际交往。

活动过程：

1. 示范互动

(1) 故事导入

(语言指导:宝贝们,大家知道圣诞节吗? 老师今天要给大家讲一个有关圣诞节的故事。)

教师讲述故事,家长与宝宝围圈坐下,家长引导宝宝仔细听故事。

故事内容参考:小露丝盼望了很久的圣诞节终于来到了。夜幕降临,圣诞树上点起了小蜡烛,就像是树上结满了神秘的小红果。今天,每一件事情都叫孩子们高兴。最使孩子们激动的要数爸爸妈妈装扮的"圣诞老人"了。"圣诞老人"背着盛满玩具的大口袋,走到孩子们中间,分送圣诞礼物。孩子们就像一群小鸟,欢喜得又叫又跳。兴奋的小露丝脸蛋红彤彤的,她张开双臂接过"圣诞老人"送给她的礼物。呀! 多漂亮的公主裙呀! 她尖声叫起来。转身看到弟弟约翰也正在打开自己的礼物,弟弟也收到了一套帅气的西服! 大家高兴极了!"圣诞老人"说,孩子们,我们现在开始圣诞舞会吧!

(2) 基本舞步学习

(语言指导:宝贝们想不想也穿上这么漂亮的公主裙和西服加入圣诞舞会呢? 现在我们先来练习一下舞会中的基本舞步吧!)

教师播放音乐《圣诞舞会》,一边示范"并步"舞步,一边用口令"一二,一二"进行动作提示。

家长与宝宝跟在宝宝身后进行动作模仿。

2. 亲子互动

(1) 音乐剧第一幕:换装准备

(语言指导:我们已经学会舞蹈舞步了,现在请爸爸妈妈们戴上"圣诞老人"的面具扮演圣诞老人,给宝贝们送来漂亮的服装吧!)

家长佩戴好"圣诞老人"面具,并为宝宝换好"舞会"服装。

(2) 音乐剧第二幕:舞会开始

(语言指导:舞会现在要开始啦! 当音乐响起时,请"圣诞老人"们请牵着"公主和王子"的手,大家跳着愉快的舞步进入舞会现场并向大家介绍自己吧!)

教师播放音乐《圣诞舞会》第一段,家长牵着宝宝的手,合着音乐节奏用"并步"舞步自由舞蹈。

当音乐停止时,家长引导宝宝轮流进行简短的自我介绍。自我介绍的内容包括宝宝的姓名、年龄、爱好以及来到舞会的心情等。当其他小朋友自我介绍完毕后,家长要引导宝宝用鼓掌来对其他宝宝表示鼓励。

(3)音乐剧第三幕:集体圆圈舞

(语言指导:舞会下一个流程是集体圆圈舞。大家一起围过来愉快地舞蹈吧!)

教师指导家长与宝宝围成圆圈,播放第二段音乐。然后跟随音乐引导大家做集体舞蹈动作。

音乐第1~4小节——大家手牵手一起向圆圈里面"并步"走4次。口令"向前、向前、向前、向前"。

音乐第5~8小节——大家手牵手一起用"并步"向圆圈外退4次。口令"向后、向后、向后、向后"。

音乐第9~12小节——大家松开手自由转圈4圈。口令"转圈,转圈,转圈,转圈"。

音乐第13~16小节——反方向转圈4圈。口令"转圈,转圈,转圈,转圈"。

(4)音乐剧第四幕:双人舞蹈

(语言指导:哇,大家的集体舞蹈真是美极了! 接下来是"双人舞蹈"时间啦! 请宝宝们各自去寻找自己的舞伴吧!)

家长先引导宝宝去寻找舞伴,可在找舞伴时引导宝宝说出"你好,我能和你一起跳舞吗?"

宝宝们找好舞伴后,教师继续播放音乐第三段,并和助教老师进行"双人舞"动作示范。家长引导宝宝们进行模仿。

音乐第1~4小节——两人手牵手一起向同侧方向"并步"走4次。口令"一二、一二、一二、一二"。

音乐第5~8小节——两人手牵手一起向另一侧方向"并步"走4次。口令"一二、一二、一二、一二"。

音乐第9~12小节——两人单手牵手举过头顶,一人转圈4次,另一人原地不动。口令"转圈,转圈,转圈,转圈"。

音乐第13~16小节——两人交换,转圈4次。口令"转圈,转圈,转圈,转圈"。

"双人舞"环节可以多让宝宝交换几个舞伴,重复2~3次。

(5)音乐剧第五幕:舞会结束

(语言指导:愉快的时间总是过得这么快! 我们的舞会马上要结束了! 请"圣诞

老人"们牵着你们的"公主"和"王子"跟大家再见,并回家去吧!)

教师播放第四段音乐。家长牵着宝宝合着音乐节奏用"并步"舞步慢慢走向教室的角落,并引导宝宝跟周围的其他宝宝挥手再见。

3. 活动结束与延伸

(语言指导:圣诞舞会结束了,大家玩得真开心! 西方的圣诞节就像我们国家的春节,露丝和弟弟在圣诞节这天,收到了由爸爸妈妈扮演的圣诞老人送来的礼物。宝贝们在春节的时候都会收到什么礼物呢? 爸爸妈妈回家后可以帮助宝宝了解了解我们中国的春节哦!)

家长为宝宝更换好服装,并将服装归还到老师指定位置。家长对宝宝进行鼓励与表扬。

活动指导:

亲子音乐剧《圣诞舞会》互动性强,综合性强。音乐剧表演中的主要动作是"并步"舞步,且该舞步在不同段落发生了向前走、向后退、向侧走等变化。为了让宝宝在音乐中尽量准确地进行动作模仿,教师在示范时提前的口令指导和家长的示范是尤为重要的。活动中的找舞伴环节,如果有多名宝宝共同邀请同一个舞伴的情况时,家长要对宝宝进行引导,可以去找其他舞伴。而出现个别宝宝找不到舞伴,或教室里的宝宝成单数时,教师和助教要及时与单出来的宝宝和家长组成舞伴。且"双人舞"的环节可以多进行几次,每次都让宝宝交换不同的舞伴,促进其人际交往能力发展。

亲子音乐剧《毛毛虫变蝴蝶》

活动目标:

1. 知道毛毛虫变蝴蝶的经过。
2. 能根据台词提示即兴创编动作。
3. 能分别合音乐模仿毛毛虫"蠕动""吃东西"和"蝴蝶飞"的动作。
4. 能与家长和同伴配合表演。

活动价值:

31—36个月的宝宝能双脚交替灵活地完成简单的舞步,能理解简单的故事情节,能用语言进行简单的表达,能与同伴进行角色表演游戏。亲子音乐剧《毛毛虫变蝴蝶》音乐节选自《虫虫历险记》的前三段,台词节选自绘本故事《好饿的毛毛虫》。该活动音乐特征变化明显,韵律动作形象可爱,道具丰富。宝宝在活动中能锻炼语言表达能力,提高肢体协调性,并能增加亲子互动与人际交往。

活动过程：

1. 示范互动

（1）游戏导入

（语言指导：宝贝们，请伸出你的食指，我们一起来做一个有趣的游戏哦！）

教师一边读儿歌，一边示范游戏动作。

儿歌内容：一根手指头呀，变呀，变呀，变成毛毛虫呀，爬呀爬呀！一爬爬到肩膀上，一爬爬到肚子上，一爬爬到膝盖上，一爬爬到屁股上。

（2）故事导入

（语言指导：老师今天还要给大家讲一个关于毛毛虫的故事。）

教师讲述故事，家长与宝宝围圈坐下，家长引导宝宝仔细听故事。

故事内容参考：月光下，一颗小小的蛋躺在叶子上。星期天早上，暖和的太阳升上来了。"啵"的一声，一条又小又饿的毛毛虫，从蛋里爬了出来。他要去找一些东西来吃。星期一，他吃了一个苹果，可是，肚子还是好饿。星期二，他吃了两个梨子，可是，肚子还是好饿。星期三，他吃了三个李子，可是，肚子还是好饿。星期四，他吃了四个草莓，可是，肚子还是好饿。星期五，他吃了五个橘子，可是，肚子还是好饿。星期六，他吃了一块巧克力蛋糕、一个冰激淋甜筒、一条小黄瓜、一块奶酪、一条火腿、一根棒棒糖、一个樱桃派、一条香肠、一个杯子蛋糕和一片西瓜。那天晚上，毛毛虫的肚子好痛！第二天，又是星期天了。毛毛虫吃了一片又嫩又绿的叶子，觉得舒服多了。现在，毛毛虫不觉得肚子饿了。他不再是一只小毛毛虫了，他是一只又肥又大的毛毛虫。他造了一间房子，叫作"茧"，他把自己包在里头住了两个多星期，然后他把"茧"咬破了一个洞，钻了出来……啊！毛毛虫变成了一只好漂亮的蝴蝶了。

（3）故事再述，初步感知动作

（语言指导：宝宝们听到故事里的毛毛虫在干什么呢？）

家长先引导宝宝回忆并尝试复述故事里发生的大致内容。

教师在宝宝回忆到毛毛虫从茧里爬出来的时候，引导宝宝将双手背在背后，扭动身子模仿毛毛虫"蠕动"的样子；在宝宝回忆到毛毛虫吃了很多东西的时候，引导宝宝有节奏地开合嘴巴，模仿毛毛虫"吃东西"的动作；当宝宝回忆到毛毛虫变成蝴蝶的时候，引导宝宝张开双手上下舞动，模仿"蝴蝶飞"的动作。

2. 亲子互动

（1）音乐剧第一幕：毛毛虫出场

（语言指导：这个故事可真有趣！现在我们一起把这个故事表演出来吧！老师这里有"毛毛虫"和"蝴蝶"两种角色的服装道具，宝宝们可以自由选择哦！）

家长引导宝宝选择自己想要扮演的角色，并帮助宝宝穿戴好毛毛虫外套或蝴蝶翅膀。

教师引导扮演"毛毛虫"的宝宝们和家长们先来到教室中间，双手抱住双膝蹲下准备。

教师先念出第一段旁白：月光下，一颗小小的蛋躺在叶子上。星期天早上，暖和的太阳升上来了。"啵"的一声，一条又小又饿的毛毛虫，从蛋里爬了出来。

然后播放音乐第一段。

家长引导宝宝根据教师的旁白提示，合音乐用毛毛虫"蠕动"的动作即兴创编表演。

（2）音乐剧第二幕：吃东西啦

（语言指导：毛毛虫们爬了这么久，它们感觉好饿啊！）

教师播放第二段音乐，并念出第二段旁白：毛毛虫要去找些东西来吃。它吃了苹果、梨子、梨子、草莓、西瓜、橘子、巧克力蛋糕，还有奶酪、冰激凌、黄瓜、火腿等等，毛毛虫觉得肚子好痛啊！

家长引导宝宝根据教师的旁白提示，合音乐做毛毛虫"吃东西"的动作，并在音乐最后即兴创编表演"肚子疼"。

（3）音乐剧第三幕：变蝴蝶啦

（语言指导：毛毛虫造了一间叫作"茧"的房子，并把自己关在里头。）

教师引导扮演"毛毛虫"的家长和宝宝先退场，并请扮演"蝴蝶"的家长和宝宝做好表演准备。

教师播放第三段音乐，并念出第三段台词：两个星期后，毛毛虫从洞里钻了出来，哇它变成了一只美丽的蝴蝶！

家长引导宝宝根据教师旁白提示，自由做"蝴蝶飞舞"的动作。

（4）交换角色，继续体验

（语言指导：宝宝们和家长们表演得真棒！现在我们请"毛毛虫"们和"蝴蝶"们交换角色再来表演一次吧！）

家长引导宝宝交换角色与服饰，并引导宝宝继续进行情景剧表演。

3. 活动结束与延伸

（语言指导：可爱的毛毛虫在优美的音乐中变成漂亮的蝴蝶了！真是有趣！家长们在给宝贝读绘本故事时，也可以让宝贝尝试用身体动作表达简单的故事内容哦！）

家长帮助宝贝更换好服装，并将服装道具归还到老师指定位置。家长对宝宝进行鼓励与表扬。

活动指导：

亲子音乐剧《毛毛虫变蝴蝶》中，"毛毛虫"与"蝴蝶"这两个角色有着明显的不同特征。"毛毛虫"圆胖可爱，"蝴蝶"轻盈美丽，教师与家长要在活动中引导宝宝根据第一段缓慢的音乐特点，模仿"毛毛虫"稍显笨重、缓慢蠕动的感觉；要引导宝宝根据第二段音乐节奏渐快、欢乐活泼的特点，模仿"毛毛虫"开心吃东西的模样；第三段要引导宝宝根据音乐优美舒畅的特点，模仿"蝴蝶"轻盈飞舞的感觉。因此家长的示范与教师的语言指导尤为重要。

家庭音乐训练指导

1. 歌曲《点豆豆》

玩法一：该游戏适合1—2岁儿童，妈妈边哼唱歌曲，边手把手地引导婴儿指桌上的豆豆，点完后亲亲儿童。

玩法二：妈妈边哼唱歌曲边引导婴儿尝试自己去点，点完后亲亲儿童。

2. 歌曲《开火车》

玩法:该游戏适合 1—2 岁儿童,教儿童一起学唱歌曲,后一个儿童手搭在前一个儿童的肩上,似长长的火车,边唱边往前走。

3. 歌曲《小汽车》

小汽车

$1 = C$ $\frac{2}{4}$

| 1 3 | 5 | 6 6 5 | 3 6 5 3 | 1 3 2 | 2 3 5 6 | 3 2 | 1 — ‖ |

小汽　车,　跑得　快,　见到　绿灯　　向前行,　见到红灯停　一　停。

玩法一:动作节奏,该游戏适合 1.5—2 岁儿童,也可以小组儿童一起游戏,边唱边走,唱到"绿灯"时长举绿牌继续走,唱到"红灯"时立刻停下,及时表扬儿童。

玩法二:自己开车,妈妈当岗亭,举红绿灯,或让儿童当岗亭,为妈妈举红绿灯。

4. 歌曲《宝宝睡了》

宝宝睡了

$1 = {}^{\flat}A$ $\frac{2}{4}$

| 5 6 5 3 — | 2 3 1 6 — | 5 1 3 3 — | 2 1 2 3 2 — | 5 1 3 2 |

星星睡　了,　月亮睡　了,　小鸟睡　了,　宝宝睡　了,　宝宝睡着

| 1 — — — ‖ |

了。

玩法:该歌曲适合 2—2.5 岁儿童,睡前妈妈用缓慢、温柔、亲切的声音演唱,按歌曲节奏轻轻拍打儿童。

5. 歌曲《点点虫》

点点虫

$1 = C$ $\frac{2}{4}$

| 1 2 3 | 5 3 2 | 6 5 3 5 | 1 3 2 | 5 5 3 2 | 6 6 5 |

点点虫　虫会爬,点点鸡　鸡会啼,点点狗　狗会叫,

`5 6 5̂ 6 | 3 2 1 | 5 5 5 5 | X X X | X X X X | X X X ‖`

点点鸟　鸟会飞，嘟嘟嘟嘟　飞了去，飞到 外婆　屋子里。

玩法：妈妈和宝宝面对面坐下（站着），根据歌词做出相应的动作，第1、2小节双手食指伸出来模仿毛毛虫爬，第3、4小节右手五指张开放在头顶模仿大公鸡在啼，第5、6小节双手并拢放在头顶模仿小狗汪汪叫，第7、8小节张开双臂模仿小鸟飞的动作，第9、10小节模仿小鸟到处飞。

6. 乐曲《摇篮曲》

摇篮曲

1 = F 4/4

`3 5 2·3 4 | 3 3 2 1 7 1 2 5 | 3 5 2·3 4 | 3 3 2 3 4 2 1 0 |`

`2·2 3 2 1 | 5 4 3 2 5 | 3 5 2·3 4 | 3 3 2 3 4 2 1 — ‖`

玩法一：该游戏适宜于0—12个月的婴儿，时间：婴儿入睡前。妈妈可以将宝宝放在床上或者摇篮里，给宝宝听这首舒伯特的著名弦乐曲，让宝宝伴着动听的弦乐声安然入睡。

玩法二：该游戏适宜于0—12个月的婴儿，时间：婴儿入睡前。一边播放音乐一边摇着摇篮陪伴宝宝入睡，或者一边播放音乐一边轻拍宝宝，这样不仅可以让宝宝感受弦乐和妈妈声音的音色，而且可以增进妈妈和宝宝之间的感情。

7. 歌曲《小钟说话》

小钟说话

1 = F 2/4

`1 2 3 4 | 5 5 3 | 4 4 2̂ 2 | 1 — | 5 3 0 | 4 2 0 | 5 3 0 | 4 2 0 |`

我的 小钟 说话 了，说 话 了，滴嗒 滴嗒 滴嗒 滴嗒

`1 2 3 4 | 5 5 3 | 4 4 2 | 1 — ‖`

我的 小钟 滴嗒 滴嗒 嗒

玩法：该游戏适宜19—24个月的儿童，游戏时间：儿童精神状态较高时，时长5分钟左右。妈妈可以首先给宝宝播放《小钟说话》，然后与宝宝面对面敲打铃鼓（代表小钟的声音）并同时唱歌曲。

8. 歌曲《吹泡泡》

吹泡泡

1 = C 2/4

3 1 | 5 5 5 | 3 1 | 2 2 2 | 5 5 3 | 1 3 2 | 3 1 | 5 5 3 |
吹 呀 吹 泡 泡，吹 呀 吹 泡 泡，大 泡 泡，小 泡 泡，飞 呀 飞 上 天，

5 4 3 2 | 1 − ‖
泡 泡 不 见 了。

玩法：该游戏适合 1—2 岁儿童，妈妈边哼唱歌曲，边玩吹泡泡给儿童看，也可以教儿童自己吹，注意观察泡泡。

9. 歌曲《拍拍搓搓》

拍拍搓搓

1 = F 2/4

1 5 6 7 | 1 1 | 2 6 7 1 | 2 2 | 1 5 6 7 | 1 1 | 2 5 6 5 | 1 1 ‖
　　拍拍　　　　　　拍拍　　　　　　拍拍　　　　　　拍拍
　　搓搓　　　　　　搓搓　　　　　　搓搓　　　　　　搓搓

玩法：该游戏适宜 13—24 个月的儿童，游戏时间：儿童精力较为充沛时。这首歌在演唱第一遍时，在 2、4、6、8 小节各拍手两次，其他小节哼出旋律即可。再唱第二遍的时候，在第 2、4、6、8 小节将两手合拢搓手并发出声音。其实，在 2、4、6、8 小节，爸爸妈妈们可以发挥自己的想象，让孩子接触到更多的音色，例如将拍手换为拍手背、拍鼓面、敲奶粉罐等，这样的话音色就更加丰富了。

10. 歌曲《马来了》

马来了

1 = C 2/4

3 3 1 | 3 5 5 | 6 6 4 | 6 − | 3 3 1 | 3 5 5 | 4 3 2 | 1 − ‖
小 木 马，小 木 马，哒 哒 哒 哒，　小 木 马，小 木 马，哒 哒 哒 哒。

玩法一:该游戏适宜28—36个月的儿童,游戏时间:儿童精力较好时,时长10分钟左右。妈妈可以用带轮的"小木马(塑料小木马)"玩具进行游戏,妈妈一边唱歌一边拉着小木马朝宝宝走去,吸引宝宝跟着木马走,或者让宝宝坐上木马玩。游戏过程中注意引导宝宝倾听木马玩具的声音和妈妈嘴里发出的"嗒嗒嗒"的声音。

玩法二:该游戏适宜28—36个月的儿童,游戏时间:儿童精力较好时,时长5分钟左右。妈妈先用象声词代替马儿跑的声音,将歌曲唱给宝宝听。宝宝熟悉歌曲后,妈妈可以找两块木块,然后和宝宝一起用小鼓槌敲击木块,发出马儿跑的声音。为了吸引宝宝的兴趣,妈妈可以引导宝宝敲出不同的节奏,或者用塑料块、铁块代替木块。

11. 歌曲《小茶杯》

小茶杯

1 = D 2/4

```
3 3  1 | X X  X | 1 1  1 | X X  X | 3 3  1 1 | 3 · 4 | 5  — |
小 茶 杯      盛 满 水,       请 你 猜 猜 留 给 谁?

5 5 5  3 | 2 2 2  2 | 5 5 5  3 | 2 · 3 | 1  — ‖
妈 妈 上 班 辛 苦 了, 回 家 请 她 喝  一 杯。
```

玩法:该游戏适宜25—36个月的儿童,游戏时间:儿童精力较好时,时长5分钟左右。妈妈可以拿出一个小茶杯,一边唱一边在 × × ×处敲茶杯,让宝宝感受茶杯的音色。在第二小节的时候敲的是空茶杯,在第四小节敲的时候是盛满水的茶杯。爸爸妈妈还可以改编歌词,将敲的东西变成家里常见的其他物品,这样对于丰富孩子的音色经验,发展孩子的音色感知能力的效果更好。

12. 歌曲《不让妈妈抱》

不让妈妈抱

1 = C 2/4

```
3 3 1 3 | 5  — | 6 6 5 3 | 2  — | 1 1 3 3 | 2 3 1
蜜 蜂 自 己 飞,   小 狗 自 己 跑,   宝 宝 是 个 好 孩 子
```

$$\underline{2\ \ 5}\ \ \underline{3\ \ 2}\ \ |\ 1\ \ -\ |\ X\quad X\quad |\ X\ \underline{X\ \ X}\ |\ \underline{X\ \ X}\ \underline{X\ \ X}\ |\ X\ \ -\ \|$$

不 让 妈 妈 抱。 (白)不 让 妈 妈 抱 不 让 妈 妈 抱。

　　玩法:该游戏适宜 2—3 岁儿童,妈妈哼唱歌曲或教儿童一起唱,唱到最后一句说白时用拍手或跺脚表示"不让妈妈抱",游戏重新开始。

❓思考与实践

1. 0—3 岁不同年龄段婴幼儿在综合训练相关能力上各有什么发展特点?

2. 0—3 岁不同年龄段婴幼儿综合训练的方式各是什么?

3. 设计一个 0—3 岁婴幼儿奥尔夫综合训练活动。

4. 评价一个 0—3 岁婴幼儿奥尔夫综合训练活动。

参考文献

1. 许卓雅.学前儿童音乐教育[M].北京:中央广播电视大学出版社,2008.

2. 张前高.奥尔夫音乐教育[M].镇江:江苏大学出版社,2015.

3. 徐华莉.0—3岁儿童艺术启蒙与指导[M].上海:复旦大学出版社,2014.

4. 陈泽铭.婴幼儿音乐感统训练[M].上海:复旦大学出版社,2018.

5. 李妲娜,修海林,尹爱青.奥尔夫音乐教育思想与实践[M].上海:上海世纪出版集团教育出版社,2011.

6. 陈淑宜.奥尔夫音乐亲子教学[M].北京:中国文联音像出版社,2009.

7. 蒋振声.婴幼儿早期音乐启蒙教育(0—42个月)[M].上海:复旦大学出版社,2012.

8. 福建省教育厅.福建省0—3岁儿童早期教育指南[Z].2008-11-5.

图书在版编目(CIP)数据

0—3岁婴幼儿奥尔夫音乐教育 / 董硕灵主编. — 南
京:南京大学出版社,2020.8(2023.7 重印)
ISBN 978-7-305-23621-1

Ⅰ.①0… Ⅱ.①董… Ⅲ.①婴幼儿-音乐教育-教
学研究 Ⅳ.①G613.5

中国版本图书馆 CIP 数据核字(2020)第 130461 号

出版发行 南京大学出版社
社　　址 南京市汉口路 22 号　　　　邮　编　210093
出 版 人 王文军

书　　名 0—3岁婴幼儿奥尔夫音乐教育
主　　编 董硕灵
责任编辑 丁　群　　　　　　　　编辑热线　025-83597482
照　　排 南京开卷文化传媒有限公司
印　　刷 南京百花彩色印刷广告制作有限责任公司
开　　本 787×1092　1/16　印张 13　字数 284 千
版　　次 2020 年 8 月第 1 版　2023 年 7 月第 2 次印刷
ISBN 978-7-305-23621-1
定　　价 38.80 元

网　　址:http://www.njupco.com
官方微博:http://weibo.com/njupco
微信服务号:njuyuexue
销售咨询热线:(025)83594756